HERBE

Mathematik als Bildungsgrundlage

Mit 41 Abbildungen

FRIEDR. VIEWEG & SOHN
BRAUNSCHWEIG

Dr. Herbert Meschkowski
ist o. Professor an der Pädagogischen Hochschule Berlin
und apl. Professor an der Freien Universität Berlin

ISBN 978-3-663-03369-1 ISBN 978-3-663-04558-8 (eBook)
DOI 10.1007/978-3-663-04558-8

1965

Softcover reprint of the hardcover 1st edition 1965

Vorwort

Im Jahrhundert der Naturwissenschaften wächst der Anwendungsbereich mathematischer Methoden ständig. In den letzten Jahrzehnten haben die Soziologen, die Psychologen und jüngere Vertreter der Erziehungswissenschaft begonnen, die „Wissenschaft von den formalen Systemen“ in ihren Disziplinen anzuwenden. Unter diesen Umständen ist die Frage berechtigt, wie denn die intensive Beschäftigung mit der Mathematik die Denkweise des Menschen verändert.

Man weiß: Der mathematische Unterricht schult die „räumliche Anschauung“ und die Fähigkeit zu logischem Denken. Aber die moderne Mathematik hat Möglichkeiten der Menschenbildung aufzuweisen, die sie in einem ganz neuen Sinne zum „Wecker der Erkenntnis“ macht, anders noch als in den Tagen *Platons*.

Davon soll in dieser Schrift die Rede sein. Vieles, was über die moderne Mathematik zu sagen ist, gilt auch für die exakten Naturwissenschaften. Wir werden deshalb (z. B. in dem Kapitel über die Objektivität) auch auf diese Bezüge eingehen.

Die Frage nach der Menschenbildung durch die Mathematik ist nicht nur für Lehrer an Schulen und Hochschulen bedeutsam. Sie geht auch Pädagogen und Soziologen an. Wir haben versucht, unsere Darstellung auch für Nichtmathematiker verständlich zu machen. Natürlich mußten wir immer wieder Beispiele bringen, um die Möglichkeiten des Unterrichts an Schule und Universität zu verdeutlichen. Wer von den geisteswissenschaftlichen Lesern hier nicht folgen kann, mag diese Seiten überschlagen. Die manchen Zeitgenossen so unheimlichen mathematischen Formeln sind ja durch die Art der benutzten Typen und den Schriftsatz schon von weitem erkennbar.

Dieses Buch wurde nicht nur als ein theoretischer Beitrag zu einem Bildungsproblem geschrieben. Wir meinen, daß sich am mathematischen Unterricht (an Schulen und Hochschulen) einiges ändern sollte, damit die Bildungsmöglichkeiten unserer Wissenschaft voll zum Zuge kommen. Deshalb konnten wir nicht darauf verzichten, auch einiges über die „bildungspolitischen Konsequenzen“ der hier gewonnenen Einsichten zu sagen. Es mag sein, daß dieses letzte Kapitel nicht allen Schulpolitikern gefällt. Hoffen wir wenigstens auf ein gutes Gespräch!

Von der benutzten Literatur sind im Text (und in den Fußnoten) im allgemeinen nur die Namen und Titel der Schriften angegeben. Die vollständigen Angaben findet man im Literaturverzeichnis. Für freundliche Hilfe bei der Durchsicht des Manuskripts danke ich Herrn Oberstudiendirektor *K. Reinhard* und Herrn Studienrat i. H. *W. Nilson,* für das Lesen der Korrektur auch Herrn *J. Suin de Boutemard.*

Berlin, im Juli 1964 *Herbert Meschkowski*

Inhaltsverzeichnis

Einleitung

Zwei mal zwei gleich vier ist Wahrheit.
Schade, daß sie leicht und leer ist,
Denn ich hätte lieber Klarheit
Über das, was voll und schwer ist.

W. Busch [1])

Wenn aus irgendeinem Grund neue Lehrpläne für die Gymnasien erarbeitet werden, stellt man gewöhnlich das „Bildungsziel" an den Anfang. Man formuliert eine Bildungsaufgabe, die für alle Bereiche der Schule verbindlich sein soll und fragt dann nach den besonderen Problemen der einzelnen Fächer. So heißt es z. B. in der Denkschrift „Bildungsauftrag und Bildungspläne der Gymnasien, vorgelegt von der Arbeitsgemeinschaft Deutscher Höherer Schulen, Berlin 1958" über den Mathematikunterricht, daß er neben seinen rein fachlichen Bildungswerten auch spezifisch charakterbildende Wirkung habe. Er erzieht vor allem „zur Selbstzucht und Konzentration" und „zum verantwortungsfreudigen, beharrlichen Eintreten für die als gültig erkannte eigene Überzeugung". Es entsteht durch diese an den Anfang gesetzte Aufgabe der Eindruck, als ob die einzelnen Fächer deshalb und nur deshalb ihren Platz in der Schule haben, damit die genannten Ziele in der Menschenbildung erreicht werden. Da die an dieser Stelle formulierten Bildungsmöglichkeiten für die einzelnen Fächer einander oft ähnlich sind, ist die Frage zu stellen, ob man nicht dann den Unterricht auf ganz wenige Fächer konzentrieren könnte, da ja auf diese Weise alle erstrebbaren Bildungsziele erreichbar seien.

Bei der Abfassung solcher Lehrpläne wird im allgemeinen unterstellt, daß Klarheit herrsche über das Wesen der „Bildung" und über die der Schularbeit zu stellenden Bildungsziele. Fragen wir, was die pädagogische Fachliteratur uns zu diesen Fragen zu sagen hat!

Wir finden bei *Spranger* [2]) die folgende Definition der „Bildung":

> Sie ist die lebendig wachsende Aufnahme aller objektiven Werte, die zu der Anlage und dem Lebenskreis eines sich entwickelnden Geistes in Beziehung gesetzt werden können, in das Erleben, die Gesinnung und die Schaffenskräfte dieses Menschen, mit dem Ziel einer geschlossenen, objektiv leistungsfähigen und sich selbst lustvoll genießenden Persönlichkeit.

---

[1]) „Schein und Sein".

[2]) *E. Spranger:* Lebensformen, 2. Aufl. 1921, S. 316.

Er unterscheidet „formale" und „materiale" Bildungswerte:

> Nennen wir die Akte des Menschen, die eine bestimmte Richtung des Wertens und der Wertverwirklichung ausdrücken, formal, die konkreten Gegenstände aber, an denen sich diese Akte betätigen, material, so müssen wir formale und materiale Bildungswerte unterscheiden. Formalen Bildungswert haben geistige Tätigkeiten, an denen sich die Grundrichtungen des wertvollen Erlebens und Gestaltens üben. Materialen Bildungswert haben die geistigen Inhalte, die in diesen Grundrichtungen des Verhaltens angeeignet werden.

G. Picht [3]) formuliert noch kürzer so:

> Bildung soll dem Menschen die Möglichkeit erschließen, als der zu leben, der er eigentlich ist. Das kann er nur, wenn er in der Wahrheit ist. Darum gründet sich die Frage nach der Bildung des Menschen in der Frage nach der Wahrheit.

Wer in der Gedankenwelt *Platons* lebt, wird zu dieser Definition der „Bildung" einen guten Zugang finden. Für ihn waren die mathematischen Sätze absolute „Wahrheiten", Ausblicke in die Welt der Ideen. Die Geometrie bezeichnete der griechische Denker als „Erkenntnis des ewig Seienden". Auch *Nicolaus von Cues* lebte in dieser Auffassung: „Es gibt nicht Wahrheiten, sondern nur die eine Wahrheit, die das Ewige und Absolute selber ist."

Die moderne Mathematik ist bescheidener geworden. Bei *Hilbert* geht es nicht mehr um Wahrheit, sondern um die *Sicherheit,* daß seine formalen Systeme in sich widerspruchsfrei seien. Man hat den modernen mathematischen „Formalismus" wegen dieser Bescheidung oft angegriffen. Aber man versteht die Mathematiker falsch, wenn man sie für bösartige Nihilisten hält. Es geht nicht um eine dumme Laune aus Lust an der Negation. Es geht um intellektuelle Redlichkeit, die doch auch etwas mit der „Wahrheit" zu tun hat.

Aus guten Gründen, von denen noch zu reden sein wird [4]), verzichten die Grundlagenforscher *der Mathematik und der Physik* heute auf alle ontologischen Aussagen. Sie sind mißtrauisch gegen alles, was nach Metaphysik aussieht: Nicht deshalb, weil sie jede metaphysische Fragestellung für sinnlos halten [5]), sondern weil sie wissen, daß über jene großen Menschheitsfragen nicht mit jener Sicherheit Aussagen gemacht werden können, wie sie die Vertreter der exakten Wissenschaften in ihrem Fachgebiet erreicht haben.

---

[3]) *Münster-Picht:* Naturwissenschaft und Bildung, S. 113.

[4]) Vgl. dazu Kap. VI.

[5]) Siehe dazu *Meschkowski:* Wandlungen des mathematischen Denkens. Kap. XIII.

Sie setzen sich dem Vorwurf aus, daß ihre Wahrheiten (wenn man sie noch so nennen will) „leicht und leer“ sind, wie *Wilhelm Busch* sagt.

Aber sein Gedicht (im Motto dieser Einleitung) geht ja noch weiter:

> Emsig sucht ich aufzufinden,
> Was im tiefsten Grunde wurzelt,
> Lief umher nach allen Winden
> Und bin dabei oft gepurzelt.
>
> Endlich baut' ich eine Hütte.
> Still nun zwischen ihren Wänden
> Sitz ich in der Welten Mitte
> Unbekümmert um die Enden.

Wilhelm Busch war kein Mathematiker, aber seine Verse geben doch eine ganz brauchbare Zusammenfassung der Geschichte der Grundlagenforschung.

Die Bescheidung auf das Gesicherte in den exakten Wissenschaften hat ihre Früchte getragen. Sie sind in einem ganz neuen Sinne „Wecker der Erkenntnis“ geworden. Die Philosophie unserer Tage verdankt ihr wichtigste erkenntnistheoretische Einsichten [4]), und wir wollen in dieser Schrift zeigen, daß Mathematik (und Physik) wichtige Beiträge zur Menschenbildung leisten können.

Aber zunächst müssen wir uns als unbequeme Gesprächspartner erweisen für solche Forscher, die noch in der Welt *Platons* leben. Wir müssen die Pilatusfrage stellen nach dem Wesen der „Wahrheit“, die *G. Picht* in seine Definition der Bildung hineinnehmen will. Und woher wissen wir, was der Mensch „eigentlich ist“? Liegt hier ein vorgefaßtes Menschenbild vor, zu dem hin erzogen werden soll? Besteht nicht die Gefahr, daß auf diese Weise sehr ungesicherte Ideologien den Bildungsprozeß beeinflussen?

Ähnliche Fragen kommen uns bei der Definition *Sprangers*. Was sind seine „objektiven Werte“? Hier wird offenbar unterstellt, daß über diese Frage Klarheit und Einmütigkeit herrscht. Wir leben aber in einer Zeit des Umbruchs, in der das früher Selbstverständliche zum Problem geworden ist. Deshalb kann man nicht die „objektiven Werte“ zur Grundlage einer Bildungstheorie machen.

Man möge das nicht mißverstehen: Wir wollen uns nicht von der *Gesinnung Sprangers* distanzieren und die Frage nach der „Wahrheit“ als unwichtig beiseite tun. Wir wollen nur vermeiden, daß ungesicherte metaphysische Konzeptionen die Grundlage einer wissenschaftlichen Arbeit werden. Es könnte gut sein, daß wir uns *a posteriori* in einer Gemeinsamkeit der Gesinnung zusammenfinden (Kap. XII).

Es ist bekannt, daß moderne Pädagogen meist andere Wege gehen als *Eduard Spranger*. Fragen wir also, was die jüngere Generation der Pädagogen zum Thema „Bildung" zu sagen hat. *W. Klafki* hat eine Theorie der „kategorialen Bildung" entwickelt, mit der er u. a. die übliche Unterscheidung von „formaler" und „materialer" Bildung überwinden will.

Wir finden bei ihm die folgende Definition [6]:

> *Bildung* nennen wir jenes Phänomen, an dem wir – im eigenen Erleben oder im Verstehen anderer Menschen – unmittelbar der *Einheit eines subjektiven (formalen) und eines objektiven* (materialen) Momentes inne werden.

Versuchen wir, *Klafki* zu verstehen. Ein Phänomen, bei dem in der Geistesgeschichte das einseitige Beharren auf dem subjektiven bzw. auf dem objektiven Moment eine Rolle spielte, ist das der *Farbe*. Manche modernen Forscher meinen jedenfalls, daß die berühmte Kontroverse zwischen *Goethe* und *Newton* in der Farbenlehre ihren inneren Grund darin hatte, daß Goethe die subjektive, Newton die objektive Seite des Phänomens sah. Wir haben hier nicht zu entscheiden, ob das die Meinungsverschiedenheit ausreichend interpretiert [7]. Jedenfalls: Die Farbe ist ein Phänomen, bei dem wir die physikalische und psychologische Seite gut unterscheiden können.

Heißt das nun nach *Klafki: Bildung ist Farbe?* Meine Schreibmaschine sträubt sich, diesen Satz aufzuschreiben. Und sie hat ja Recht: Das *kann Klafki* nicht gemeint haben. Aber es steht doch so da: Bildung nennen wir jenes Phänomen ... Er benutzt freilich die Einzahl, und wir sehen doch, daß es viele solcher Phänomene gibt. Vielleicht meint *Klafki* dies: *Der Bildungsprozeß ist ein Vorgang von einer eigenartigen Polarität: Während sich der Mensch ein Bild der Welt aufbaut, vollzieht sich zugleich eine Umprägung seines eigenen Ichs, seiner Persönlichkeit.*

Aus den folgenden Seiten scheint hervorzugehen, daß *Klafki* wohl etwas Ähnliches gemeint hat. Aber selbst wenn man die sprachliche Unklarheit übersehen will, kann man eine solche Definition der „Bildung" nicht akzeptieren. Hier wird eine Eigenschaft des Begriffes Bildung herausgestellt, die *nicht charakteristisch* ist. Gewiß, bei der Bildung kann man ein subjektives und ein objektives Moment unterscheiden. Aber das gilt *nicht nur* für die Bildung! Ein Mathematiker kann ja auch nicht definieren: *Ein Kreis ist eine*

---

[6] *Klafki:* Das pädagogische Problem des Elementaren und die Theorie der kategorialen Bildung, S. 294.

[7] Vgl. dazu *Meschkowski:* Goethes Verhältnis zur Mathematik. Humanismus und Technik, VIII 3, 1963.

Kurve konstanter Breite [8]). Der Kreis hat etwa 30 charakteristische Eigenschaften, die man zu seiner Definition verwenden kann. Die Eigenschaft, daß seine Breite konstant ist, teilt er aber auch mit anderen Kurven. Sie kann also nicht zur Definition benutzt werden.

Klafki hat eine Theorie der *kategorialen Bildung* geschrieben, und wir wollen sehen, was seine „Kategorien" bedeuten (loc. cit. S. 295).

> Das Sichtbarwerden von *„allgemeinen" Inhalten* auf der Seite der „Welt" ist nichts anderes als das Gewinnen von *„Kategorien"* auf der Seite des Subjekts. Jeder erkannte oder erlebte Sachverhalt auf der objektiven Seite löst nicht eine subjektive, „formale" Kraft aus oder ist Übungsmaterial solcher subjektiven Kräfte, sondern er *ist* selbst „Kraft" (in einem übertragenen Sinne), insofern – und nur insofern – er ein Stück Welt erschließt und verfügbar macht.

Kant hat viel Mühe darauf verwandt zu zeigen, daß seine Kategorien nicht zur Sinnlichkeit gehören. Nun decken sich die *Kantischen* Kategorien (die allgemeinen „Verknüpfungs- und Gegenstandsbegriffe") nicht unbedingt mit denen von *Klafki*. Aber immerhin: Hier wird so nebenbei versichert, daß die Kategorien „auf der Seite des Subjektes" einfach durch „Sichtbarwerden von allgemeinen Inhalten" gewonnen werden. Wir meinen, daß eine so gewichtige erkenntnistheoretische These einer soliden Begründung bedarf. Nur *eine* kritische Frage wollen wir stellen: Wie kann der Physiker entscheiden, ob er den „allgemeinen Inhalt" kosmologischer Forschungen durch die euklidische oder durch eine nicht euklidische Geometrie zu beschreiben hat? Welche Geometrie entspricht „auf der Seite des Subjekts" dem vorgefundenen „Inhalt"?

Wir können hier nicht eine Untersuchung über die Realgeltung der Geometrie einschieben. Aber das muß gesagt werden:

Klafki baut absolut ungesicherte erkenntnistheoretische Thesen in seine „Theorie der kategorialen Bildung" ein.

Seine Theorie ist nicht nur ungesichert, sie ist auch nicht geeignet, die klassische Unterscheidung von formaler und materialer Bildung aufzulösen.

> Mit dieser Einsicht entfällt das Recht, weiter an dem üblichen Dualismus der Theorien „formaler" und „materialer" Bildung festzuhalten oder ihr Verhältnis im Sinne einer äußerlichen Verknüpfung oder Ergänzung („sowohl formale als auch materiale Bildung") zu bestimmen. In einer Theorie, die Bildung als kategoriale Bildung im entwickelten Sinne versteht, sind die Theorien formaler und die materialer Bildung in einer höheren Einheit

---

[8]) Vgl. dazu S. 48.

aufgehoben. „Formale" und „materiale" Bildung bezeichnen nicht zwei als solche selbständige „Arten" oder Formen der Bildung. „Formal" und „material" deuten zwei Betrachtungsweisen des gleichen einheitlichen Phänomens an. Die Einheit des formalen und des materialen Momentes ist im *Bildungserlebnis* unmittelbar erfahrbar.

Nehmen wir als ein Beispiel den Satz: „Die Naturwissenschaften erziehen zur Objektivität". Diese auch von Pädagogen immer wieder vertretene These sagt etwas über die „formale" Bildung im Sinne Sprangers. Man meint doch: Die Haltung einer unbestechlichen Objektivität bewährt sich bei dem naturwissenschaftlich Geschulten auch außerhalb seiner fachwissenschaftlichen Arbeit. Das ist nun gewiß kein Effekt, der *automatisch* mit den Vorgängen der Wahrnehmung und der Einordnung von Beobachtungen gekoppelt ist. Es gibt – leider! – nicht wenige Wissenschaftler, die fachlich tüchtig sind und an denen sich doch die Bildungsmöglichkeiten ihres Faches recht schwach auswirken. Man kann nicht gut behaupten, die „formale" Bildung (im Sinne *Sprangers*) sei nur die andere Seite der „materialen".

Die Unzulänglichkeit solcher Bildungstheorien mag zu der Einsicht beigetragen haben, daß die Erziehungswissenschaft eine kritische Untersuchung ihrer Grundlagen dringend nötig hat. *R. Lochner* schreibt dazu [9]):

> In keinem Bereich des menschlichen Kulturdaseins wird heute die „Grundlagenproblematik" so wenig wissenschaftlich bearbeitet wie im Erzieherischen.

Er berichtet davon, daß die Pädagogik als selbständige Universitätswissenschaft „von seiten der älteren Wissenschaften Abwehr und Skepsis" begegne. Er lehnt eine „normative" Pädagogik ab und fordert den Aufbau der Pädagogik als „Erfahrungswissenschaft".

Wir haben durchaus Verständnis für den Wunsch jüngerer Pädagogen, vom „normativen" Denken vergangener Zeiten abzugehen und die Erziehungswissenschaft von der Erfahrung her zu begründen. Aber man sollte vor allem die Forderung nach einer ernsthaften Beschäftigung mit den Grundlagenproblemen nicht überhören. Wir gestehen, daß uns die noblen und in klassisch schöner Sprache vorgetragenen Ideen Sprangers immer noch sympatischer sind als einige moderne Versuche zur Begründung von Bildungstheorien und zum Aufbau einer wissenschaftlichen Didaktik.

Die Mathematiker üben seit einigen Jahrtausenden die Kunst des präzisen Definierens. Die Erklärung des Begriffes *Primzahl*

---

[9]) *R. Lochner:* Zur Grundlegung einer selbständigen Erziehungswissenschaft. ZS f. Päd. 1960, S. 1–21.

– Eine von 1 verschiedene[10]) *natürliche Zahl p heißt Primzahl, wenn sie nur durch 1 und p teilbar ist –*

läßt kein „Rütteln und Zwängeln" zu: Man kann durch einen wohlbestimm= ten Rechenprozeß feststellen, welche Zahlen den Charakter von Primzahlen haben und welche nicht. Bei jeder Definition werden gewisse Begriffe als „bekannt" vorausgesetzt, auf die der neue Begriff zurückgeführt wird; hier sind es die Begriffe „natürliche Zahl" und „teilbar".

Die Mathematik weiß aber mindestens seit einigen Jahrzehnten [11]), daß dem Definieren Grenzen gesetzt sind. Man muß gewisse „Grundbegriffe" haben, die nicht auf andere (noch „einfachere") Begriffe zurückgeführt werden. In der Hilbertschen Theorie sind es die „Punkte", „Geraden" und „Ebenen", in der modernen Fassung der Mengenlehre legt man die Begriffe „Menge" und „Enthaltensein" ohne explizite Definition der Theorie zugrunde. Die Eigenschaften dieser Begriffe werden durch die Axiome festgelegt.

Georg Cantor selbst, der Begründer der Mengenlehre, hielt noch den folgen= den Satz für eine „Definition" des Begriffes „Menge":

Eine Menge ist eine Zusammenfassung bestimmter wohlunterschiedener Objekte unserer Anschauung oder unseres Denkens, welche die *Elemente* der Menge genannt werden, zu einem Ganzen.

Das moderne Wörterbuch von *Naas=Schmidt* sagt zu dieser Erklärung:

Diese Erläuterung des Begriffes der Menge kann nicht als eine strenge Definition angesehen werden, sie kann vielmehr nur dazu dienen, eine ungefähre Vorstellung vom Begriff einer Menge zu erwecken. Es ist über= haupt nicht angemessen, eine Definition des Begriffes der Menge an die Spitze der Mengenlehre zu stellen.

Wir müssen uns versagen, diesen Verzicht hier ausführlich zu begründen [12]). Es mag der Hinweis genügen, daß der Mathematiker aus guten Gründen empfindlich ist gegen unzulängliche Definitionen. Kann man annehmen, daß man den Begriff „Bildung" durch eine saubere Erklärung auf bereits ein= wandfrei „bekannte" Begriffe des philosophischen oder pädagogischen

---

[10]) Die Zahl 1 wird nicht zu den Primzahlen gerechnet. Diese Absprache ist des= halb zweckmäßig, weil sonst der Satz von der eindeutigen Zerlegung der natürlichen Zahl in Primfaktoren nicht gelten würde.

[11]) *Seit einigen Jahrzehnten: Hilberts* „Grundlagen der Geometrie" erschienen 1899. *Mindestens seit einigen Jahrzehnten:* Schon bei *Pascal* findet sich die Einsicht, daß man nicht alles definieren kann; vgl. dazu das Motto von Kap. IV!

[12]) Vgl. dazu z. B. meine Schrift „Wandlungen des mathematischen Denkens, Kap. V.

Sprachgebrauchs zurückführen kann? Führt nicht jeder Versuch (s. o.!) dazu, nur neue, ebenfalls ungesicherte Termini ins Feld zu führen? Ist es nicht vernünftig, auf Scheindefinitionen zu verzichten und sich allenfalls mit einer „Erläuterung" zu begnügen, die natürlich keine gewichtigere Bedeutung haben könnte als etwa die klassische Definition der „Menge" für die moderne Mathematik?

Heinrich Scholz schrieb in der Festschrift für *E. Spranger* [13]) über den Begriff der Bildung:

> Wir gehen von zwei Voraussetzungen aus: 1. Bildung ist etwas, was nicht ohne Ausbildung zu erlangen ist. Je gründlicher diese Ausbildung, um so besser für die Bildung, die mit ihrer Hilfe erzeugt werden soll. 2. Bildung ist etwas, was in keinem Falle mit Ausbildung verwechselt werden oder in Ausbildung aufgehen darf.
>
> Es gibt eine Interpretation der Bildung, die diese beiden Voraussetzungen erfüllt. Sie ist mir in meinen frühen Tagen begegnet. Ich möchte sie auch jetzt noch festhalten dürfen; denn eine bessere ist seitdem nicht zu meiner Kenntnis gelangt. Sie lautet so: „Bildung ist das, was übrig bleibt, wenn man vergessen hat, was man gelernt hat."

Wir dürfen bei dem Logistiker *Heinrich Scholz* unterstellen, daß er diese „Interpretation" nicht für eine „Definition" hält. Wir sind mit ihm der Auffassung, daß Besseres über das Wesen der Bildung noch nicht gesagt wurde.

Verzichten wir also auf ungesicherte Bildungstheorien! Verzichten wir auch auf „Präambeln" mit zweifelhaften „Bildungszielen" in den Lehrplänen!

Wir möchten auch in dieser Schrift anders vorgehen. Stellen wir fest, daß wir Mathematik treiben, *weil wir sie brauchen für das Verständnis der Welt, in der wir leben.* Die Wissenschaft von den „formalen Systemen" ist für das Funktionieren unserer industriellen Gesellschaft einfach unerläßlich. Wir können noch hinzufügen, *daß wir Freude haben an ihrer strengen Klarheit,* aber wir motivieren ihren Platz in unseren Schulen nicht mit „Bildungszielen", die aus irgendeiner vorgefaßten Ideologie, aus einem „Bild vom Menschen" bestimmt sind.

Die Frage nach der Bildung des Menschen durch diese Wissenschaft wollen wir erst *a posteriori* stellen:

Was geschieht mit dem Menschen, der – sei es aus Leidenschaft, sei es aus Rücksicht auf das gewählte Berufsziel – sich intensiv mit den exakten Wissenschaften beschäftigt? Wird dadurch sein Charakter, seine Denkweise anders geformt als bei den Jüngern der Geisteswissenschaft? Wir glauben,

---

[13]) Erziehung zur Menschlichkeit, S. 119–124.

daß das in der Tat der Fall ist. Es gibt typische Bildungselemente des mathematischen Unterrichts, die anderen Disziplinen nicht (oder doch nicht in dem ausgeprägten Maße) zu eigen sind wie der Wissenschaft von den „formalen Systemen". Es erscheint uns bedeutsam, daß diese Möglichkeit der Menschenbildung von uns nicht aus einer vorgefaßten Ideologie entwickelt wird, sondern einfach die unvermeidliche Folge der Beschäftigung mit jener Disziplin ist, auf die wir bei der Beschreibung unserer Welt auf gar keinen Fall verzichten können. Die Bildung des Menschen durch die Mathematik (manches, was wir zu sagen haben, gilt auch für die anderen exakten Wissenschaften) hat Gewicht und Würde vor allem deshalb, weil hier nicht vorgefaßte und morgen vielleicht schon zu verwerfende Ideologien den Ausschlag gegeben haben. Hier geht es einfach um die Bildung des Menschen durch eine unvoreingenommene Begegnung mit dem Objektiven.

Wenn wir die Mathematik (wie die Naturwissenschaften) dem „Objektiven" zurechnen, so bedarf das einer Begründung. Wir wollen damit nicht eine Deutung der Mathematik vorwegnehmen, die die „Wissenschaft von den formalen Systemen" zu einer „Erfahrungswissenschaft" macht. Bei der Beschäftigung mit der Mathematik zeigt es sich jedenfalls, daß man die Aussagen über ihre Systeme nicht nach Belieben drehen und pressen kann. Ob sie nun Abstraktionen aus der physikalischen Erfahrung sind [14]) oder willkürliche Schöpfungen des Menschen: Sie führen eine Art von Eigenleben. Es ist dem Mathematiker ebenso wenig möglich wie dem Physiker, die Aussagen seiner Wissenschaft nach Wunsch zu „deuten".

In dieser Einleitung wurde bereits klar, daß die Beschäftigung mit der Mathematik die Denkweise des Menschen (auch abseits von seiner Fachwissenschaft) beeinflußt. Wir haben uns geweigert, ungesicherte Definitionen und zweifelhafte Bildungstheorien zu akzeptieren, weil die Erfahrungen mit den Definitionen in der Mathematik uns vorsichtig gemacht haben. Nehmen wir also vorweg: *Der Mathematiker wird oft ein unbequemer Gesprächspartner sein für den nur geisteswissenschaftlich geschulten Pädagogen oder Philosophen.*

Wenn wir in dieser Schrift versuchen, die Auswirkungen des mathematischen Denkens auf andere Bereiche zu untersuchen, dann verlassen wir das sichere Feld mathematischer Deduktionen. Es gibt keine Meinungsverschiedenheiten über das, was aus einem wohlbestimmten mathematischen Axiomensystem deduziert werden kann. Es kann natürlich auch in diesem Bereich *Irrtümer* geben, aber darüber pflegt man sich rasch zu verständigen. Wenn wir über die *Auswirkungen* der Beschäftigung mit der Mathematik sprechen, können

---

[14]) Vgl. die Auffassung von *A. Mostowski*, S. 32!

wir nicht mit Sicherheit auf allgemeine Zustimmung rechnen. Allerdings wissen wir uns des Einverständnisses der überwiegenden Mehrheit der *Mathematiker* an Schulen und Hochschulen sicher, wenn wir etwa die folgenden Thesen begründen:

> *Die Beschäftigung mit der Mathematik erzieht zu objektivem Denken,*
> *sie wehrt der unzulässigen Verallgemeinerung,*
> *sie bewirkt eine Präzision der Sprache.*

Wir wollen aber noch einen Schritt weiter gehen und bekennen, daß wir solche Effekte wissenschaftlicher Arbeit für *wünschenswert* halten. Das, was man wünscht, kann man nicht more geometrico aus dem Seienden deduzieren. Das weiß niemand besser als der Mathematiker. Und deshalb rechnen wir auch damit, daß man uns widerspricht.

Immerhin: Wir stellen uns hier einer vom Menschen zunächst *nicht erstrebten Wirkung* der Forschung. Schließlich ist es schon öfter vorgekommen, daß der Wissenschaftler von der Forschung „desavouiert" wurde. *Hilbert* wollte die Widerspruchsfreiheit seiner formalen Systeme systematisch begründen, und es stellte sich heraus, daß das nur bedingt möglich war [15]). In der Physik haben wir immer wieder erlebt, daß anscheinend sicher fundierte Theorien korrigiert werden mußten. Solche Erfahrungen sind nicht vergnüglich, aber die Forscher haben sich diesen Einsichten gestellt.

Es könnte sein, daß gerade diese Tatsachen den Bildungseffekten der Forschung besonderes Gewicht verleihen. *Es könnte sein, daß die bildende Kraft der exakten Wissenschaften gerade deshalb anerkannt wird, weil sie nicht den Menschen in seinen Ideologien bestätigt.*

Natürlich können wir nicht erwarten, daß die Bildungsmöglichkeiten des mathematischen Unterrichts immer und in jedem Fall in gleicher Weise zum Zuge kommen. Wenn etwa der Lehrer (um möglichst viel Anwendbares mitzugeben) wissenschaftlich unsauber unterrichtet, kann man nicht hoffen, daß sich die Auswirkungen exakten Arbeitens einstellen.

Es gibt in der Geschichte der exakten Wissenschaften solche Perioden, an denen das „Veto" der Forschung gegen die unzulässige Verallgemeinerung besonders deutlich wird. Wenn wir diesen Bildungseffekt bejahen, werden wir im Unterricht gerade solche Stücke aus der Geschichte der Mathematik behandeln [16]). Wir werden mathematische Paradoxien (Kap. III) und Grund=

---

[15]) Vgl. *Meschkowski:* Wandlungen des mathematischen Denkens.

[16]) Beispiel: Die Entdeckung der inkommensurablen Strecken durch die Pythagoreer, vgl. S. 42 ff.

lagenprobleme in den Unterricht an Schule und Universität hineinnehmen, um die Bildungsmöglichkeiten in den exakten Wissenschaften auszuschöpfen. Deshalb werden wir in dieser Schrift auch häufig auf didaktische Probleme eingehen und Vorschläge für die Gestaltung des Unterrichts machen. Natürlich ist dieses Buch keine systematische Methodik des mathematischen Unterrichts. Wir meinen: ein Lehrer, der für seinen Beruf angemessen vorbereitet ist, braucht keine für jeden Fall und jede Altersstufe durchgeführte Anleitung. Es könnten ihm aber Hinweise erwünscht sein auf eine schulgerechte Behandlung bildungswichtiger Fragestellungen.

I. Aus der Geschichte des mathematischen Unterrichts

... Daher kommt es, daß diejenigen, die an den literarischen und künstlerischen Schöpfungen vergangener Zeiten genährt wurden, eine gewisse Grämlichkeit und ein ganz unangebrachtes Verwöhntsein an den Tag legen, wenn es sich um die Gegenwart handelt. *B. Russell*[17])

1. Mathematischer Unterricht in der Reformationszeit

In der Diskussion über das Schulwesen unserer Tage stehen den mancherlei Forderungen auf gründliche Reform die Klagen gegenüber, daß in der Schule zu viel „experimentiert" werde. Man fürchtet, daß das permanente Gespräch über die Erneuerung unseres Bildungswesens die Lehrer gar nicht zu einer ruhigen und stetigen Schularbeit kommen lasse. Wir halten diesen Einwand gegen neue Planungen nicht für berechtigt. Die Verfechter des konservativen Denkens übersehen, daß wir in einer schnellebigen Zeit unterrichten. Die Kinder, die heute zur Schule gehen, werden noch in den ersten Jahrzehnten des 21. Jahrhunderts berufstätig sein, und wir müssen uns fragen, was die Schule ihnen mitgeben muß, damit sie mit den Problemen jener uns noch so dunklen Zukunft einmal fertig werden.

Wenn man sich Gedanken über die Zukunft macht, ist ein Blick auf die Geschichte nützlich. Und so wollen wir in diesem Kapitel darauf hinweisen, daß sich die Vorstellungen der Pädagogen in Schulen und Universitäten über die Notwendigkeit, aber auch über den Schwierigkeitsgrad des mathematischen Unterrichts im Laufe der Jahrhunderte entscheidend gewandelt haben. Wir tun gut daran, die Lage des mathematischen Unterrichts vor Jahrhunderten und vor Jahrtausenden in Betracht zu ziehen, um die Möglichkeiten einer Reform in diesen Tagen richtig einzuschätzen.

Wenn wir uns nur auf jenen Zeitraum beschränken wollten, den die Erinnerung der Älteren unter uns zu umfassen vermag, könnte man an den Möglichkeiten einer durchgreifenden Änderung unseres Bildungsweges verzweifeln. Was ist doch seit Beginn dieses Jahrhunderts alles über den Wert und die Bildungsmöglichkeiten des mathematischen Unterrichts an Schulen und Hochschulen geschrieben worden! Sucht man nach dem Niederschlag dieser Überlegungen in den Bildungsplänen und Stundentafeln unserer Schulen, so findet man ein äußerst bescheidenes Ergebnis. Die Stundenzahlen für den mathematischen Unterricht haben sich in den verschiedenen Schultypen nur sehr wenig verschoben, und die Änderungen in den Lehrplänen

---

[17]) „Mystik und Logik" S. 43.

und Schulbüchern scheinen ebenfalls so erheblich nicht zu sein. Man kann jedenfalls nicht behaupten, daß sich in diesem Bereich die tiefgreifenden Wandlungen widerspiegeln, die sich in der mathematischen Grundlagenforschung in diesem Jahrhundert vollzogen haben. Natürlich: Neue Denkweisen der Wissenschaft setzen sich meist erst eine Generation später im Schulwesen durch, und so dürfen wir dankbar registrieren, daß die Ansätze zu einem neuen Denken auch in der Schulmathematik heute vorhanden sind. Davon wird noch ausführlich zu reden sein.

Weil wir für die nächste Zukunft eine wirklich durchgreifende Reform des mathematischen Unterrichts wünschen, lenken wir den Blick zurück auf die Geschichte. Man muß wissen, aus welchen primitiven Anfängen sich der mathematische Unterricht an Schulen und Universitäten entwickelt hat, um mit dem Einwand fertig zu werden, das Neue sei „zu schwer".

Am 5. Januar 1537 wurde an der Universität Wittenberg durch *Philipp Melanchthon Georg Joachim Rheticus* (1514–1576) als neuer Professor der Mathematik eingeführt. In seiner Antrittsrede „Praefatio in arithmeticen" äußerte er sich zunächst über den Nutzen der Arithmetik und sagt dann [18]):

> „Postquam autem utilitates commemoravi, quae quidam minime sunt obscurae, breviter aliquid adiiciendum putavi de facilitate. Scio deterreri adolescentes ab his artibus opinione difficultatis. Sed quod attinet ad initia Arithmetices, quae in scholis tradi solent, et quae ad quotidianum usum conferuntur, vehementer errant, si haec putant admodum difficilia esse. Ars oritur ex natura ipsa mentis humanae, et habet certissimas demonstrationes. Quare initia nec obscura, nec difficilia esse possunt, imo priora praecepta adeo perspicua sunt, ut pueri etiam ea possint assequi, quia tota res a natura oritur. Deinde multiplicationis et divisionis praecepta aliquanto plus requirunt diligentiae, sed tamen causae cito perspici possunt ab attentis. Exercitationem et usum requirit haec ars, ut aliae omnes ..."

Deutsche Übersetzung:

> „Nachdem ich die Nützlichkeit (der Arithmetik) dargelegt habe, die allerdings ganz offenkundig ist, habe ich geglaubt, noch kurz einiges über ihre Leichtigkeit hinzufügen zu sollen. Ich weiß, daß die Studierenden von diesen Künsten sich durch das Vorurteil von ihrer Schwierigkeit zurückschrecken lassen. Was aber die Anfangsgründe der Arithmetik, wie sie in den Schulen behandelt zu werden pflegen und im täglichen Gebrauch angewandt werden, betrifft, so sind diejenigen gewaltig im Irrtum, die glauben, daß diese Dinge höchst schwierig seien. Diese Kunst entspringt aus der eigensten Natur des Menschengeistes und besitzt die zuverlässig-

---

[18]) Corpus reformatorum, ed. *Carolus Gottlieb Bretschneider*, vol. XI, Halle 1843, col. 289–290.

sten Beweise. Daher können die Anfangsgründe weder dunkel noch schwierig sein, nein, vielmehr die ersten Regeln sind so durchsichtig, daß selbst Knaben sie begreifen können, weil alles ganz natürlich entsteht. Weiterhin die Regeln der Multiplikation und Division erfordern allerdings ziemlich viel mehr Fleiß, aber die Aufmerksamen werden auch hier die Zusammenhänge schnell durchschauen können. Übung und Anwendung erfordert diese Kunst zwar, wie alle anderen ..."

In den Tagen *Luthers* und *Melanchthons* war es selbstverständlich, daß ein Student die lateinische Sprache in Wort und Schrift beherrschte, aber man erwartete von ihm nicht, daß er auch Übung im elementaren Rechnen habe. Rheticus wirbt für seine Wissenschaft mit dem Hinweis, daß die „Anfangsgründe weder dunkel noch schwierig seien" und meint damit das Addieren und Subtrahieren ganzer Zahlen. Allerdings gesteht er zu, daß man für die Regeln des Multiplizierens und Dividierens „ziemlich viel mehr Fleiß" brauche.

Diese Antrittsvorlesung des Wittenberger Mathematikers ist uns aus verschiedenen Gründen bedeutsam. Sie zeigt, wie sehr sich die Ansichten über das einem Schüler „Zumutbare" wandeln können. Solche elementaren Rechenverfahren, die heute jeder Grundschüler zu beherrschen lernt, waren in den Tagen der Reformation Gegenstand akademischer Vorlesungen, und man mußte den Studenten noch Mut machen, hier zu folgen. Von einem Eindringen in mathematische Beweisverfahren ist überhaupt keine Rede. Und das ist erneut ein Anlaß zum Verwundern: Die Gelehrten des 16. Jahrhunderts suchten eine Renaissance des antiken Denkens. Wußten sie nichts von der Rolle, die die Mathematik an der Akademie *Platons* spielte? Daß dort jedem „der Geometrie Unkundigen "der Zutritt verwehrt war?

Erst im 18. Jahrhundert lesen wir bei *Gesner* [19]) einen Hinweis auf die Notwendigkeit, die Alten „nach vorgeschriebener Art" zu lesen und „dabei die Gründe von der Mathematik" zu studieren:

„Diejenigen aber, so ohne die Alten gelesen zu haben philosophieren, werden zum öfteren schwatz- und prahlerhafte Leute, welche alles, was sie von ihren Lehrern gehöret oder ihnen selbst einfällt, vor große Geheimnisse und nie erhörte Erfindungen ausgeben und alles andere aus Unwissenheit verächtlich traktieren. Wer aber die Alten nach vorgeschriebener Art lieset und dabei die Gründe von der Mathematik studieret, bekömmt geübte Sinnen, das Wahre von dem Falschen, das Schöne von dem Unförmlichen zu unterscheiden, allerhand schöne Gedanken in das Gedächtnis, eine Fertigkeit anderer Gedanken zu fassen und die seinigen geschickt

---

[19]) *J. M. Gesner* (1691–1761), Rektor der Thomasschule zu Leipzig, ab 1734 Professor in Göttingen. – Hier zitiert nach *Paulsen II*, S. 20–21.

zu sagen, eine Menge von guten Maximen, die den Verstand und Willen bessern und hat den größten Teil desjenigen schon in der Ausübung gelernet, was ihm in einem guten *compendio philosophiae* nach Ordnung und Form einer Disciplin gesagt werden kann, daher er in einer Stunde sodann mehr gründliches lernet, als er außerdem in ganzen Wochen und Monaten fassen würde."

Aber kehren wir noch einmal ins 16. Jahrhundert zurück! Für die Wittenberger Universität war die Einrichtung der mathematischen Professur ein novum, und in den Schulen gibt es meist überhaupt keinen Unterricht in den Elementen der Mathematik. Die kursächsische Schulordnung von 1528, die Bugenhagensche und die württembergische (von 1559) erwähnen ihn überhaupt nicht. Erst in den letzten Jahrzehnten des 16. Jahrhunderts wird in den großen Schulen für die Oberklasse eine Stunde für die elementa mathematum oder initia arithmetices angesetzt. Nur von der Nordhäuser Schulordnung von 1583 wissen wir, daß sie einen mathematischen Unterricht in allen Klassen vorschrieb. Aber man muß sich die Zielsetzung dieses Unterrichts recht bescheiden vorstellen. Es wird im einzelnen in dieser Schulordnung für die einzelnen Klassen gefordert:

die Zahlen von 1 bis 100,
das kleine Einmaleins,
lateinisch zählen und das große Einmaleins,
griechisch zählen und die Spezies,
hebräische Zahlzeichen, auf lateinisch die Spezies rechnen,
Brüche.

Man sieht: Im 16. Jahrhundert beherrscht der Sprachunterricht das Bildungswesen in Deutschland absolut.

2. Anfänge des wissenschaftlichen Unterrichts

Erst im 17. Jahrhundert setzt sich der Mathematikunterricht an den Gymnasien allmählich durch. Die neu gegründeten Schulen stellten einen Fachlehrer für Mathematik ein, und die sich fortschrittlich gebenden alten folgten diesem Beispiel. Freilich: Es gab mancherlei Widerstände, weil man von der Einführung der Mathematik eine Versäumung der „humaniora" befürchtete.

Gegen Ende des Jahrhunderts, im Jahre 1699, sagt dann zur Eröffnung eines neuen Gymnasiums der Nürnberger Pastor und Schulinspektor *Feuerlein:*

In diesem saeculo mathematico, wo methodus mathematica in allen Disziplinen, auch in moribus und philologicis angewandt werden, kann niemand mehr titulum eruditi cum laude sustinieren, der in der Mathesi unerfahren ist. Daher hat der Rat in allen Klassen des neuen Gymnasiums den Unterricht in der Mathematik mit Zugrundelegung von Sturms mathesis juve=nilis angeordnet.

Freilich ist der Anteil des mathematischen Unterrichts bescheiden gegenüber dem der alten Sprachen. So hat noch im Jahre 1809 der Lehrplan des Joachimsthaler Gymnasiums [20]) 9 Wochenstunden Latein in der Prima, 5 Stunden Griechisch, aber nur zwei Stunden Mathematik. Interessant ist für uns heute auch ein Blick auf den *Stoffplan* der Gymnasien jener Zeit. Der Stralsunder Lehrplan von 1822 fordert für die Prima:

> Anfangsgründe der Kombinationslehre, binomischen Lehrsatz, kubische und höhere Gleichungen, Funktionenlehre, sphärische Trigonometrie, Pro=jektionslehre, Kegelschnitte nach geometrischer Methode mit Vergleichung der analytischen.

Es ist zu vermuten, daß die Ziele dieses Planes keineswegs an allen Gymna=sien erreicht wurden. Dafür spricht die Tatsache, daß an den Universitäten in jener Zeit vielfach noch Vorlesungen über die Anfangsgründe der Mathe=matik angeboten wurden. Der *Dircksen*sche Vorlesungsplan für die Fried=rich=Wilhelms=Universität zu Berlin (er wurde 1824 berufen) beginnt noch mit ganz elementarem Unterricht und geht in einem sechssemestrigen Zyklus nur bis zur Behandlung der Differential= und Integralrechnung.

Das ist ein bemerkenswerter Fortschritt: Der Leipziger Professor *Mollweide* hatte es (zu Beginn des 19. Jahrhunderts) noch für unmöglich erklärt, neben der „Mathesis pura" auch „höhere Mathematik" zu lesen, schon weil es dabei zu viel Schreibens an der Tafel gäbe.

In Berlin war es damals nicht viel anders. *Franz Neumann* berichtet in seinen Lebenserinnerungen [21]):

> Es war mir in Berlin (1817/18) im Bezug auf die mathematischen Vorlesun=gen nicht besser ergangen als vorher in Jena. Als ich mich beim Professor für Mathematik meldete [22]), sagte dieser: „Ja, ich habe die Vorlesungen angezeigt, sie pflegen aber nie zustande zu kommen." Ich verabredete mich mit fünf anderen, zu ihm zu gehen. Der Professor kam ins Auditorium, stellte sich aufs Katheder und schrieb, mit dem Rücken gegen uns gewendet, ununterbrochen mathematische Formeln an die Tafel, sprach kein Wort, zeichnete weiter, bis die Zeit um war, dann machte er uns eine Verbeugung und ging fort. Am zweiten Tag kamen nur noch zwei Zuhörer. Der Pro=

---

[20]) Zu diesen (und weiteren) Zahlenangaben über das 19. Jahrhundert vgl. die Quellensammlung von *G. Giese.*

[21]) *Franz Neumann:* Erinnerungsblätter, von seiner Tochter Luise Neumann. Tü=bingen und Leipzig 1904.

[22]) Der Professor war *Tralles,* Mitglied der Pr. Akademie der Wissenschaften.

> fessor stellte sich wieder an die Tafel, zeichnete wieder ununterbrochen mathematische Formeln an dieselbe, sprach wieder kein Wort, machte seine Verbeugung und die zweite Vorlesung war beendet. Den dritten Tag kam außer mir nur noch ein Zuhörer. Der Professor erschien, ging aufs Katheder, wandte sich zu uns und sagte: „Sie sehen, meine Herren, es kommt kein Kolleg zustande."

Etwa um die gleiche Zeit studierte in Berlin der später durch seine Forschungen auf dem Gebiet der Geometrie bekannt gewordene *Jacob Steiner*. Dieser begabte Mathematiker (der ehemalige Schweizer Hirtenjunge hatte durch Vermittlung von *Wilhelm von Humboldt* ein Stipendium erhalten) fiel beim ersten Versuch durch das (damals neu eingerichtete) Staatsexamen für das höhere Lehramt, weil er über quadratische Gleichungen nicht Bescheid wußte. Das Lösen solcher Gleichungen gehörte also damals zum Lehr- und Prüfungsstoff der Universität.

Auch wenn man sehr kritisch denkt über die Lage des mathematischen Unterrichts in unseren Tagen, wird man nicht leugnen können, daß sich seit 150 Jahren einiges zum Guten verändert hat, und das sollte uns Mut machen, den Ausbau des wissenschaftlichen Unterrichts heute weiter voran zu treiben.

Man weiß: Im neunzehnten Jahrhundert und in den ersten Jahrzehnten des zwanzigsten (bis zum Beginn des dritten Reiches) haben sich mathematische Forschung und Lehre an den deutschen Universitäten rasch entwickelt. Viele Ausländer kamen nach Göttingen und Berlin, um hier Mathematik zu lernen.

Auch in den Gymnasien gewann der mathematische Unterricht einiges an Boden. Hatte der Joachimsthaler Lehrplan zwei Wochenstunden Mathematik aufzuweisen, so finden wir im Preußischen Gymnasiallehrplan von 1856 schon 4 Stunden für Sekunda und Prima.

Die Abb. 1 zeigt die Entwicklung des mathematischen Unterrichts an den humanistischen Gymnasien von 1856 bis 1958. Als Ordinate ist die Zahl der Wochenstunden in 9 (bzw. 8 im dritten Reich) Schuljahren eingetragen.

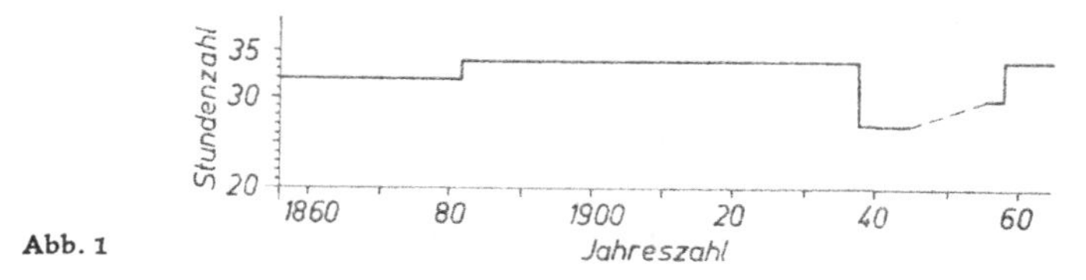

Abb. 1

Abb. 2 zeigt die entsprechende Entwicklung des Lateinunterrichts im gleichen Zeitraum. Es fällt auf, daß die Zahl der Mathematikstunden einigermaßen konstant geblieben ist, während die der Lateinstunden stark abfällt. Offenbar hat davon nicht der Mathematikunterricht profitiert, sondern der in den Naturwissenschaften und in den neueren Sprachen.

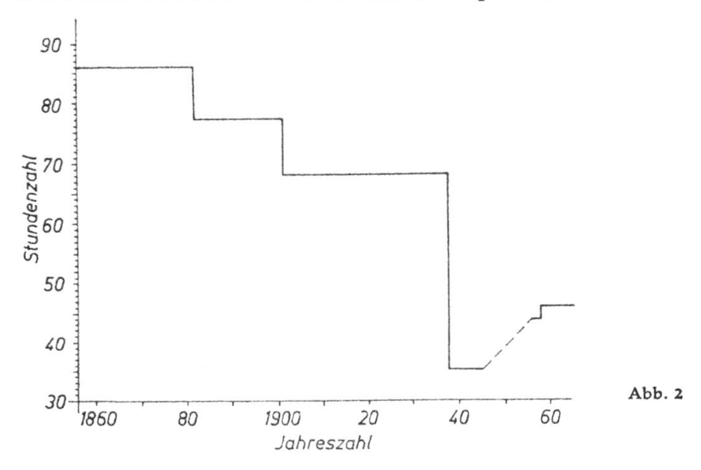

Abb. 2

Es bedeutet eine Belastung für den mathematischen Unterricht noch in unseren Tagen, daß die Mathematik ihren stärksten Auftrieb durch ihren „praktischen Nutzen" erhielt. Die Realschulen verschiedener Prägung hatten ja das erklärte Ziel, für „das Leben", das *praktische* Leben, vorzubereiten. Das brachte dieser Schule die Verachtung der Gymnasialprofessoren ein.

Ellendt sagt im Eislebener Schulprogramm von 1855 [23]) über die Realschüler:

> Was von den Gymnasien weg und den Realschulen zuläuft, sind – mit wenigen Ausnahmen – Burschen, die niemand brauchen kann, und die man los zu werden Gott dankt. Natürlich, die blinde Gier nach den Künsten des Geldmachens zieht die gemeinen Seelen zu den „Nützlichkeitskramschulen", während die ideale Atmosphäre des Gymnasiums ihnen abstoßend und zuwider ist.

Gymnasiallehrer, die ihre Laufbahn an einer Realschule begonnen hatten, sahen das oft als einen bösen Fleck auf der weißen Weste an. Sie zeichneten sich zuweilen als besonders harte Verfechter des „humanistischen Gedankens" aus.

Euklid hat einmal auf die Frage nach dem „Nutzen" der Mathematik mit einer Geldspende geantwortet. Er forderte einen seiner Sklaven auf, dem

---

[23]) Zitiert nach *Paulsen* II, S. 552–553.

Frager ein Geldstück zu geben, da er offenbar Nutzen aus der mathematischen Wissenschaft ziehen wolle.

Diese Anekdote fällt uns ein, wenn wir über den Streit zwischen den Humanisten und den Vertretern der Realschule berichten.

Eine Erinnerung an den Geist der Antike ist aber nicht nur für die Apologeten der „Nützlichkeitskramschule“ peinlich. Es muß einmal gesagt werden, daß auch die Vertreter unseres humanistischen Gymnasiums sich nur sehr bedingt als Anwalt des klassischen Geistes ausgeben dürfen.

Die Akademie *Platons* beschäftigte sich mit Mathematik, Astronomie und Philosophie, nicht aber mit den (damals) alten Sprachen. Hat man vergessen, daß Platon die Mathematik den „Wecker der Erkenntnis“ nannte? Daß die Entdeckung der inkommensurablen Strecken ihn leidenschaftlich erregte? Welcher deutsche Gymnasiast kennt denn den Beweis für die Tatsache, daß die Seite und die Diagonale eines Quadrates inkommensurabel sind? Eine Schule im Geiste *Platons* dürfte daran nicht vorübergehen, sie müßte über die Ergebnisse des klassischen Denkens hinaus das weitergeben, was das *moderne* Denken an erkenntnistheoretisch bedeutsamen Erkenntnissen gewonnen hat. Eine solche Schule hat es bisher in Deutschland nicht gegeben. Bei den Oberrealschulen (und den modernen „naturwissenschaftlichen Gymnasien“) steht das „Nützlichkeitsdenken“ immer noch viel zu stark im Vordergrund. Dazu kommt: Die für diese Schule charakteristischen Fächer haben zu wenig Gewicht. So kann man die Bildungsmöglichkeiten der exakten Wissenschaften nicht ausschöpfen. Zum Vergleich: Der Lehrplan von 1856 gibt 50 % der Stunden in der Oberstufe des Gymnasiums den alten Sprachen (8 bzw. 10 Stunden Latein, 6 Stunden Griechisch), für die Mathematik blieben 4 Stunden. In den naturwissenschaftlichen Schulen unserer Tage gesteht man aber den exakten Wissenschaften nur etwa 30 % der Unterrichtsstunden zu.

Unsere Zeit braucht (neben anderen Schultypen) ein mathematisch-naturwissenschaftliches Gymnasium, das diesen Namen verdient [24]).

Aber bleiben wir zunächst bei unserem Rückblick auf die geschichtliche Entwicklung! Wir haben bisher vorwiegend vom Umfang des mathematischen Unterrichts in den verschiedenen Jahrhunderten gesprochen. Wir müssen

[24]) Es gibt im modernen mathematischen Unterricht ernsthafte Ansätze, die Bildungselemente dieses Faches zum Zuge kommen zu lassen. Davon wird noch zu reden sein. Im ganzen stand aber allzu lange das Nützlichkeitsdenken oder die Überschätzung der sprachlichen Bildung im Vordergrund. Vgl. dazu Kap. XII!

noch einiges sagen über die wissenschaftliche Strenge in der Schulmathematik damals und heute.

Im Gymnasium des 18. und 19. Jahrhunderts waren die „Elemente" *Euklids* die Grundlage für den mathematischen Unterricht. Es gab „Bearbeitungen" dieses Werkes für die Praxis der Schule, aber die Grundstruktur der klassischen Schrift blieb doch auch in den Schulausgaben erhalten. In der Beschränkung auf die Mathematik des klassischen Griechenlands liegt die Grenze, aber auch die Stärke des mathematischen Unterrichts in jenen Zeiten. Der Gymnasiast wurde nicht mit analytischer Geometrie oder gar mit der Infinitesimalrechnung belastet, aber er lernte die Deduktionen der griechischen Mathematiker in ihrer ganzen Strenge kennen. Die Tatsache, daß wir Heutigen dieser ersten Axiomatik der Geometrie einige Unzulänglichkeiten nachweisen können [25]), ist in diesem Zusammenhang unerheblich.

Die Autoren der Schulbücher machten sich damals noch keine Sorgen um die Bereitschaft der Schüler zu strengem logischen Schließen. Ihnen war der Kontakt mit der Wissenschaft und die Sauberkeit des Deduzierens wichtiger. Wir nennen als Beispiele das Werk des Berliner Gymnasialprofessors *J. A. C. Michelsen* vom Grauen Kloster in Berlin (1791), die „Elementarmathematik" von *J. Helmes* (Hannover 1874) und die für den englischen Schulunterricht bestimmte *Euklid*-Ausgabe von *Hall* und *Stevens* (1895) [26]).

Gemeinsam ist den beiden deutschen Werken der Bezug auf die zeitgenössische wissenschaftliche Literatur. *Michelsen* bringt in seinen beigegebenen „Reflectionen über die sechs ersten Bücher der Euklideischen Elemente" eine Auseinandersetzung mit der zeitgenössischen Literatur über Grundlagenfragen, u. a. mit der wenige Jahre zuvor erschienenen *Kant*schen „Kritik der reinen Vernunft".

Bei *Helmes* finden wir Hinweise auf wissenschaftliche Arbeiten in *Crelles Journal*, und die Fortschritte des 19. Jahrhunderts in den Grundlagenfragen der Geometrie sind berücksichtigt. Der Verfasser bringt die klassischen Definitionen von *Euklid, Platon* und *Archimedes* für die Gerade, wir finden eine etwas unklare Bemerkung über das Wesen des Punktes [27]), aber doch auch schon die Einsicht, daß sich die „Grundbegriffe" der Geometrie nicht

---

[25]) Vgl. *Meschkowski:* Wandlungen des mathematischen Denkens, Kap. II.

[26]) Nähere Angaben im Literaturverzeichnis.

[27]) Auf S. 2 heißt es: Der Punkt ist keine räumliche Größe mehr ... der Punkt ist völlig ausdehnungs- und gestaltlos; er ist wieder ein nur durch Abstraction gewonnener, ein abstracter Begriff, er bezeichnet eine gedachte Stelle des Raumes.

definieren lassen. Etwa ein Vierteljahrhundert vor *Hilbert* lesen wir bei *Helmes* über die Ebene [28]:

> ... daß es aber wirklich eine Ebene gibt, hat sich, ungeachtet auf der Voraussetzung ihres Begriffes das ganze Gebäude der Geometrie ruht, bis auf den heutigen Tag nicht beweisen lassen; *der Begriff der Ebene gehört zu den Grundvoraussetzungen.*

Die Gymnasiasten, die nach diesen strengen Lehrbüchern in die exakte Wissenschaft eingeführt wurden, erfuhren noch nichts von analytischer Geometrie oder gar von der Infinitesimalrechnung, aber sie lernten doch ein wichtiges Gebiet der Mathematik in strenger Systematik kennen. Sie beschäftigten sich mit der Geometrie so gründlich und so gut wie etwa die Schüler Platons. Der mathematische Unterricht war damit ein sinnvoller Bestandteil einer Ausbildung, die mit der Denkweise der Antike vertraut machen wollte.

3. Reformen des 19. Jahrhunderts

Es ist verständlich, daß die Schulmathematiker in der 2. Hälfte des 19. Jahrhunderts sich neue Ziele steckten. Schließlich war ja auch die Akademie *Platons* nicht bei der Weisheit von *Thales* stehen geblieben. Dort sprach man auch über die Entdeckung des Inkommensurablen, und die Schulmathematiker des ausgehenden 19. Jahrhunderts fragten, ob man nicht auch die analytische Geometrie und womöglich die Infinitesimalrechnung in den Schulstoff aufnehmen könnte.

Es gab noch andere Gründe, den traditionellen mathematischen Unterricht zu reformieren:

1. Die im Zeitalter der jungen Technik so wichtigen „Anwendungen" der Mathematik verlangten Berücksichtigung im Unterricht.
2. Psychologische Einsichten erforderten im geometrischen Anfangsunterricht eine Abkehr von der strengen axiomatischen Systematik und Verwendung „anschaulicher" Methoden.

Damit war das Werk von *Euklid* für die Schule außer Kurs gesetzt, nachdem es – ein eigenartiger Rekord! – über 2000 Jahre das grundlegende Lehrbuch für den mathematischen Unterricht gewesen war. Es scheint, daß den Schulmathematikern jener Zeit die Abkehr vom Alten nicht sonderlich schwer geworden ist. Wir finden in der Literatur [29]) wenig Hinweise auf ein

---

[28]) Es ist eigenartig, daß solche kritischen Einsichten erst bei der Definition der *Ebene* (S. 6) auftraten.

[29]) Vgl. z. B. die „Abhandlungen über den mathematischen Unterricht in Deutschland", Bd. I–III.

schlechtes Gewissen wegen mangelnder wissenschaftlicher Strenge. In einem Bericht von *Walter Lietzmann* aus dem Jahre 1910 heißt es [30]) nur:

> Dem Vorwurf, „die angewandte Mathematik opfere die wissenschaftliche Strenge für das Linsengericht der praktischen Anwendung", begegnete man mit dem nicht weniger scharfen Einwand: „Die reine Mathematik opfere die Übereinstimmung mit der Wirklichkeit für das Linsengericht der formalen Methode."

Uns scheint, daß man hier sehr verschiedene Dinge mit dem gleichen biblischen Begriff zu charakterisieren versucht. Ein Jahrhundert vorher galt die wissenschaftliche Sauberkeit mehr als nur ein „Linsengericht". *Michelsen* hatte auf die Rückseite des Titels ein Wort von *Platon* aus dem 7. Buch der „Republik" gesetzt:

> „Es scheint, du fürchtest, der Pöbel werde dir vorwerfen, daß du unnütze Wissenschaften in deinen Erziehungsplan bringest. Die Wissenschaften, von denen wir reden, haben wohl noch einen andern wichtigen Nutzen, den nämlich, daß sie das Organ der Seele, das durch die übrigen Beschäftigungen des Lebens ausgelöscht und geblendet ist, wieder reinigen und beleben; ein Organ, dessen Erhaltung doch tausendmal wichtiger ist, als die Erhaltung der Augen des Leibes."

Mit diesem Hinweis auf *Platon* und seine Wertschätzung bei den Mathematikern vergangener Jahrhunderte wollen wir nicht etwa die Berücksichtigung der Anwendungen und die Beschäftigungen mit den neuen Disziplinen der Mathematik als verfehlt abtun. Aber das müssen wir doch fragen: Waren denn alle Überlegungen über den Bildungswert der Mathematik falsch? Konnte man die Beschäftigung mit neuen mathematischen Disziplinen im Unterricht verantworten, wenn eine korrekte Behandlung im Rahmen der Schulmathematik noch nicht möglich war? Leider sind die Schulmathematiker in der Begründung der Infinitesimalrechnung in der Schule oft dem Vorbild schlechter Physikbücher gefolgt, die unbeschwert von mathematischen Skrupeln von „hinreichend, nur unendlich wenig von Null verschiedenen" Größen berichteten. *H. E. Timerding* hat in seiner Arbeit „Die Mathematik in den physikalischen Lehrbüchern [31])" diesen Unfug scharf kritisiert. Er zitiert ein Kompendium der Physik von *Wüllner*, in dem über die Geschwindigkeit dies gesagt wird:

> Bilden wir für die denkbar kleinste Zeit $t - t_1 = dt$ in den in dieser kleinen Zeit zurückgelegten Weg $s - s_1 = ds$ den Quotienten $v = ds/dt$, so wird die so berechnete Geschwindigkeit v, welche die mittlere für die Zeit dt ist, von

[30]) A. a. O. Bd. I, S. 96. Vgl. dazu aber die scharfe Sprache *Timerdings* S. 23!

[31]) Abhandlungen über den mathematischen Unterricht in Deutschland III, 1. Teil, S. 104.

derjenigen, welche zur Zeit t_1, zu welcher die Zeit dt beginnt, vorhanden ist, nicht mehr verschieden sein, wenn wir die Zeit dt nur hinreichend, nur unendlich wenig von Null verschieden denken.

Dazu sagt *Timerding* mit Recht:

> Das ist keine pädagogische Schmiegsamkeit mehr, das ist glatter wissenschaftlicher Betrug, und wer nur einen Funken mathematischen Gewissens in sich hat, der kann nicht anders, als ein solches Verfahren, sich über alle Schwierigkeiten mit ein paar zusammengesuchten Worten oder durch einfaches Ignorieren hinweg zu setzen, in Grund und Boden hinein zu verurteilen. Es ist eine Schande für die Nation eines *Gauß* und eines *Weierstraß . . .*"

Leider haben sich viele Schulmathematiker nicht die Bedenken des Braunschweiger Professors zu eigen gemacht. Der Unfug mit den „unendlich kleinen Größen" fand seinen Platz im mathematischen Unterricht jener Jahre, und die Folgen jener ungesicherten Einführung der Infinitesimalrechnung hat die Schule bis heute noch nicht ganz überwunden.

Es ist ja durchaus verständlich, daß eifrige Schulmathematiker die Lösung infinitesimaler Probleme durch die moderne Mathematik den Schülern nahe bringen wollten. Aber das hatte doch nur Sinn, wenn es auf eine wissenschaftlich korrekte Weise geschehen kann. Die Pfuscherei mit dem „unendlich Kleinen" stellt den ganzen Wert der Beschäftigung mit der Mathematik in der Schule in Frage.

Es ist interessant zu erfahren, wie der Unterricht in der Mathematik jener Zeit auf geistig aufgeschlossene Schüler wirkte. *Hans Blüher*, der Historiker des Wandervogels, berichtet in seiner Biographie auch über den Mathematikunterricht im Steglitzer Gymnasium [32]). Schon in der Tertia war er beeindruckt von der Strenge der mathematischen Beweisführung:

> Mir rieselte es kalt über den Rücken, als ich hier das erste Mal in meinem Leben die *Notwendigkeit* leibhaftig vor mir sah. Ich erlebte, daß es in der Welt etwas gibt, was ganz und gar und ohne Einschränkung so und nicht anders ist. Das aber erregt zugleich Wonne und Schauder, und eben das war es, was den Thales von Milet, als er es zum ersten Male selbst entdeckte, angefallen hatte und bewog, den Göttern ein Rind zu opfern.

Zu seiner Enttäuschung fand er aber weder bei seinen Mathematiklehrern noch bei mathematisch begabten Mitschülern Verständnis für seine Erregung. Der „Dicke", der beste Mathematiker seiner Klasse, sagte ihm: „. . . det jeht dich doch jarnischt an! Det ist doch janz schnuppe, Hauptsache, et stimmt, und det tut's immer – dat heißt, wenn du et richtig machst!"

---

[32]) Werke und Tage, S. 112 ff.

Blüher behauptet nun leider: „Weiter kommt man nie mit Mathematikern. Sie denken nämlich im Grunde alle so wie der Dicke.“ Unser Altwander=vogel gesteht zwar *Leibniz* und *Gauß* freundlich zu, daß sie nicht so töricht waren, aber von dem „ganzen Troß der Berufsleute“ meint er doch, daß sie die Gedanken, die sich ihre Genien über ihre Sicherstellung gemacht haben, „für überflüssigen Tand“ halten.

Hier tut *Blüher* den Mathematikern gewiß Unrecht, und wir dürfen unter=stellen, daß er auch in späteren Jahren bei Begegnungen mit Mathematikern Pech gehabt hat. Aber wir müssen leider annehmen, daß sein Urteil über die Schulmathematik zu Beginn unseres Jahrhunderts nicht verfehlt war: Es ging um den Kalkül, und die axiomatische Fundierung oder gar die Er=örterung von Grundlagenfragen interessierte nicht.

Blüher hat offenbar erst in der letzten Mathematikstunde seines Lebens etwas von der Infinitesimalrechnung erfahren. Der Lehrer (*Wolfrum*) be=richtete über das „charakteristische Dreieck“, das im Grenzprozeß „zum Punkt wird“ ...

> „... Dieser ‚Punkt‘ aber hat es in sich! Er ist zugleich auch kein Punkt, nämlich ein rechtwinkliges Dreieck, dessen Hypotenuse ein Stück der Tan=gente ist und sich nach der Formel ausrechnen läßt ... verstanden?“ Wir schwiegen in tiefer mathematisch=philosophischer Spannung – ich wenig=stens. Ein *antinomischer* Punkt also, der zugleich Nichtpunkt ist beides aber mit voller mathematischer Gültigkeit. Er ähnelt damit jener heimtücki=schen Giftküche „0“, aber bei ihm ist das Gift Balsam wie das ja so häufig im Leben vorkommt –, und jetzt kommt es darauf an, wie sich *Leibniz* aus=drückte, „die richtige Schreibweise zu finden“, um aus dem so herbeigeführ=ten analytisch=geometrischen Problem *eine neue Rechnungsart* zu ent=wickeln ... Ich weiß auch heute noch nicht, wie das gemacht wird: die neue Schreibweise finden, nämlich die für den „Differentialquotienten“. Ohne Wolfrum konnte ich das nicht begreifen. Der aber hatte eben die Kreide weggelegt.

Wir meinen: Das war gar nicht so verkehrt von Herrn *Wolfrum*. Im all=gemeinen begnügt man sich seit Beginn dieses Jahrhunderts nicht damit, einen „Ausblick“ auf die Probleme der Infinitesimalrechnung zu geben, aber man ist in der Behandlung der Grundlagen nicht exakter als der Lehrer *Hans Blühers*, der das charakteristische Dreieck zum „antinomischen Punkt“ werden läßt. Dabei standen auch damals schon die Arbeiten von *Weierstraß* und seiner Schule zur Verfügung, die eine korrekte Behandlung der Diffe=rentialrechnung ermöglichten. Was hätte ein Mann wie *Hans Blüher* gesagt, wenn ihm dies aufgegangen wäre: Die Behandlung der uralten Probleme des Infinitesimalen ist auf eine wissenschaftlich saubere Weise möglich, ohne den Rückgriff auf dunkle „antinomische Punkte“? Warum will man eigent=lich den Gymnasiasten diesen Triumph menschlichen Geistes vorenthalten?

Hier ist natürlich der Einwand zu erwarten: Die *Weierstraß*schen Theorien sind für die Schule zu schwer. Wir werden später über diese Frage noch zu sprechen haben [33]). An dieser Stelle nur dies: Wenn man den mathematischen Unterricht in der Schule ernst nimmt, gibt es eine Alternative: Entweder man behandelt die Infinitesimalrechnung in der Schule (und entsprechend die analytische Geometrie oder irgend eine andere moderne Disziplin); dann muß man es wissenschaftlich sauber tun. Man kann sich auf die Anfangsgründe beschränken und nichts weiter bringen, als eine saubere Definition des Differentialquotienten (und seine Anwendung etwa auf Polynome). Oder aber man verzichtet auf dieses Gebiet der Mathematik in der Schule überhaupt.

In der Praxis sieht es (auch in unseren Tagen!) leider anders aus: Die Grundlagenfragen werden sehr rasch abgetan, die Beherrschung des Kalküls ist alles [34]). Mit Rücksicht auf die Anwendungen in der Physik dringt man vor bis zur Differentiation transzendenter Funktionen, womöglich auch von Potenzreihen, aber der Schüler weiß nicht, was Konvergenz bedeutet. Er hat vielleicht davon gehört, daß die Differenzenquotienten dem Differentialquotienten zustreben. Aber wie macht das ein Differenzenquotient, wenn er „strebt"? Man verzichtet leider meist darauf, diese aus dem Bereich menschlichen Verhaltens übernommenen Aussageweisen in präzise mathematische Begriffsbildungen zu übersetzen.

Die Abkehr des mathematischen Unterrichts von *Euklid* hat verheerende Folgen gehabt: Der strenge Aufbau der Geometrie wurde zugunsten einer anschaulichen Behandlungsweise aufgelöst, und die neu eingeführten Gebiete der Mathematik wurden mit Methoden behandelt, von denen die Mathematiker der Universitäten seit langem abgerückt waren. Der Schulunterricht verbaute damit wichtige Möglichkeiten der Menschenbildung durch den mathematischen Unterricht. Wie kann man zur Klarheit des Denkens erziehen, wenn man „antinomische" Punkte zur Grundlage einer mathematischen Theorie macht?

Wir wollen damit nicht etwa einer Rückkehr zum Unterricht des 19. Jahrhunderts das Wort reden. Die psychologisch vernünftige Anlage des geo=

---

[33]) Vgl. Kap. V!

[34]) Leider fordern auch heute gelegentlich Vertreter der Technischen Hochschulen gerade das von der Schule: Sie soll den Kalkül der Differentialrechnung einüben; die „Grundlagenfragen" behandelt später die Hochschule, die keine Lust hat, Rechenverfahren zu exerzieren. Hier möchten wir scharf widersprechen. Nur ein Argument: Die Schule ist nicht nur für künftige Ingenieure da. Sie darf um keinen Preis ihre Bildungsaufgabe verleugnen.

metrischen Anfangsunterrichts, die Beschäftigung mit „Anwendungen", die Erschließung neuer Gebiete für die Schulmathematik: Das alles sind durch= aus berechtigte Vorhaben. Wenn man aus pädagogischen Gründen den geo= metrischen Anfangsunterricht „anschaulich" gestalten will, dann muß man die bildungswichtige Beschäftigung mit der Axiomatik in der Oberstufe nachholen. Und die Übernahme neuer mathematischer Disziplinen in die Schule erfordert ernsthafte Vorarbeit: Die Mathematiker der Schulen und Hochschulen müssen versuchen, einen wissenschaftlich einwandfreien Weg zur Behandlung dieser Theorien *in der Schule* zu erarbeiten. Wenn das nicht gelingt, muß man verzichten.

Es scheint, daß sich auch in der Geschichte des mathematischen Unterrichts das berühmte *Hegel*sche Gesetz von These, Antithese und Synthese be= stätigt: Die Antithese der Reformer um die Jahrhundertwende gegen die „Euklidische" Mathematik in der Schule muß überwunden werden durch eine vernünftige Synthese. Wir können uns heute pädagogischen Einwänden gegen die alte Methode nicht verschließen, und wir wollen Raum schaffen für neue Bereiche der Mathematik in der Schule. Es gilt aber, durch wissen= schaftliche Strenge die Bildungsmöglichkeiten der Mathematik dem Schüler voll zu erschließen. In den letzten Jahren sind viele Anstrengungen gemacht worden, um diese Aufgabe zu meistern. Weil es aber immer noch offene Fragen gibt, wurde dieses Buch geschrieben.

II. Erziehung zur Objektivität

Warum wollt ihr immerzu glauben, was euch gefällt?
M. Frisch [35])

1. Russells Postulat

Was wir in diesem Kapitel über die Erziehung zur Objektivität zu sagen haben, gilt nicht nur für die Mathematik, sondern (mit geringen Variationen in den Begründungen) für alle exakten Wissenschaften.

Bertrand Russell hat dem Postulat der Naturforscher nach bedingungsloser Objektivität klassischen Ausdruck verliehen [36]):

> Naturwissenschaftliche Haltung erfordert den Verzicht auf alle andern Wünsche und Interessen im Dienste des Forschungsdranges, sie verlangt die Unterdrückung von Hoffnung und Furcht, von Liebe und Haß und des gesamten subjektiven Gefühlslebens, bis wir imstande sind, das vorliegende Tatsachenmaterial ohne Vorurteil, ohne Neigung oder Abneigung und ohne einen andern Wunsch zu betrachten als den, es so zu sehen, wie es ist, und ohne den Glauben, daß das, was es wirklich ist, durch irgendeine positive oder negative Relation zu dem bestimmt sei, als das wir es gern sehen möchten oder als das wir es uns leicht vorstellen können.

Es liegt die Frage nahe, ob denn diese Haltung für die Naturwissenschaften charakteristisch sei. Ist nicht die von *Russell* geforderte Haltung die Voraussetzung für *jede* wissenschaftliche Arbeit? Der englische Forscher fügt seinen Thesen noch die Bemerkung zu: „Die Philosophie hat eine solche geistige Haltung noch nicht erreicht." Wie steht es aber mit den anderen klassischen Wissenschaften, etwa der Philologie und der Geschichte? Ist nicht auch für diese Bereiche der „Verzicht auf alle andern Wünsche und Interessen im Dienste des Forschungsdranges" im Interesse der Arbeit geboten? Das ist natürlich nicht zu bestreiten. Vielleicht sind die Naturwissenschaften vor anderen Forschungsgebieten dadurch ausgezeichnet, daß sie den Wissenschaftler zur Unbestechlichkeit einfach zwingen? Der Dramatiker *Max Frisch* läßt den Helden seines Stückes „Don Juan oder die Liebe zur Geometrie" dies über das Dreieck des Geometers sagen [37]):

> Unentrinnbar wie ein Schicksal; da hilft kein Rütteln und Zwängeln, kein Schwindeln, es gibt nur eine einzige Figur aus den drei Teilen, die dir ge-

---

[35]) In „Don Juan oder die Liebe zur Geometrie", zitiert nach Spectaculum, sieben moderne Theaterstücke, Frankfurt a. M. 1956, S. 346 b.

[36]) Mystik und Logik S. 47.

[37]) loc. cit. S. 346 a.

> geben sind. Hoffnung, das Scheinbare unabsehbarer Möglichkeiten, was unser Herz so oft verwirrt, zerfällt wie ein Wahn vor den drei Strichen. So und nicht anders! sagt die Geometrie.

Für den Physiker und Chemiker tritt an die Stelle der zwingenden Deduktion der Versuch, der immer und überall wiederholbare Versuch. Es hat keinen Sinn, ungesicherte oder gar falsche Versuchsergebnisse zu veröffentlichen: Die Experimente können ja in allen Laboratorien unter den entsprechenden Bedingungen wiederholt werden. Und es hat sich bisher noch immer gezeigt, daß die Natur in Washington und Moskau, in London und Berlin auf die ihr gestellten Fragen die gleiche Antwort gibt.

Trotzdem hat die Bereitschaft der Forscher zu bedingungsloser Objektivität in den letzten Jahrzehnten manche Belastungsprobe bestehen müssen. Man denke etwa an die Situation der Physik zu Beginn des Jahrhunderts. Die elektromagnetische Theorie der Elektrizität galt als ein gesichertes Ergebnis der Forschung. Und nun mußte man im Bereiche der Atomphysik Beobachtungen registrieren, die sich zwar nach der *Planck*schen Quantentheorie, nicht aber nach den klassischen Vorstellungen über elektrische Strahlung erklären ließen. Dieses Nebeneinander verschiedenartiger und zunächst nicht unter einem höheren Gesichtspunkt zu vereinbarender Betrachtungsweisen ist für den an Ordnung und Klarheit interessierten Physiker durchaus unerfreulich. Aber diese Zeit wurde durchgestanden, und die an unbestechliche Redlichkeit gewohnten Forscher erlagen nicht der Versuchung, die neuen Ergebnisse zu verfälschen oder zu unterdrücken

Auch die Geschichte der Mathematik hat ähnliche Situationen aufzuweisen. Über zwei Jahrtausende lang haben Generationen von Mathematikern versucht, das euklidische Parallelenpostulat zu beweisen [38]). Die Tatsache, daß das nicht gelang, wurde als eine Schande für die Menschheit empfunden. So schreibt *Wolfgang Bolyai* an seinen Sohn *Johann* über das damals noch offene Problem:

> Es ist unbegreiflich, daß diese unabwendbare Dunkelheit, diese ewige Sonnenfinsternis, dieser Makel in der Geometrie zugelassen wurde, diese ewige Wolke an der jungfräulichen Wahrheit.

„Verewigt" wurde diese „Wolke an der jungfräulichen Wahrheit" der Geometrie aber erst durch die Entdeckung *Johanns*, daß eine „nichteuklidische Geometrie" in sich widerspruchsfrei möglich sei, der Beweis des euklidischen Parallelenpostulat also unmöglich ist. *Johann Bolyai* und die von ihm (und *Lobatschewsky*) lernenden späteren Generationen von Mathematikern mußten erkennen, daß ihr Wunschtraum nicht erfüllbar sei. Sie stellten sich der „Realität" und lernten um.

---

[38]) Vgl. dazu Kap. VII, außerdem *Meschkowski:* Nichteuklidische Geometrie.

Zu Beginn dieses Jahrhunderts entwickelte *David Hilbert* den Plan, die Mathematik durch Formalisierung ihrer Grundlagen und durch Nachweis der Widerspruchsfreiheit der „formalen Systeme" neu zu fundieren. Es stellte sich heraus, daß dieses Programm nicht uneingeschränkt realisierbar war: Die Widerspruchsfreiheit der formalen Zahlentheorie z. B. läßt sich (nach *Gödel*) nicht mit den Mitteln des Systems selbst beweisen [39]). Da gab es kein „Rütteln und Zwängeln": Die Einschränkung der *Hilbert*schen Zielsetzung mußte hingenommen werden.

Es wäre verfehlt, wollte man die Objektivität der Physiker und Mathematiker als ein besonderes Verdienst herausstellen. Wer sich den Konsequenzen des mathematischen Denkens nicht stellen wollte, würde sich selbst aufgeben. Wir werden zu prüfen haben, wie weit sich diese harte Schule des kompromißlosen Denkens beim Mathematiker und Physiker außerhalb seiner eigentlichen Facharbeit auswirkt.

2. Objektivität in anderen Disziplinen

Bevor wir darauf eingehen, wollen wir fragen, ob denn das Bekenntnis zu unbestechlicher Objektivität nur bei den Naturwissenschaftlern zu finden sei. Auch die Philologen und die Historiker werden für sich beanspruchen, daß sie ihr Tatsachenmaterial „ohne Vorurteil", „ohne Neigung oder Abneigung" betrachten. Das ist nicht zu bestreiten. Immerhin ist die Versuchung und die Möglichkeit zu „sündigen" hier größer als im Bereich der exakten Wissenschaften. Die *Versuchung*: Die Ergebnisse des Historikers sind unter Umständen von hohem Interesse für politische Entscheidungen unserer Tage. Es könnte sein, daß ein Historiker (ohne es zu wollen) Deutungen vollzieht, die seinem politischen Standpunkt entsprechen. Wichtiger aber ist ein anderer Unterschied zwischen der Arbeit des Historikers und der des Naturwissenschaftlers.

Der Physiker kann immer neue Fragen an die Natur stellen. Er kann immer neue Experimente durchführen und so die Daten seiner Meßreihen verdichten. Damit hat er eine gute Aussicht, zu gesicherten Aussagen zu kommen, die in einem gewissen Bereich der Meßwerte „allgemein gültig" sind. Der Historiker hat es viel schwerer. Er kann nicht experimentieren. Die Zahl seiner Einzelaussagen ist etwa durch das vorhandene Schrifttum begrenzt, und er kann nur dann auf Erweiterung seiner Einzelaussagen rechnen, wenn er durch Ausgrabungen oder durch Schriftenfunde zu neuem Material kommt. Ob das geschieht, liegt nur sehr bedingt in seiner Hand. Damit hängt es zusammen, daß Aussagen in Form von allgemeinen Gesetzen beim Historiker und dem mit ähnlichen Methoden arbeitenden Theologen nicht so

[39]) Vgl. dazu Kap. VI.

leicht möglich sind wie in der Naturwissenschaft. Da es aber kein Vergnügen ist, immer nur zu sagen, daß man nichts zu sagen hat, liegt die Versuchung sehr nahe, auch bei relativ bescheidenem Material zu extrapolieren oder „allgemeine" Gesetze herauszufinden. Wir wollen das an einem Beispiel erörtern. Die viel besprochenen Schriftenfunde vom Toten Meer haben der historisch arbeitenden Theologie viele neue Impulse gegeben. Von den deutschen Theologen hat sich u. a. *E. Stauffer* [40]) mit der Auswertung der neuen Texte befaßt. Er entwickelte dabei eine von ihm als „beinahe mathematisch" bezeichnete Methode, um durch Analyse der Schriftrollen der Qumran-Sekte zu neuen Einsichten über Leben und Wirken Jesu zu kommen. Wir wollen den Grundgedanken dieses „mathematischen" Verfahrens beschreiben.

Stauffer findet im ideologischen Verhältnis zwischen den Lehren der Qumran-Leute und der Botschaft Jesu eine ganze Reihe von Gegensätzen, andererseits aber auch bemerkenswerte Gemeinsamkeiten. Von den Gegensätzen wollen wir hier zwei aufführen:

> In der Qumran-Gemeinde spielen Priester in verschiedenen Dienstgraden und Dienststellungen eine entscheidende Rolle. Jesus hält gar nichts von den jüdischen Klerikern, und in seinem Jüngerkreis hat kein Vertreter der jüdischen Priesterfamilie etwas zu sagen.
>
> ......
>
> Qumran nimmt es mit den mosaischen Ehegesetzen besonders genau. Jesus begnadigt z. B. die Ehebrecherin, die nach Moses die Steinigung verdient hat.

Die Gegensätze zwischen der Denkweise *Jesu* und der Qumransekte sind so erheblich, daß *Jesus* nach Qumranischen Recht mit einem Todesurteil hätte rechnen müssen, wenn er vor seinen Jerusalemer Verfolgern nach Qumran geflohen wäre, denn Jesus hatte ja „mit Willen das Gesetz gebrochen". Trotz dieses „mörderischen Gegensatzes" finden sich aber in den Evangelien (ganz besonders bei *Johannes*) eine große Menge von Jesusworten, die „erstaunlich qumranisch" klingen.

Man kommt zu einem verblüffenden Resultat, wenn man die einzelnen neutestamentlichen Evangelien auf „qumranische" Elemente untersucht. Wenn man die Entstehungszeit der einzelnen Evangelien berücksichtigt, kommt man zu diesem Ergebnis:

> Die Frequenz der qumranischen Elemente steigt im Laufe der Jahrzehnte. Marcus enthält am wenigsten qumranisches Gedankengut. Bei Matthäus

---

[40]) *Stauffer, E.*: Die Botschaft Jesu damals und heute, Bonn und München 1959 – Außerdem wird hier ein Rundfunkvortrag Stauffers vom 21. 11. 1958 benutzt.

schnellt der Prozentsatz hoch, bei Lukas tritt ein gewisser Stillstand ein. Johannes enthält mehr qumranische Elemente als die drei älteren Evangelien zusammen. In Summa:

Die Qumranisierung der Jesusüberlieferung wächst mit dem zeitlichen Abstand der Traditionsträger von Jesus.

Das ist beinahe ein mathematisch klarer Tatbestand ...

Man könnte diesen Tatbestand durch eine Kurve veranschaulichen:

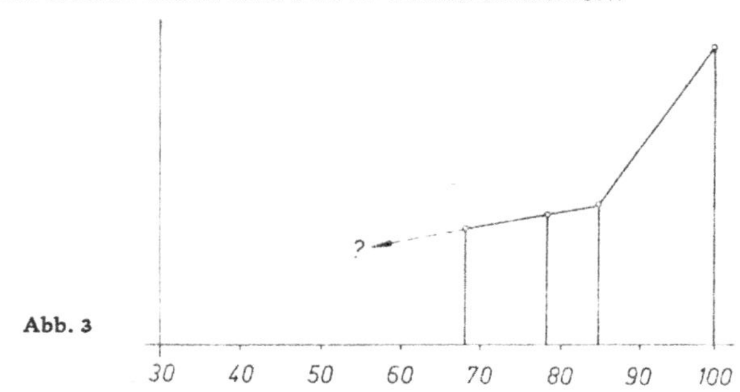

Abb. 3

Trägt man auf der waagerechten Achse (die ungefähr bekannte) Jahreszahl der Entstehung der Evangelien ein, auf der senkrechten die (leider nicht explizit angegebene) Zahl der „Qumran-Elemente", so hat man 4 Punkte im Koordinatensystem festgelegt, die zu einem rasch ansteigenden Streckenzug verbunden werden können. Die so entstehende Kurve symbolisiert dann das Anwachsen des qumranischen Einflusses in der Urgemeinde.

Dieses Ergebnis ermutigt nun *Stauffer* zu der These [41]):

> Die antiqumranischen Elemente der Evangelien gehen auf Jesus zurück, die philoqumranischen stammen aus der Urgemeinde.

Zur Erklärung dieser Entwicklung weist *Stauffer* darauf hin, daß schon zu Jesu Zeiten unter den Jüngern seit den Tagen des Täufers Qumranideen umgingen, die dann später in mehreren Wellen in die Urgemeinde eingedrungen sein können. Sie haben schließlich die ursprüngliche Jesuslehre überwuchert. An unserer Kurve können wir uns die *Stauffer*sche These so deuten: Wir haben eine zwischen den Jahreszahlen 65 und 100 rasch ansteigende (aber durchaus unregelmäßige) Kurve und wollen sie nach links extrapolieren bis auf das Jahr der Wirksamkeit Jesu, also über einen Zeitraum von 35 Jahren. *Stauffer* nimmt an, daß dabei die Kurve auf Null fällt.

Eine solche Extrapolation einer nur durch 4 Werte zwischen den „Koordinaten" 65 und 100 festgelegten Kurve bis etwa 33 ist nun ein Unternehmen,

---

[41]) loc. cit. S. 16.

das ein Mathematiker oder Physiker niemals wagen würde Hier ist offenbar der Wunsch maßgebend, eine bestimmte historische Konzeption „mathematisch" zu beweisen.

3. Objektivität und Toleranz

Wir haben nun zu fragen, ob sich denn beim Mathematiker der ständig wirksame Zwang zur Objektivität auch außerhalb seiner Facharbeit auswirkt. Es sei an die in der Einleitung gegebene Interpretation von „Bildung" erinnert [42]). Sind die Vertreter der exakten Wissenschaften als Philosophen, als Staatsbürger und Politiker (dann also, wenn sie ihre Fachwissenschaft „vergessen" haben) von einer vorbildlichen Objektivität?

Wir sind objektiv genug, diese Frage nicht uneingeschränkt zu bejahen. Es kommt auch bei Mathematikern vor, daß bei der Diskussion über Grundlagenfragen weltanschauliche Voreingenommenheit sich auswirkt.

Der mathematische Formalismus geht aus von Axiomensystemen, die zwar in sich widerspruchsfrei sein sollen (außerdem vollständig und unabhängig), im übrigen aber keiner Begründung bedürfen. Die Frage nach dem „Seinsgrund" etwa der Axiome für unser System der natürlichen Zahlen bleibt offen.

A. Mostowski [43]) sagt dazu:

> Der einzig konsequente Standpunkt, der sowohl mit dem gesunden Menschenverstand als auch mit der mathematischen Tradition in Einklang steht, ist ... die Annahme, daß Ursprung und letzte „raison d'être" (Seinsgrund) des Begriffes Zahl, sowohl der natürlichen als auch der reellen, in der Erfahrung und in der praktischen Anwendbarkeit liegen.

Die Meinung, daß etwa hinter den *Peano*schen Axiomen für die natürlichen Zahlen „Erfahrung und praktische Anwendbarkeit" stehen, klingt ganz plausibel. Man könnte darüber reden, wenn *Mostowski* nicht seinen Standpunkt als den „einzig konsequenten" bezeichnen würde. So einfach liegen die Dinge nun doch nicht. Man hat früher geglaubt, daß die Vorstellung des Kontinuums aus der Beobachtung stamme. Wir wissen heute, daß die Natur „Sprünge macht", und die Idee der einer Menge von reellen Zahlen entsprechenden Strecke hat tatsächlich kein Äquivalent in der Natur. Deshalb erscheint die These gewagt, daß der Zahlenbegriff *nur* von der Erfahrung und der praktischen Anwendbarkeit her zu fundieren sei.

---

[42]) Vgl. S. 8!

[43]) Die Hauptreferate des 8. polnischen Mathematikerkongresses, 6.–12. September 1953 in Warschau, Berlin 1954, S. 20.

Die Formalisten unter den Mathematikern haben aus guten Gründen auf alle ontologischen Aussagen verzichtet. Die hinter den mathematischen und physikalischen Grundlagenfragen stehenden Probleme lassen durchaus ein „Rütteln und Zwängeln" zu, um mit *Max Frischens* Don Juan zu sprechen. Es ist wenig gewonnen, wenn man hier die unvermeidliche Unsicherheit durch einen neuen Dogmatismus ersetzt.

Wir verzichten darauf, weitere Beispiele weltanschaulicher Voreingenommenheit im Bereich der Grundlagenforschung zusammenzutragen. „Dogmatiker" sind im Bereich der exakten Wissenschaft selten. Im allgemeinen unterscheidet man scharf zwischen den gesicherten Aussagen der „formalen Systeme" und dem Philosophieren über metaphysische Fragen.

A. Heyting, einer der führenden Männer der modernen intuitionistischen Schule [44], sagt über das Verhältnis von Mathematik und Metaphysik [45]:

> We have no objection against a mathematician privately admitting any metaphysical theory he likes ... In fact all mathematicians ... are convinced that in some sense mathematics bear eternal truth, but when trying to define precisely this sense, one gets entangled in a maze of metaphysical difficulties. The only way to avoid them is to banish them from mathematics.

Diese Haltung ist die Konsequenz der von *Russell* geforderten Objektivität. Wenn man „ohne Vorurteil, ohne Neigung und Abneigung" forschen will, muß man die Unsicherheit aller metaphysischen Deduktionen zugestehen und muß sich davor hüten, solche Thesen als gesichert anzusprechen, die einem besonders zusagen. Eine reinliche Scheidung zwischen mathematischer Deduktion und persönlichem Meinen ist dann geboten.

Nun ist freilich nicht zu leugnen, daß gerade die für die Menschheit wichtigen ethischen Fragen in jenen Bereich gehören, der nicht more geometrico behandelt werden kann. *H. Poincaré* hat mit Recht gesagt: „Es führt kein Weg von dem, was ist, zu dem, was sein soll." Natürlich kann man auch die formale Logik für Deduktionen im Bereich der Ethik nutzbar machen. Aber dann muß man ethische Postulate als „gegeben" an den Anfang setzen. Wo nimmt man diese Postulate her?

Wie soll sich der im Geist unbestechlicher Objektivität geschulte Forscher verhalten, wenn er sich den heute so wichtigen ethischen Problemen nicht versagen will? Ein schönes Beispiel für ein solches Philosophieren hat der durch seine Wellenmechanik bekannt gewordene Physiker *Erwin Schrödinger* gegeben.

---

[44]) Siehe dazu z. B. Kap. VII in *Meschkowski:* Wandlungen des mathematischen Denkens.

[45]) *A. Heyting:* Intuitionismus, Amsterdam 1956. S. 2.

Dieser liebenswürdige Forscher hat sich in seinen späteren Jahren eingehend mit den Grundlagenfragen seiner Wissenschaft und mit philosophischen Problemen befaßt. In seiner Schrift „Geist und Materie "versucht er eine Fundierung einer unserer Zeit gemäßen Ethik. Es ist aber bezeichnend für den an exakte Arbeit gewohnten Naturwissenschaftler, daß er seine philosophischen Bemühungen deutlich von dem Bericht über gesicherte Forschungsergebnisse absetzt. Das Kapitel über die Ethik steht unter der Überschrift „*Versuch* einer Antwort", und an der entscheidenden Stelle seiner Deduktionen sagt er [46]):

> „Ob Sie dem nächsten Schritt ... sogleich zustimmen werden, bezweifle ich."

Er *schlägt eine Antwort vor,* wo manche Popularphilosophen ohne Hemmungen fertige Aussagen wagen [47]).

Natürlich ist der Wunsch durchaus berechtigt, den Bereich des Gesicherten in der Mathematik auszuweiten auf die Grundlagenprobleme, die hinter der Wissenschaft von den „formalen Systemen" stehen. Man darf nicht erwarten, daß auf Grund von Untersuchungen im Sinne *Schrödingers* eines Tages die Ethik im Sicherungsgebiet der exakten Wissenschaften angesiedelt sein wird. Wohl aber ist der Versuch berechtigt, die Frage nach der „Realgeltung der Geometrie" so zu beantworten, daß es unter den Grundlagenforschern auf diesem Gebiet keine Meinungsverschiedenheiten mehr gibt. *H. Reichenbach* hat den Versuch unternommen, seinen Ausführungen zum Raumproblem eine zwingende Endgültigkeit zu geben [48]). In verschiedenen Veröffentlichungen, am klarsten aber in seinem „Aufstieg der wissenschaftlichen Philosophie", hat er die an *Kant* orientierte Lehre von der „reinen Anschauung" abgelehnt, aber auch den von *Poincaré* und später von *Einstein* vertretenen „Konventionalismus". Er will, „da es unter mathematischen Philosophen keine Meinungsverschiedenheit geben kann", seine Aussagen so deutlich formulieren, daß jeder objektiv arbeitende Forscher, insbesondere auch Prof. *Einstein, ihm zustimmen muß.*

Wir finden: Seine Aussagen über die Realgeltung der Geometrie sind gut fundiert, seine Argumente gegen den „Konventionalismus" berechtigt. Aber wichtiger ist es zu erfahren, ob es ihm denn gelungen ist, *Albert Einstein* zu

---

[46]) „Geist und Materie", S. 5.

[47]) Als Beispiel könnte hier genannt werden: *Szczesny, G.:* Die Zukunft des Unglaubens, München 1959, und – leider auch – *Bense, M.* in „Club Voltaire I".

[48]) Vgl. dazu *H. Reichenbach:* Aufstieg der wissenschaftlichen Philosophie und *H. Meschkowski:* Wandlungen des mathematischen Denkens, Kap. VIII.

überzeugen. Wir haben einen Studenten, der in seiner Examensarbeit das Raumproblem behandelte, um die Klärung dieser Frage gebeten. Leider ohne Erfolg: Inzwischen waren Einstein und Reichenbach gestorben.

Es besteht begründete Hoffnung, daß der Geist unbestechlicher Objektivität in der nächsten Zukunft auch eine Gemeinsamkeit der Aussagen auf vielen Gebieten der Grundlagenforschung möglich machen wird. Darüber hinaus ist zu erwarten, daß die von *Russell* geforderte Gesinnung unbestechlicher Sachlichkeit sich bei dem durch die Schule der exakten Wissenschaften gegangenen Menschen auch außerhalb der Facharbeit auswirken wird. Sie ist ein Ergebnis einer Bildungsarbeit, die sich auch dann noch als wirksam erweist, wenn die mathematischen Formeln und die physikalischen Lehrsätze längst vergessen sind.

Daß dies der Fall sei, will eine Anekdote deutlich machen, die *E. Buchwald* [49]) berichtet.

> Nach einer Autofahrt durch die Lüneburger Heide wurde ein Physiker von Freunden gefragt, ob die Schafe schon geschoren seien. Die Antwort war: „Auf der mir zugewandten Seite nicht!"

Das heißt: Die Beschäftigung mit den exakten Wissenschaften verändert die Denkweise des Menschen so gründlich, daß seine Aussagen auch abseits von den Bereichen seiner Arbeit von einer vorsichtigen Präzision sind.

Natürlich kann man einwenden, daß in diesem Falle des Guten zuviel geschehen sei; wer wird denn ernstlich glauben, daß die Schäfer in der Heide die Schafe nur auf der einen Seite scheren, daß sie weiter ihre Tiere so anordnen könnten, daß dieser Tatbestand von der Straße aus nicht erkennbar wäre? Ist es wirklich glaubhaft, daß die Schafe soviel Humor besitzen, daß sie diesen Spaß mitmachen und nicht durcheinander laufen?

Dazu ist zu sagen, daß die Ergebnisse der naturwissenschaftlichen Forschung in den letzten Jahrzehnten weit „unglaubwürdigere" Ergebnisse gezeitigt haben. Es mag sein, daß noch niemand in der Heide eine halb geschorene Schafherde angetroffen hat, aber schließlich würde ein solches Phänomen weder dem klassischen Kausalgesetz noch dem Satz von der Erhaltung der Substanz widersprechen.

Gerade weil Physik und Mathematik so überreich an Paradoxien [50]) sind, sind sie besser als andere Wissenschaften geeignet, zu unbestechlicher Objektivität zu erziehen.

---

[49]) „Bildung durch Physik" S. 19.

[50]) Vgl. dazu Kap. III!

III. Die Bildungsfunktion der Paradoxie

Wer dem Paradoxen gegenübersteht, setzt sich der Wirklichkeit aus.
Dürrenmatt [51])

1. Paradoxie und Antinomie

Dichter, Philosophen und Theologen sprechen von der Bedeutung des Paradoxen. *Friedrich Dürrenmatt* wiederholt sich in seinen „21 Punkten zu den Physikern" in immer neuen Äußerungen über die Paradoxien und versichert uns, daß weder die Logiker noch die Physiker noch die Dramatiker sie vermeiden können. Eine paradoxe Geschichte ist (Punkt 10) „zwar grotesk, aber nicht absurd (sinnwidrig)".

Immer wieder ist bei *Kierkegaard* vom Paradoxen die Rede. Wir zitieren aus den „Tagebüchern" [52]):

> Das Paradoxe ist das eigentliche *Pathos* des geistigen Lebens, und wie nur große Seelen von Leidenschaft erfaßt werden, so sind nur große Denker dem ausgesetzt, was ich Paradoxe nenne, welche nichts anderes als unausgetragene, große Gedanken sind.
>
> Die Idee der Philosophie ist die Meditation – die des Christentums das Paradox.
>
> Das Paradox ist nicht eine Konzession, sondern eine Kategorie, eine ontologische Bestimmung, die das Verhältnis zwischen einem existierenden erkennenden Geist und der ewigen Wahrheit ausdrückt.

Geben wir schließlich noch einem Theologen das Wort, der oft und gern vom „Paradoxen" spricht. Bei *Karl Barth* heißt es in der Römerbriefvorlesung [53]):

> Sofern es menschlicherseits zu einem Bejahen und Verstehen Gottes kommt, sofern das seelische Geschehen die Richtung auf Gott, die Bestimmtheit von Gott her empfängt, die Form des Glaubens annimmt, geschieht das Unmögliche, das Wunder, das Paradox.

Wenn *Dürrenmatt* Recht hat mit seiner These, daß im Paradoxen die Wirklichkeit erscheint („Punkt 19" zu den „Physikern"), muß die Begegnung mit der Paradoxie in allen ihren Formen ein wichtiges Element der Menschen-

---

[51]) Die Physiker, Zürich 1962. S. 81 ff. Punkt 20.

[52]) Hier zitiert nach „Existenz im Glauben". Aus Dokumenten, Briefen und Tagebüchern *Sören Kierkegaards* übersetzt, ausgewählt und eingeleitet von *Liselotte Richter*, Berlin 1956, Nrn. 134, 212, 402.

[53]) *K. Barth:* Der Römerbrief, München 1926, S. 96.

bildung sein. Es lohnt sich also, in einer Schrift über Bildungsprobleme das Wesen der Paradoxie und ihr Auftreten in der Schularbeit zu untersuchen.

Nun sind freilich die Äußerungen von Dichtern und existentialistischen Denkern nicht gerade durch Präzision der Begriffsbildung ausgezeichnet [54]). Es erscheint deshalb nicht verkehrt, zur Klärung der Aussagen nach dem Gebrauch des Wortes „paradox" im Bereich der exakten Wissenschaften zu forschen.

Die Physik kennt das hydrostatische und das aerodynamische Paradoxon. Im ersten Fall geht es um die Tatsache, daß der Bodendruck einer Flüssigkeitssäule nur von der Höhe, nicht aber von der Form des Gefäßes abhängig ist. Das „aerodynamische Paradoxon" demonstriert man mit einem Gerät, in dem ein Luftstrom aus einem mit einer Platte versehenen Rohr *R* gegen eine zweite bewegliche Platte *P* strömt (Abb. 4). Durch die auf die bewegliche Platte zuströmende Luft wird nun diese nicht etwa abgestoßen, sondern angezogen.

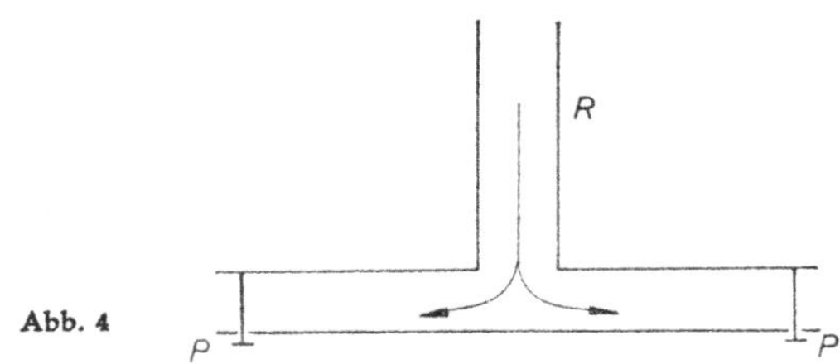

Abb. 4

Eine viel diskutierte Paradoxie ist das *Bohr*sche Prinzip der Komplementarität. Danach verhält sich das Licht bei gewissen wohlbestimmten Versuchsanordnungen wie ein materielles Teilchen (beim *Compton*-Effekt z. B.), bei anderen (Interferenzerscheinungen) kann man die Beobachtung nur mit der Wellenvorstellung befriedigend deuten. Das ist eine recht verwirrende Situation, und es ist *verständlich*, wenn die Frage gestellt wird: Was ist das Licht eigentlich? Es kann doch nur *entweder* materiell sein *oder* den Charakter einer Schwingung haben? Registrieren wir zunächst, daß uns das Bohrsche Prinzip *paradox* erscheint.

Die Mathematik kennt das *Galilei*sche Paradoxon. Dabei geht es um die umkehrbare eindeutige Zuordnung der Menge der natürlichen Zahlen zu

---

[54]) Vgl. dazu etwa die Kritik von *Reidemeister* in „Die Unsachlichkeit der Existenzphilosophie".

einer echten Teilmenge. Man schreibt unter die Folge der Zahlen 1, 2, 3, ... die entsprechenden Quadratzahlen:

$$\begin{matrix} 1 & 2 & 3 & 4 & 5 & 6 \ldots \\ \updownarrow & \updownarrow & \updownarrow & \updownarrow & \updownarrow & \updownarrow \\ 1 & 4 & 9 & 16 & 25 & 36 \ldots \end{matrix} \qquad (1)$$

Auf diese Weise entsteht eine eindeutige Zuordnung einer Menge N (natürliche Zahlen) zu einer echten Teilmenge (Quadratzahlen). *Galilei* empfand diese Möglichkeit der Zuordnung als „paradox", weil sie allen unseren Erfahrungen mit endlichen Dingen widerspricht. Es ist ja unmöglich, eine Menge von 20 Dingen umkehrbar eindeutig einer Teilmenge von 10 Dingen zuzuordnen.

Gelegentlich wird auch ein von *B. Russell* nachgewiesener Widerspruch in der Mengenlehre als ein „Paradoxon" bezeichnet. *Russell* prägte den Begriff der „Menge aller Mengen, die sich selbst nicht als Element enthalten". Wir wollen sie kurz die *Russell*sche Menge R nennen und fragen:

Enthält die Menge R sich selbst als Element?

Wäre es so, dann wäre R also eine Menge, die sich selbst als Element enthält. R sollte aber gerade die Menge aller Mengen sein, die sich nicht selbst als Element enthalten. Also ist die Annahme falsch, und R enthält sich nicht selbst als Element. Wir haben also den Satz bewiesen:

(A) *Die Russellsche Menge R enthält sich nicht selbst als Element.*

Man kann den Beweis hier schließen in dem Bewußtsein, eine Aussage über eine interessante Menge begründet zu haben. Es ist aber auch die folgende weitere Überlegung möglich: Nehmen wir an (Satz A!), R enthält sich selbst nicht als Element. Da R gerade die Menge aller Mengen mit dieser Eigenschaft ist, muß R sich doch als Element enthalten:

(B) *Die Russellsche Menge R enthält sich selbst als Element.*

Die Sätze A und B stehen aber im Widerspruch. Es gibt eine scherzhafte Einkleidung dieser Antinomie, die wir nicht unterschlagen wollen.

In einer großen Bibliothek gibt es Katalogbände, in denen alle Bücher registriert sind. Auch die Katalogbände seien dabei notiert. Es kann dann solche Kataloge geben, – die sich selber registrieren – und andere, die das nicht tun. Es sei K ein Katalogband, der alle die Kataloge registriert, die sich nicht selbst registrieren. Registriert K sich selbst? Zwischen den von *Russell* und *Galilei* gegebenen Beispielen besteht nun ein gewichtiger Unterschied. Die beiden von *Russell* deduzierten Sätze A und B stehen in einem eindeutigen Widerspruch. Satz A ist die Negation von Satz B, und die Deduktion behauptet also die Äquivalenz der Aussage A und ihrer Negation non A[55]:

$$A \longleftrightarrow \text{non } A. \qquad (2)$$

Äquivalenzen von Typ (2) heißen *Antinomien*. In der mathematischen Logik zeigt man[56], daß durch den Einbau nur *einer* Antinomie (2) in die Deduktion jede beliebige Aussage B beweisbar wird.

Das bedeutet: Der Umgang mit Antinomien ist gefährlich. Jede Deduktion wird zum Unsinn, wenn man solche Begriffsbildungen zuläßt, die Antinomien ermöglichen. Man hat deshalb für die Mengenlehre die sogenannten imprädikablen Begriffsbildungen ausgeschlossen, um die Widerspruchsfreiheit der Theorie nicht zu gefährden[57].

Von ganz anderem Charakter ist die *Galilei*sche Paradoxie. Die Zuordnung (1) ist nicht falsch, und sie gibt zu keinerlei Widersprüchen Anlaß. Sie *erscheint* dem Anfänger nur unglaubwürdig, wenn er bisher nur den Umgang mit endlichen Mengen gewohnt war. Es ist notwendig, scharf zwischen einer *Paradoxie* und einer *Antinomie* zu unterscheiden. Eine Antinomie ist ein echter Widerspruch, die Behauptung, daß eine Aussage A und ihre Negation non A den gleichen Wahrheitswert habe. Eine Paradoxie ist eine wahre Aussage, die dem Anfänger falsch zu sein *scheint*. Die Feststellung, daß ein mathematischer Satz paradox sei, ist demnach eine psychologische These, keine mathematische. Mit fortschreitender Einsicht kann sich der paradoxe Charakter einer Aussage verflüchtigen. Wenn jemand die *Galilei*sche Paradoxie kennen lernt, *nachdem* er sich eine Weile mit den Ergebnissen der modernen Mengenlehre befaßt hat, so wird er vielleicht gar nicht mehr verstehen, weshalb *Galilei* die Zuordnung (1) als paradox empfand. Die moderne Mathematik kennt viele solcher eindeutigen Zuordnungen von unendlichen Mengen auf echte Teilmengen. Der Anfänger aber ist

---

[55]) Wir bezeichnen die Negation auch durch Überstreichen ($\overline{A}$ für non A). Vgl. zur Mathematischen Logik z. B. *Meschkowski:* Wandlungen des mathematischen Denkens, Kap. XI.

[56]) Für diejenigen Leser, die mit den Elementen der Aussagenlogik vertraut sind, wollen wir das kurz begründen. Bekanntlich ist das Gesetz von *Duns Scotus*

$$\overline{A} \rightarrow (A \rightarrow B) \qquad (3)$$

eine Tautologie, eine Aussage also, die bei jeder beliebigen Verteilung der Wahrheitswerte für A und B wahr ist. Nehmen wir nun an, daß A und die Negation $\overline{A}$ beides wahre Aussagen seien. Dann ist also die Prämisse der Implikation (3) wahr, und dann müßte wegen des tautologischen Charakters von (3) auch $A \rightarrow B$ wahr sein. Da A als wahr vorausgesetzt ist, folgt daraus schließlich, daß auch die Aussage B wahr sein muß.

[57]) Vgl. *Meschkowski,* loc. cit. Kap. VI.

geneigt, von den endlichen auf die unendlichen Mengen zu schließen und unzulässig zu verallgemeinern.

Sprechen wir also von der *Galilei*schen *Paradoxie*, aber von der *Russell*schen *Antinomie* [58]). Bei den drei Beispielen aus dem Bereich der Physik handelt es sich durchweg um Paradoxien im Sinne unserer Definition. Beim *Bohr*schen Prinzip könnte man allerdings meinen, daß hier eine Antinomie vorläge. Aber man muß einsehen, daß das Entwder-Oder (*entweder* Welle *oder* Korpuskel) nicht echt ist. „Welle" und „Korpuskel" sind Begriffe aus der Makrophysik. Wer sagt uns, daß in der Welt des Atoms die aus der Mechanik der festen und flüssigen Körper stammenden Begriffe noch brauchbar sind? Es gibt Grenzen nicht nur für die Gültigkeit physikalischer Gesetze, sondern auch für die Anwendbarkeit von Begriffen und Definitionen. Man kann zufrieden sein, daß bei gewissen Experimenten der Begriff „Korpuskel" *noch* anwendbar ist (*gerade* noch anwendbar) ist, bei anderen der Begriff „Welle". Vielleicht muß man im Bereich der Atomphysik zur Beschreibung der Meßergebnisse ganz andere Begriffe heranziehen als in der Makrophysik? Vielleicht gelingt eines Tages eine Beschreibung der Meßergebnisse durch eine mathematische Struktur, die beide Typen von Phänomenen deutet [59]).

2. Die Paradoxie als Bildungselement

Das *Bohr*sche Prinzip der Komplementarität ist eine besonders bildungswichtige Paradoxie, weil sie uns deutlich macht, daß es auch eine unzulässige Ausweitung des Anwendungsbereiches von Begriffen gibt. Allen Paradoxien ist gemeinsam, daß sie eine unzulässige Verallgemeinerung ad absurdum führen. Darin liegt ihre Bedeutung für die Menschenbildung: *Die mancherlei Ideologien unserer Tage leben ja von der unzulässigen Verallgemeinerung von Teilwahrheiten zu einem universalen Gesetz, und sie erklären Denkgewohnheiten zu Denknotwendigkeiten. Wer aber immer wieder durch die Paradoxien der exakten Wissenschaften darauf hingewiesen wird, daß man nicht ungesichert verallgemeinern darf, der ist mißtrauisch gegenüber den allzu raschen Deduktionen universal gültiger „Wahrheiten" auf anderen Gebieten.*

Die Begegnung mit der Paradoxie ist also ein wichtiges Bildungselement. Natürlich: Sie ist kein Allheilmittel gegen Dummheit und Dogmatismus.

---

[58]) In dem mathematischen Wörterbuch von *Naas und Schmid* werden die Begriffe Antinomie und Paradoxie synonym gebraucht. Das ist eine bedauerliche Einschränkung unserer Aussagemöglichkeiten.

[59]) Einen Ansatz hierzu liefert schon die *Schrödinger*sche Theorie, die „die Quantisierung als Eigenwertproblem" deutet.

Es gibt nicht wenige Menschen, die durch die Schule der exakten Wissenschaften gegangen sind, ohne daß sie dadurch gescheiter wurden. Aber diese Einschränkung muß ja bei allen Möglichkeiten der Menschenbildung gemacht werden.

Wir wollen es dem Leser überlassen, den paradoxen Charakter des aerodynamischen und des hydrostatischen Beispiels zu deuten. Wir müssen aber noch ein Wort sagen über die eingangs erwähnten Paradoxien der Dichter und Philosophen.

Es ist offensichtlich, daß *Dürrenmatt* den Begriff Paradoxie in dem von uns gegebenen Sinn versteht. Er sagt ja ausdrücklich, daß seine Paradoxien „grotesk, aber nicht absurd (sinnwidrig)" seien. Auch die bei *Karl Barth* zitierten Paradoxien sind nicht echte Antinomien. Dagegen ist der Sprachgebrauch bei *Kierkegaard* ausgesprochen unklar. Es scheint, daß er im allgemeinen die Paradoxien als „unausgetragene große Gedanken" versteht, dann aber auch als die Widersprüche, in die sich das menschliche Denken verirrt, wenn es die Grundfragen der menschlichen Existenz klären will. Wenn man das Verhältnis zwischen „einem erkennenden Geist und der ewigen Wahrheit" klären will, gerät man leicht in echte Widersprüche [60]), die keineswegs harmloser sind als die *Russell*sche Antinomie. Das Gespräch zwischen Naturwissenschaft und Theologie ist in letzter Zeit belastet worden durch den Versuch, echte Antinomien im theologischen Bereich durch den Hinweis auf das *Bohr*sche Prinzip zu verharmlosen [61]). Es ist deshalb sehr heilsam, daß man an den mathematischen (und physikalischen) Beispielen den Unterschied zwischen Antinomien und Paradoxien deutlich klären kann. Allein in dieser Klarheit der Aussagen liegt eine wichtige Möglichkeit des mathematischen Unterrichts. Es kann versucht werden, die Präzision der Begriffsbildung auch auf andere Bereiche zu übertragen, in denen Paradoxien gedeihen.

Ein mathematischer Unterricht, der seine Bildungsmöglichkeiten ausnutzen will, sollte immer wieder die Konfrontierung mit dem Paradoxen suchen. Wir wollen im folgenden eine Reihe von weiteren Beispielen zusammentragen. Dabei legen wir besonderen Wert auf solche Paradoxien, die im Be=

---

[60]) *Nikolaus von Cues* sagt in einem Gebetswort:

„Ich habe erfahren, daß der Ort, wo Du unverhüllt gefunden wirst, mit einer Fülle von Widersprüchen umgeben ist, und dies ist die Mauer des Paradieses, worin Du wohnst." (Zitiert nach *V. Gollancz,* Aufbruch und Begegnung, Gütersloh 1954, S. 7).

[61]) Vgl. dazu *Meschkowski:* Das Christentum im Jahrhundert der Naturwissenschaften, München 1961, S. 161 ff.

reich der Schulmathematik liegen. In der höheren Analysis gibt es eine große Zahl eindrucksvoller Beispiele von Sätzen, die jedem Anfänger unglaubwürdig erscheinen. Es ist aber wichtig, daß gerade der Schulunterricht seine Möglichkeiten ausschöpft.

3. Beispiele

a) Inkommensurable Strecken

Ein besonders wichtiges Beispiel einer die Denkweise der Zeit umwerfenden Paradoxie ist die Entdeckung der inkommensurablen Strecken durch die griechische Mathematik. Die Pythagoreer wußten, daß die Bahnen der Sterne, aber auch die Gesetze der musikalischen Harmonie bestimmt waren durch die Verhältnisse ganzer Zahlen. *Pythagoras* lehrte deshalb „Die ganze Welt ist Harmonie und Zahl".

Bald nach dem Tode des Meisters kam es über dieser Lehre zu einem Streit unter seinen Schülern. Man hatte am regulären Fünfeck die Existenz inkommensurabler Strecken entdeckt. Es zeigte sich, daß es unmöglich war, irgend eine Meßstrecke eine ganze Anzahl von Malen auf der Seite *und* auf der Diagonale eines Fünfecks anzutragen: Geht das Verfahren bei der Seite auf, so gilt das nicht für die Diagonale und umgekehrt. Etwas später fanden sie heraus, daß für die Seite und die Diagonale des Quadrats das gleiche gilt. Das war eine für die Pythagoreer erregende Erkenntnis. Wenn es schon unmöglich ist, Seite und Diagonale von Quadraten durch das Verhältnis ganzer Zahlen genau zu beschreiben, dann konnte man die These nicht aufrecht erhalten: „*Alles* ist Zahl". So meinten die „Mathematiker" unter den Anhängern des Meisters. Die ‚ἀκουσματικοί' dagegen, die „Hörer" also, wollten am Buchstaben der Lehre des Meisters festhalten. Es ist einleuchtend, daß sich die Auffassung der „Mathematiker" durchgesetzt hat. Hier hat also die Entdeckung eines paradox erscheinenden Satzes zur Auflösung einer „Ideologie" geführt. *Platon* war durch die Entdeckung der inkommensurablen Strecken sehr beeindruckt. Er spricht von der „lächerlichen und schmählichen Unwissenheit aller Menschen" (die das bisher nicht wußten) und bekennt [62]):

> Es kam mir vor, als wäre das garnicht beim Menschen möglich, sondern eher nur etwa beim Schweinevieh. Und ich schämte mich, nicht nur für mich selbst, sondern auch für alle Hellenen.

Wir hatten in Deutschland Jahrhunderte hindurch eine angeblich vom Geist der Antike bestimmte Bildung. Und trotzdem lernte der größte Teil der Schüler nie den klassischen Beweis für die Existenz inkommensurabler

---

[62]) In den „Gesetzen" (819–820).

Strecken kennen. Auch heute setzt sich die Beschäftigung mit diesem die antiken Mathematiker erregenden Problemkreis nur langsam in den Schulen durch. Wir notieren deshalb an dieser Stelle einen Beweis für die Existenz von Strecken, die kein gemeinsames Maß haben [63]).

Man teile eine beliebige Strecke AB nach dem goldenen Schnitt. Abb. 5 zeigt die von *Euklid* [64]) angegebene Konstruktion:

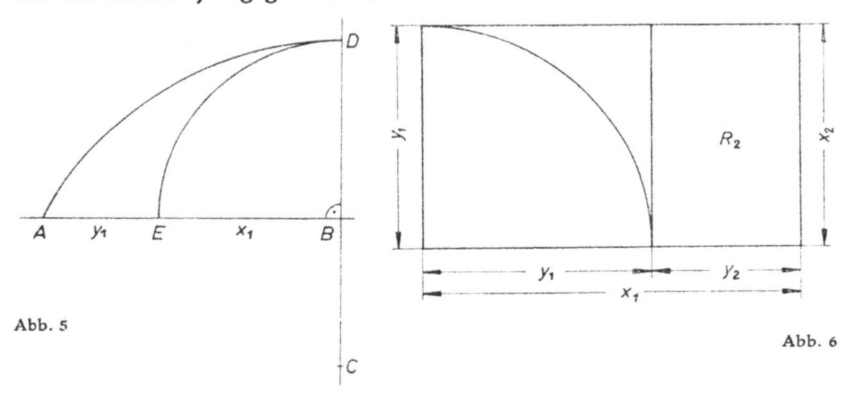

Abb. 5

Abb. 6

Man errichtet auf AB in B die Senkrechte und zeichnet um B den Kreis mit dem Radius $^1/_2\,AB$, der die Senkrechte in C trifft. Der Kreis um C mit dem Radius AC trifft dann den C nicht enthaltenden (durch B bestimmten) Strahl der Senkrechten in D. Der Kreis um B mit dem Radius BD schließlich trifft AB in E. Dann ist AB in E *stetig geteilt*. Ist $EB = x_1$, $AE = y_1$, so gilt

$$\frac{x_1 + y_1}{x_1} = \frac{x_1}{y_1}, \qquad x_1 y_1 + y_1^2 = x_1^2. \tag{4}$$

Wir betrachten jetzt das Rechteck R_1 mit den Seiten x_1 und y_1 (Abb. 6). Wir wollen ein solches Rechteck, dessen Seiten x und y die Teile einer stetig geteilten Strecke $AB = x + y$ sind, ein „goldenes" Rechteck nennen. Diesem

---

[63]) Das einfachste Beispiel inkommensurabler Strecken liefert die Seite und die Diagonale eines Quadrats. Siehe dazu z. B. *Meschkowski:* Wandlungen des mathematischen Denkens, S. 10 f.

Tatsächlich wurde die Existenz inkommensurabler Strecken zuerst am regulären Fünfeck geführt. Der Beweis ist notiert bei *Meschkowski:* Denkweisen großer Mathematiker. S. 6 ff.

[64]) Vgl. dazu *Euklid* II, 11. In der Schule wird gewöhnlich eine andere Konstruktion des goldenen Schnittes gelehrt.

Rechteck R_1 ordnen wir ein neues Rechteck R_2 mit den Seiten $x_2 = y_1$, $y_2 = x_1 - y_1$ zu.

Für dieses neue Rechteck gilt dann [unter Beachtung von (4)]:

$$x_2 y_2 + y_2^2 = y_1(x_1 - y_1) + (x_1 - y_1)^2 = x_1^2 - x_1 y_1 = y_1^2 = x_2^2. \qquad (5)$$

Das heißt aber: Auch das neue Rechteck R_2 ist ein „goldenes" Rechteck. Offenbar können wir diesen Prozeß nach Belieben fortsetzen. Haben wir ein goldenes Rechteck R_n mit den Seiten x_n und y_n, so gewinnen wir mit

$$x_{n+1} = y_n, \quad y_{n+1} = x_n - y_n \qquad (6)$$

die Seiten eines neuen „goldenen" Rechtecks R_{n+1}. Das folgt aus den für R_1 und R_2 angestellten Überlegungen.

Offenbar kann man diesen Prozeß ad infinitum fortsetzen. Bezeichnen wir das Rechteck R_{n+1} als den „Sohn" von R_n, so können wir das Ergebnis so formulieren: *Die Eigenschaft eines Rechtecks, „golden" zu sein, ist erblich.*

Alle durch den Abspaltungsprozeß entstehenden Rechtecke sind ähnlich. Es gilt z. B.

$$\frac{x_2}{y_2} = \frac{y_1}{x_1 - y_1} = \frac{x_1}{y_1}$$

unter Beachtung von (4). Nehmen wir nun an, daß die Strecken x_1 und y_1 ein gemeinsames Maß ε haben:

$$x_1 = m_1 \cdot \varepsilon, \quad y_1 = n_1 \cdot \varepsilon. \qquad (7)$$

Dabei sind m_1 und n_1 natürliche Zahlen, $m_1 > n_1$. Daraus folgt dann

$$x_2 = y_1 = n_1 \varepsilon = m_2 \varepsilon, \quad y_2 = x_1 - y_1 = (m_1 - n_1)\,\varepsilon = n_2\,\varepsilon$$

mit ganzen Zahlen m_2 und n_2. Es ist $m_1 > m_2$ und wegen der Ähnlichkeit der Rechtecke auch $n_1 > n_2$. Diese Zuordnung ganzer positiver Maßzahlen m_ν und n_ν müßte nun ad infinitum fortsetzbar sein. Das ist aber wegen $m_\nu > m_{\nu+1}$, $n_\nu > n_{\nu+1}$ unmöglich: Man würde nach endlich vielen Schritten auf nicht positive Maßzahlen stoßen. Die Annahme (7) war also falsch.

b) Das Band um den Äquator

C. F. von Weizsäcker zitierte kürzlich in einem Referat einen mathematischen Satz, von dem er sagte, man könne ihn nicht „von der Anschauung her" verstehen. Es geht dabei um ein Problem, das man jedem Tertianer mühelos nahe bringen kann:

Man denke sich um den Erdäquator ein Band gelegt, das überall fest auf= liegt. Die Erde sei dabei als eine Kugel vorgestellt. Man verlängere das Band um einen Meter und lege es so, daß es einen zum Äquator konzentrischen Kreis bildet. Wie hoch liegt das Band über der Erde? Wird es etwa so hoch liegen (so kann man die Schüler fragen), daß eine Maus (oder wenigstens eine Ameise) hindurchkriechen kann?

Wenn man bedenkt, daß der Erdradius immerhin über 6000 km beträgt, könnte man geneigt sein, beide Fragen zu verneinen. Tatsächlich kann sogar ein Dackel mühelos unter unserem Band durchschlüpfen. Das zeigt sofort eine elementare Rechnung. Ist R der Erdradius, x die Höhe des Bandes über der Erde, so hat man doch $2\pi R + 1 = 2\pi(R + x)$, also

$$x = \frac{1}{2\pi} \sim 16 \text{ cm}. \tag{8}$$

Bei dieser Rechnung fällt der Erdradius R heraus. Wir bekommen das gleiche Ergebnis, wenn wir statt der Erdkugel eine Apfelsine nehmen. Man versteht, daß Herr *von Weizsäcker* dieses Ergebnis paradox findet.

Die hinter jeder Paradoxie stehende „unzulässige Verallgemeinerung" sieht so aus: Wir sind gewohnt, daß bei der Lösung einer Aufgabe auch wirklich alle in der Aufgabe gegebenen Größen zur Lösung verwandt werden. Wir rechnen also damit, daß die Antwort auf unsere Frage auch vom Erdradius abhängt und erwarten deshalb – da 1 m klein ist gegen 6370 km – eine sehr kleine Zahl für x.

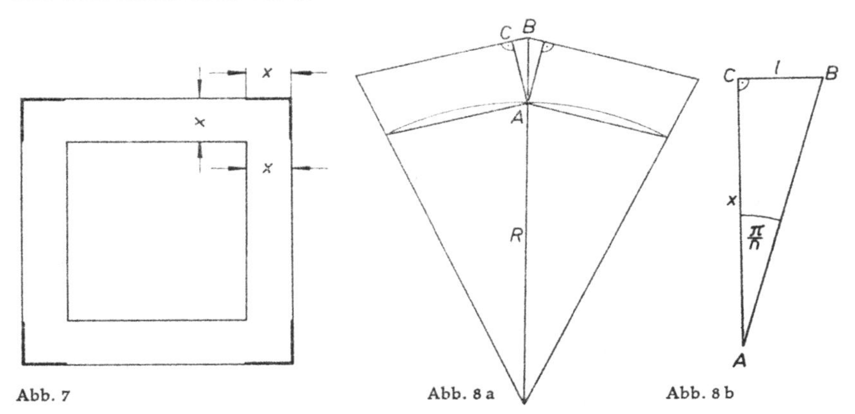

Abb. 7 Abb. 8 a Abb. 8 b

Es ist nun tatsächlich möglich, die Paradoxie (also den psychologischen Effekt der Problemstellung) aufzulösen und damit das Ergebnis doch noch zu veranschaulichen.

Man behandle die entsprechende Aufgabe für ein Prisma mit quadratischem Querschnitt.

In diesem Fall bekommt man offenbar bei der Verlängerung des Bandes um die Einheit: ein Quadrat mit der Seite $R + x$, und man ersieht aus der Zeichnung (Abb. 7) unmittelbar die Beziehung $8x = 1$, $x = {}^1/_8\,m = 12{,}5$ cm, unabhängig von R.

Führt man die entsprechende Überlegung für ein reguläres n-Eck durch, so wird die Verlängerung des Bandes aufgebraucht für $2n$ Strecken vor der Länge 1. Man hat $2\,n\,l = 1$, also (Abb. 8):

$$\tan\frac{\pi}{n} = \frac{l}{x}\,,$$

$$x = \frac{1}{2n \cdot \tan\frac{\pi}{n}} = \frac{1}{2\pi} \cdot \frac{\frac{\pi}{n}}{\tan\frac{\pi}{n}} \tag{9}$$

Auch hier haben wir Unabhängigkeit von R, und aus (9) folgt

$$\lim_{n\to\infty} x = \frac{1}{2\pi}\,,$$

wie oben unter (8).

c) Die Eulersche Funktion

Ich kenne kein Lehrbuch der Schulmathematik, das die von *Euler* untersuchte Funktion

$$f(n) = n^2 - n + 41 \tag{10}$$

behandelt. Und doch hat diese einfache zahlentheoretische Funktion [65]) bemerkenswerte Eigenschaften.

Setzt man für n die Zahl 1 ein, so erhält man

$$f(1) = 1^2 - 1 + 41 = 41;$$

entsprechend ist

$$f(2) = 2^2 - 2 + 41 = 43.$$

Für 3, 4, 5, 6, 7, 8, 9, ... gewinnt man in analoger Weise die Zahlen

47, 53, 61, 71, 83, 97, 113, ...

Das Bemerkenswerte an dieser Folge ist, daß die Zahlen alle Primzahlen

---

[65]) Eine für alle natürlichen Zahlen n erklärte Funktion $f(n)$ heißt eine *zahlentheoretische Funktion.*

sind, Zahlen also, die nur durch sich selbst und durch 1 ohne Rest teilbar sind. Gelegentlich machen wir uns bei der Aufnahmeprüfung den Spaß, mathematisch interessierte Abiturienten die Gesetzlichkeiten dieser *Euler*schen Funktion untersuchen zu lassen. Im allgemeinen wird aus den erwähnten Tatsachen der Schluß gezogen: *Diese Funktion liefert für alle natürlichen Zahlen n Primzahlen f (n).* Tatsächlich liefert unsere Funktion Primzahlen für die Zahlen von 1 bis einschließlich 40; für 41 hat man aber

$$f(41) = 41 \cdot 41 - 41 + 41 = 41 \cdot 41 = 41^2,$$

und dieses Quadrat von 41 ist natürlich *keine* Primzahl.

Das bedeutet, daß man nicht von 5 oder 6 oder auch von 40 auf unendlich schließen darf.

Durch dieses Beispiel wird also eine naheliegende unzulässige Verallgemeinerung ad absurdum geführt.

Durch die Eigenschaften der *Euler*schen Funktion (10) kann man die Bedeutung der verschiedenen zahlentheoretischen „Vermutungen" besser einschätzen. *Goldbach* vermutete z. B., daß sich jede gerade Zahl als Summe zweier Primzahlen schreiben läßt:

$2n = p + q$. Es ist z. B. $12 = 7 + 5$, $14 = 11 + 3$, $16 = 13 + 3$ usf. Soweit man bisher probiert hat, fand sich stets für die geraden Zahlen (mindestens) eine additive Zerlegung in zwei Primzahlen.

Da fleißige Leute diese Rechnung sehr weit vorangetrieben haben, liegt es nahe, die *Goldbach*sche Vermutung für richtig zu halten. Aber man darf vorläufig nicht behaupten, daß sie für *alle* geraden Zahlen richtig sei. Das ist noch nicht bewiesen, und wenn die Eulersche Funktion bis zur Nummer 40 Primzahlen liefert, warum soll es nicht möglich sein, daß die *Goldbach*sche Vermutung für alle geraden Zahlen bis in die Milliarden hinein stimmt, für eine gewisse sehr große Zahl dann aber doch falsch ist? In der Mathematik gibt es nur die *vollständige* Induktion, nicht aber den Schluß von 6 oder 40 oder 3 000 000 000 auf Unendlich.

d) Charakterisierende Eigenschaften des Kreises

Der Kreis wird gewöhnlich definiert als der geometrische Ort für alle die Punkte, die von einem Punkt M den gleichen Abstand r haben. Der so definierte Kreis hat eine Reihe weiterer Eigenschaften. Wir nennen die folgenden:

(A) *Der Kreis durchsetzt alle Geraden des durch M gehenden Büschels senkrecht.*

(B) *Alle Peripheriewinkel über demselben Bogen eines Kreises sind gleich.*

(C) *Die beiden zu einer Sehne gehörenden Sehnentangentenwinkel sind gleich.*

(D) *Der Kreis ist eine Kurve konstanter Krümmung* ($\varkappa = 1/r$).

(E) *Der Kreis ist eine Kurve konstanter Breite.*

Zum Verständnis von (E) erklären wir: Die *Breite* einer einfach geschlossenen Kurve C in der Richtung φ ist der Abstand der beiden zu φ senkrechten Stützgeraden [66]).

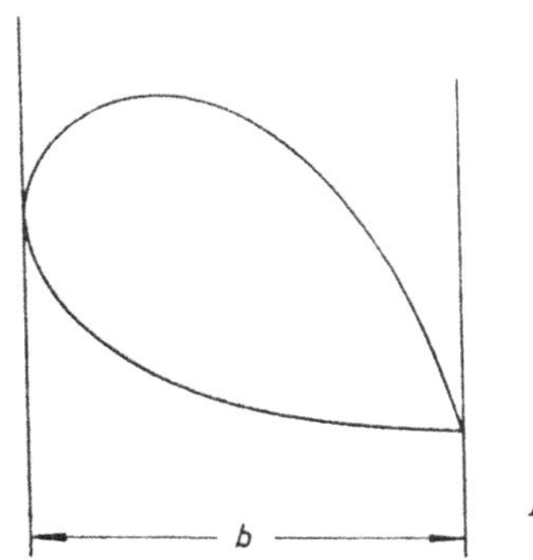

Abb. 9

Eine Kurve heißt von *konstanter* Breite, wenn die Breite b in allen Richtungen gleich ist. Offenbar ist ein Kreis vom Radius r eine Kurve von der konstanten Breite $2r$.

Es liegt die Frage nahe, wie weit die Eigenschaften (A) bis (E) für den Kreis *charakteristisch* sind. Ist der Kreis jeweils die einzige Kurve mit der genannten Eigenschaft? Anders formuliert:

Kann man die Sätze (A) bis (E) umkehren?

Fragen wir uns, ob z. B. der folgende Satz richtig sei:

(B') *Der geometrische Ort für alle Punkte, von denen aus eine gegebene Strecke AB unter dem gleichen Winkel erscheint, ist ein Kreisbogen.*

Das ist in der Tat der Fall und kann leicht mit elementaren Methoden bewiesen werden. Weiter gilt:

---

[66]) Eine Gerade g heißt *Stützgerade* eines beschränkten Bereiches B (bzw. seiner Randkurve), wenn sie durch einen Randpunkt P von B geht, in einer gewissen Umgebung von P aber keine inneren Punkte von B enthält.

(C') *Eine Kurve, die von jeder Sehne, die irgend zwei ihrer Punkte verbindet, in beiden Punkten unter gleichen Winkeln geschnitten wird, ist ein Kreis.*

Den (recht einfachen) Beweis für diese Umkehrung von Satz (C) findet man bei *Rademacher* und *Toeplitz* (20 a).

Da auch die Eigenschaften (A) und (D) charakteristisch sind, liegt es nahe, auch für die Eigenschaft (E) das gleiche zu vermuten.

Wir können dem Problem eine einfache anschauliche Deutung geben:

Ein Balken soll durch zylindrische Rollen so bewegt werden, daß sein Abstand vom Boden gleich bleibt (Abb. 10).

Welchen Querschnitt können die Zylinder haben?

Es ist klar, daß jede Kurve konstanter Breite als Querschnitt in Frage kommt. Zu prüfen ist nur, ob es außer den Kreisen noch andere Kurven konstanter Breite gibt. Anfänger sind rasch geneigt, diese Frage zu verneinen. Aber tatsächlich ist die Eigenschaft (E) *nicht* charakteristisch für den Kreis. Abb. 11 zeigt ein einfaches Beispiel einer vom Kreis verschiedenen Kurve konstanter Breite [67]).

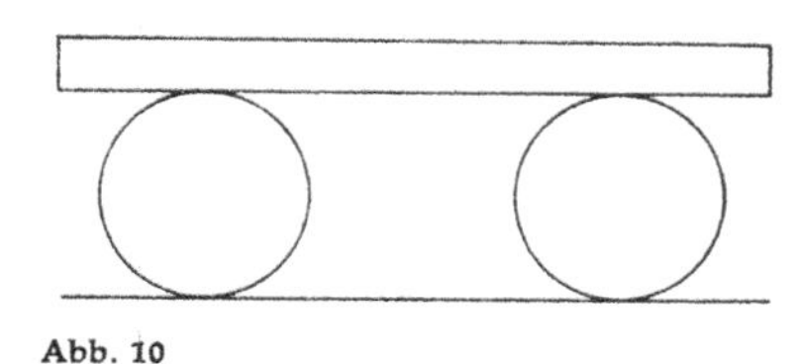

Abb. 10

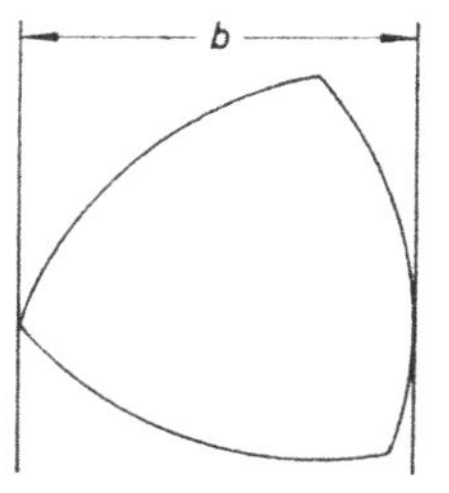

Abb. 11

e) Die Bertrandsche Paradoxie

Die klassische Wahrscheinlichkeitsrechnung hat sich in der Behandlung von Problemen des Glücksspiels gut bewährt. Wie *Bertrand* gezeigt hat, ergeben sich aber eigenartige Widersprüche, wenn man ihre Methoden auf geometrische Fragestellungen anwendet.

Man zeichne *auf gut Glück* in einem Kreis eine Sehne. Wie groß ist die Wahrscheinlichkeit, daß ihre Länge größer ist als die Seite des dem Kreis einbeschriebenen gleichseitigen Dreiecks?

---

[67]) Näheres über diese Kurven findet man z. B. bei *Rademacher* und *Toeplitz* und in der „Differentialgeometrie" von *L. Bieberbach* (Leipzig und Berlin 1932).

Aus Symmetriegründen kann man die Richtung der Sehnen als vorgegeben ansehen. Zeichnen wir einen Durchmesser senkrecht zu dieser Richtung und bezeichnen seine Trägergerade als x-Achse, den Mittelpunkt des Kreises als Nullpunkt. Dann haben genau die dazu senkrechten Sehnen die geforderte Länge, die zwischen $-r/2$ und $+r/2$ den Durchmesser treffen. Die gesuchte Wahrscheinlichkeit ist danach $1/2$.

Man kann aber noch anders überlegen. Wieder aus Symmetriegründen kann man einen Endpunkt P der Sehne auf dem Kreis festlegen. Zeichnen wir in diesem Punkt P der Peripherie die Tangente und den Radius, außerdem zwei Strahlen, die mit dem Radius einen Winkel von 30° einschließen (Abb. 12).

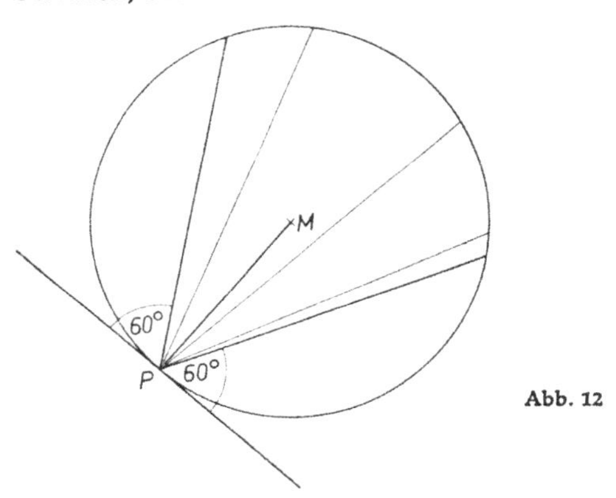

Abb. 12

Die zwischen diesen beiden Strahlen gelegenen Sehnen haben eine Länge, die größer als die des einbeschriebenen gleichseitigen Dreiecks ist. Es sind dies aber Strahlen, die im Innern eines Winkels von 60° verlaufen. Die beiden Winkel zwischen den Strahlen und der Tangente sind auch 60° groß. Die in diesen Winkeln zu zeichnenden Sehnen sind zu klein. Danach ist die gesuchte Wahrscheinlichkeit gleich $1/3$.

Schließlich können wir die Sehnen nach der Lage ihres Mittelpunktes charakterisieren. Ist der Mittelpunkt bekannt, so ist auch die Sehne festgelegt. Die Mittelpunkte der Sehnen mit der gesuchten Länge liegen aber in einem konzentrischen Kreis vom Radius $r/2$. Der Flächeninhalt dieses kleinen Kreises macht aber nur $1/4$ des Flächeninhaltes des großen Kreises aus. Die Wahrscheinlichkeit, daß wir eine Sehne mit der geforderten Eigenschaft ziehen, ist also $1/4$.

Dieses Bertrandsche Paradoxon unterscheidet sich ein wenig von den bisher betrachteten. Wir haben hier gleich drei verschiedene Ergebnisse gewonnen.

Davon kann doch wohl nur *eins* richtig sein? Wir hatten aber die Paradoxie als eine *richtige* Aussage bezeichnet, die nur dem Anfänger falsch zu sein *scheint*, weil er unzulässig verallgemeinert.

Tatsächlich lag hier schon eine ungesicherte Verallgemeinerung vor, als wir die im Glücksspiel übliche Bezeichnung „auf gut Glück" auf das geometrische Problem anwendeten. Wer das ohne Widerspruch hinnimmt, erweist sich an dieser Stelle als „Anfänger". In der klassischen Wahrscheinlichkeitsrech= nung geht man aus von einer Menge „gleich wahrscheinlicher" Ereignisse [68]). Die Aussagen der Theorie sind erst dann anwendbar, wenn verabredet ist, welche Ereignisse als „gleich wahrscheinlich" gelten. Man kann z. B. den Durchmesser (im 1. Fall) in 100 gleiche Teilstrecken zerlegen und sagen, daß für jede dieser Teilstrecken die Wahrscheinlichkeit gleich groß sein soll, daß die „auf gut Glück" gezeichnete Sehne gerade sie trifft. Dann gibt es 100 günstige und 100 ungünstige Ereignisse, und die Wahrscheinlichkeit ist genau $^1/_2$.

Im zweiten Fall nimmt man für gleich große Winkelräume gleiche Wahr= scheinlichkeit an, im 3. Fall denkt man sich ein Quadratnetz über den Kreis gelegt und fragt nach der Wahrscheinlichkeit, daß sich der Mittelpunkt der zu zeichnenden Sehne in einem dieser Quadrate befindet. Ein Grenzprozeß führt dann schließlich zu der Aussage unseres „3. Falles".

Dies ist die „Auflösung" unserer Paradoxie: Alle drei Aussagen können richtig sein. Es kommt nur darauf an, wie man die Voraussetzung „auf gut Glück" präzisiert.

f) Die Paradoxie des Erfinders

Bei dieser von *G. Polya* [69]) beschriebenen Paradoxie geht es nicht um einen mathematischen Satz, der falsch zu sein scheint. Es geht um eine paradoxe Erfahrung beim Lösen mathematischer Probleme. Aber auch hinter dieser „methodischen" Paradoxie steckt eine unzulässige Verallgemeinerung.

Im *allgemeinen* ist die stärkere Aussage schwerer zu beweisen als die schwächere, der allgemeine Satz macht mehr Mühe als ein einfacher Sonder= fall. Nehmen wir als Beispiel die Aussage:

(I) *Der geometrische Ort für die Mitten paralleler Sehnen eines Kreises ist ein Durchmesser.*

Und seine Verallgemeinerung:

---

[68]) In der modernen axiomatisch fundierten Wahrscheinlichkeitsrechnung geht man von „Elementarereignissen" aus.

[69]) *Schule des Denkens*, S. 170.

(I′) *Der geometrische Ort für die Mitten der parallelen Sehnen eines Kegelschnitts ist ein Durchmesser.*

Beide Sätze sind richtig, aber natürlich ist der Beweis von (I) leichter zu führen als der von (I′). Nehmen wir noch ein Beispiel aus der Analysis:

(II) *Die Folge* $(1 + 1/n)^n$ *ist monoton wachsend.*

(II′) *Die Folge* $(1 + 1/n)^n$ *konvergiert monoton wachsend gegen die Zahl e.*

Auch hier macht der Beweis der stärkeren Aussage (II′) mehr Mühe als der Beweis des Satzes (II).

Es kann aber auch anders sein. Wenn man die Summen aufeinander folgender Kubikzahlen ausrechnet, findet man bei den ersten Beispielen rasch heraus, daß man immer wieder eine Quadratzahl erhält:

$$1^3 = 1,\ 1^3 + 2^3 = 9,\ 1^3 + 2^3 + 3^3 = 36,\ 1^3 + 2^3 + 3^3 + 4^3 = 100,$$
$$1^3 + 2^3 + 3^3 + 4^3 + 5^3 = 225.$$

Es liegt nahe, hier ein allgemeines Gesetz zu vermuten:

$$1^3 + 2^3 + 3^3 \ldots + n^3 = u^2. \qquad (11)$$

Wie kann man (11) beweisen? Man findet rasch heraus, daß es mit der „vollständigen Induktion" nicht geht. Man hat erst dann Erfolg, wenn man (11) durch eine stärkere Aussage ersetzt. Dazu sehen wir uns die bei der Summierung der Kubikzahlen auftretenden Quadrate näher an. Es ist doch

$$1 = 1^2,\ 9 = 3^2 = (1 + 2)^2,\ 36 = 6^2 = (1 + 2 + 3)^2,$$
$$100 = 10^2 = (1 + 2 + 3 + 4)^2, \ldots$$

Es liegt also nahe, (11) durch die stärkere Aussage

$$1^3 + 2^3 + \ldots + n^3 = (1 + 2 + \ldots + n)^2 = \left[\frac{n\,(n+1)}{2}\right]^2 \qquad (12)$$

zu ersetzen, und *diese* Formel kann man leicht durch vollständige Induktion beweisen.

Es gibt noch mancherlei weitere Beispiele für diese „Paradoxie des Erfinders". Wir wollen ein besonders bedeutsames Beispiel erwähnen. Zu den bekanntesten Aufgaben der Mathematik gehört das folgende Quadraturproblem:

Zu einem gegebenen Quadrat mit der Seite a soll mit Zirkel und Lineal der Radius r eines inhaltsgleichen Kreises konstruiert werden.

Bekanntlich ist diese Aufgabe unlösbar. Das wurde zuerst durch *Lindemann* bewiesen. Er zeigte [70]), daß die Zahl π *transzendent* ist, also nicht Wurzel

---

[70]) Vgl. dazu und zum Folgenden z. B. *L. Bieberbach:* Theorie der geometrischen Konstruktionen.

einer algebraischen Gleichung mit ganzzahligen Koeffizienten sein kann. Nun sind bekanntlich genau die Strecken konstruierbar (bei gegebener Einheitsstrecke), deren Maßzahl sich durch rationale Zahlen und durch Verschachtelung von Quadratwurzelausdrücken darstellen läßt [71]). Eine Strecke, deren Maßzahl transzendent ist, ist danach gewiß nicht konstruierbar. Um zu beweisen, daß unser Quadraturproblem unlösbar ist, genügt aber der Nachweis für eine schwächere Aussage:

(III) *Die Zahl π ist nicht rational und nicht durch Verschachtelung von Quadratwurzelausdrücken darstellbar.*

Es gibt bisher keinen Beweis, der *nur* das zeigt. Man kann diese Tatsache als ein Beispiel für *Polya's* „Paradoxie des Erfinders" ansehen: Der Beweis der stärkeren Aussage ist gelungen, der des (schwächeren) Satzes (III) nicht. Liegt das nur daran, daß man bisher den Beweis von (III) noch nicht ernsthaft versucht hat? Vielleicht gelingt es sogar, für (III) einen Beweis zu finden, der wesentlich einfacher ist als der auch in seinen neueren Fassungen immer noch umständliche Beweis für die Transzendenz von π? Der Verfasser gesteht, daß er vergebens versucht hat, einen einfachen Beweis für (III) zu finden. Aber vielleicht gelingt es einem Leser?

g) Paradoxien des Unendlichen

Die formal gebildete unendliche Reihe

$$S = a - a + a - a + - \dots \tag{13}$$

kann man durch Einstreuen von Klammern so umformen:

$$S = (a - a) + (a - a) + \dots = 0 + 0 + 0 + \dots = 0. \tag{14}$$

Setzt man die Klammern anders, so kann man gewinnen:

$$\begin{aligned} S &= a - (a - a) - (a - a) - (a - a) - \dots \\ &= a - 0 - 0 - 0 - \dots = a. \end{aligned} \tag{15}$$

Schließlich kann man durch Addieren von (14) und (15) auch noch

$$2S = a, \qquad S = \frac{1}{2}a$$

ableiten.

---

[71]) Eine Zahl x heißt durch Verschachtelung von Quadratwurzelausdrücken darstellbar, wenn $x = a_n + \sqrt{b_n}$ gilt; dabei sollen die Zahlen a_n und b_n einem Körper R_n angehören, dessen Zahlen darstellbar sind in der Form

$$a_n = a_{n-1} + \sqrt{b_{n-1}}, \qquad a_{n-1} \in R_{n-1}, \qquad b_{n-1} \in R_{n-1}.$$

R_0 schließlich ist der Körper der rationalen Zahlen.

Diese sich widersprechenden Ergebnisse erscheinen nur dem paradox, der die Rechenregeln für endliche Summen ohne weiteres auf formal gebildete unendliche Reihen überträgt. Die (das Einstreuen von Klammern zulassen=den) Axiome des Rechnens mit rationalen Zahlen sagen nichts über die *Grenzwerte* von Zahlenfolgen aus. Eine unendliche Reihe

$$S = a_1 + a_2 + a_3 + \ldots + a_n + \ldots$$

steht ja zur Abkürzung für

$$S = \lim s_n, \quad s_n = a_1 + a_2 + a_3 + \ldots + a_n.$$

Man übersieht sofort, daß die zur Reihe (15) gehörende Folge der Teil=summen

$$s_1 = a, \; s_2 = 0, \ldots, s_{sn-1} = a, \; s_{2n} = 0, \ldots$$

keinen limes hat. Die Reihe (15) hat also keinen Sinn, und es ist nicht ver=wunderlich, wenn beim Rechnen mit Unsinn wieder Unsinn herauskommt.

Man kann aber auch bei konvergenten Reihen durch ungesichertes Rechnen nach den Regeln für endliche Summen falsche Ergebnisse gewinnen. Betrach=ten wir die alternierende Reihe

$$2 = 1 - \tfrac{1}{2} + \tfrac{1}{3} - \tfrac{1}{4} + \tfrac{1}{5} - \tfrac{1}{6} + - \ldots \tag{16}$$

Sie ist konvergent [72]), aber nicht absolut konvergent. Die zu (16) gehörende Reihe der absoluten Beträge ist ja die bekannte (divergente) harmonische Reihe. Die durch Umordnung der Glieder aus (16) entstehende Reihe

$$1 + \tfrac{1}{3} - \tfrac{1}{2} + \tfrac{1}{5} + \tfrac{1}{7} - \tfrac{1}{4} + + - + + - \ldots \tag{16'}$$

ist zwar ebenfalls konvergent, hat aber einen anderen Grenzwert. In der Theorie der unendlichen Reihen beweist man den folgenden Satz:

Durch Umordnung der Glieder einer konvergenten, aber nicht absolut kon=vergenten Reihe kann man eine Reihe gewinnen, die gegen eine beliebig vorgegebene reelle Zahl konvergiert.

Dieses Ergebnis erscheint paradox, weil ja für endliche Summen das kommu=tative Gesetz gilt: $a + b = b + a$, und daraus kann man durch vollständige Induktion leicht die entsprechende Aussage für Summen mit beliebig vielen (aber endlich vielen) Summanden ableiten.

Unsere Paradoxie macht deutlich, daß ein Grenzwert einer Folge von Summen keine Summe ist, selbst wenn man sie formal als Summe schreibt.

---

[72]) Siehe dazu z. B. *Meschkowski:* Unendliche Reihen, BI=Hochschultaschenbuch Nr. 35, 2. Aufl., Mannheim 1963.

Die Analysis, insbesondere die Reihenlehre, ist überreich an derartigen Paradoxien. Wir beschränken uns auf die gegebenen Beispiele und wollen den Reigen der Paradoxien abschließen mit einem Beispiel, das schon erfahrene Mathematiker schockiert hat.

h) Mengengeometrische Paradoxien

In der Mengengeometrie beweist man den folgenden Satz:

Jede Kugel K vom Radius 1 ist zu zwei Kugeln K_1 und K_2 vom Radius 1 zerlegungsgleich.

Man nennt bekanntlich zwei Mengen zerlegungsgleich, wenn sie in endlich viele paarweise kongruente Teilmengen zerlegt werden können. Der genannte Satz erscheint uns deshalb paradox, weil wir bei diesen Teilmengen unwillkürlich an einfach gebaute Mengen wie Polyeder denken. Es ist einleuchtend, daß mit solchen durch stetige Flächenstücke begrenzten Körpern eine paradoxe Zerlegung der Kugel nicht zu vollziehen ist.

Wir wollen an dieser Stelle den (nicht ganz einfachen) Beweis für den Zerlegungssatz nicht erbringen [73]). Beschränken wir uns darauf, das Paradoxe unseres Satzes durch den Hinweis auf ähnliche, bereits vertraute oder leicht zu durchschauende Aussagen „aufzulösen".

Dazu bringen wir den Satz über die Kugelzerlegung auf eine neue Form. Sei K die Vereinigungsmenge der beiden getrennten Einheitskugeln K_1 und K_2: $K = K_1 \cup K_2$. Dann ist nach dem Zerlegungssatz:

$$K \overset{z}{=} K_1, \quad K \overset{z}{=} K_2, \quad K \overset{z}{=} K_1 \cup K_2 = K, \quad K_1 \cap K_2 = \emptyset. \tag{17}$$

Diese Zuordnungen stehen aber in einer formalen Analogie zu der *Galilei*schen Zuordnung (1). Bezeichnen wir nämlich mit N die Menge der natürlichen Zahlen, mit G die der geraden, mit U die der ungeraden Zahlen, so gelten die folgenden Äquivalenzen:

$$N \approx U, \quad N \approx G, \quad N \approx U \cup G = N, \quad U \cap G = \emptyset. \tag{18}$$

Wenn uns durch die Beschäftigung mit der Mengenlehre die Zerlegung (18) vertraut geworden ist, braucht uns (17) nicht mehr so unglaublich vorzukommen. Immerhin: Bei (18) geht es um mengentheoretische Äquivalenz, bei (17) um Zerlegungsgleichheit. Wir können aber mit einem dritten Beispiel aufwarten, bei dem sogar leicht durchschaubare Kongruenzrelationen auftreten.

---

[73]) Man findet den vollständigen Beweis bei *Meschkowski:* Ungelöste und unlösbare Probleme der Geometrie, Kap. XI.

Betrachten wir die Menge A der komplexen Zahl von der Form (A)

$$\zeta = a_0 + a_1 \cdot e^i + a_2 \cdot e^{2i} + \ldots + a_n e^{ni}$$

mit nicht negativen ganzen Zahlen a_ν $(\nu = 0, 1, 2, \ldots, n)$.

Wir zerlegen nun A in die disjunkten Teilmengen B und C: B ist dabei die Teilmenge der Zahlen ζ, für die $a_0 = 0$ ist, C die Komplementärmenge.

Die Operationen

$$\zeta_1 = \zeta \cdot e^i, \quad \zeta_2 = \zeta + 1$$

bilden offenbar A auf kongruente Mengen ab. Im ersten Fall ist das Bild die Teilmenge B, im zweiten Fall C. Wir haben dann $A = B \cup C$, erst recht also $A \equiv B \cup C$. Es gilt demnach

$$A \equiv B \cup C, \quad A \equiv B, \quad A \equiv C, \quad B \cap C = \emptyset. \tag{19}$$

Nach diesem Beispiel erscheint uns die Zerlegung nach (17) für die zwei Kugeln so unglaublich nicht mehr.

4. Andere Formen von unzulässigen Verallgemeinerungen

Es liegt im Wesen der Paradoxie, daß sie schockierend wirkt. Ein ins Auge fallendes unerwartetes Ergebnis macht deutlich, daß wir unzulässig verallgemeinert haben. Wer durch die Schule der exakten Wissenschaften gegangen ist, wird empfindlich gegen unbegründete Ausweitungen von Begriffen und Deduktionen. Er wird solche Fehlschlüsse auch dann aufspüren, wenn sie nicht durch ein paradoxes Ergebnis ausgewiesen werden. Wir wollen das durch ein wichtiges Beispiel belegen.

Es geht um einen unzulänglichen Beweis für einen wichtigen Satz. *Jacob Steiner,* der begabte Schweizer Geometer, hatte die isoperimetrische Eigen-

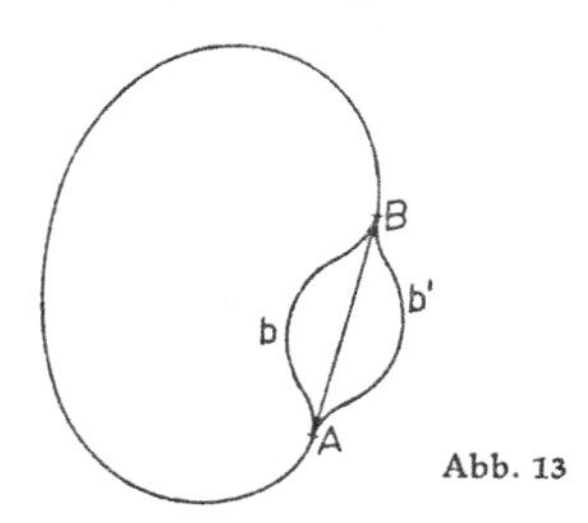

Abb. 13

schaft des Kreises durch einen sehr einfachen und „für Anfänger" einleuchtenden Schluß begründen wollen. Dies ist das „isoperimetrische Problem":

$\mathfrak{M}$ *sei die Menge der einfach geschlossenen ebenen, stetigen Kurven C von* *der Länge L. Welche Kurve $C \in \mathfrak{M}$ berandet einen Bereich $\mathfrak{B}(C)$ mit maximalem Flächeninhalt?*

Steiner bemerkt zunächst, daß er sich auf *konvexe* Kurven beschränken kann. In der Tat: Es sei C_1 (Abb. 13) eine nicht konvexe Kurve aus der Menge $\mathfrak{M}$, AB eine Sehne von C_1, deren innere Punkte zum Äußeren des durch C_1 berandeten beschränkten Bereichs $\mathfrak{B}_1$ gehören, b sei der zu dieser Sehne gehörende Bogen, b' sein Spiegelbild in bezug auf die Gerade AB. Ersetzt man b durch b', so gewinnt man aus C_1 eine Kurve $C_1 \in \mathfrak{M}$, die einen Bereich $\mathfrak{B}_1'$ einschließt.

Offenbar ist der Flächeninhalt $F(\mathfrak{B}_1') > F(\mathfrak{B}_1)$. Es ist also möglich, die Kurve C_1 zu „verbessern". Das heißt: Man kann eine Kurve gleicher Länge angeben (C_1'), die einen größeren Bereich einschließt. C_1 ist also gewiß nicht die gesuchte Extremalkurve.

Nehmen wir jetzt an, C_2 sei eine konvexe, aber nicht kreisförmige Kurve aus $\mathfrak{M}$. A sei ein beliebiger Punkt auf C_2. B sei so gewählt, daß die beiden durch A und B bestimmten Kurvenbögen gleiche Länge L haben. Die Sehne AB teilt dann den durch C_2 als Randkurve bestimmten (beschränkten) Bereich $\mathfrak{B}_2$ in zwei Teilbereiche $\mathfrak{B}_2^{(1)}$ und $\mathfrak{B}_2^{(2)}$, von denen wir annehmen dürfen, daß sie beide den gleichen Flächeninhalt haben: $F(\mathfrak{B}_2^{(1)}) = F(\mathfrak{B}_2^{(2)})$. Wäre nämlich etwa $F(\mathfrak{B}_2^{(1)}) > F(\mathfrak{B}_2^{(2)})$, so könnte man $\mathfrak{B}_2^{(1)}$ an AB spiegeln und würde damit einen Bereich $\mathfrak{B}_3$ gewinnen, dessen Randkurve zu $\mathfrak{M}$ gehört (sie hat ja die Länge $2 \cdot L/2 = L$), die aber einen Bereich von größerem Flächeninhalt begrenzt, als C_2. C_2 könnte also „verbessert" werden.

C_2 sei also durch AB in zwei flächengleiche Teile zerlegt. Es soll nun gezeigt werden, daß C_2 ein Kreis ist. Nehmen wir an, einer der beiden durch A und B bestimmten Kurvenbögen sei *kein* Halbkreis. Dann muß es auf diesem Bogen (mindestens) einen Punkt C geben (Abb. 14), für den der Winkel $ACB \neq \pi/2$ ist. Dann gibt es ein *rechtwinkliges* Dreieck $A'C'B'$ mit $A'C' = AC$, $B'C' = BC$, dessen Flächeninhalt *größer* als der des Dreiecks

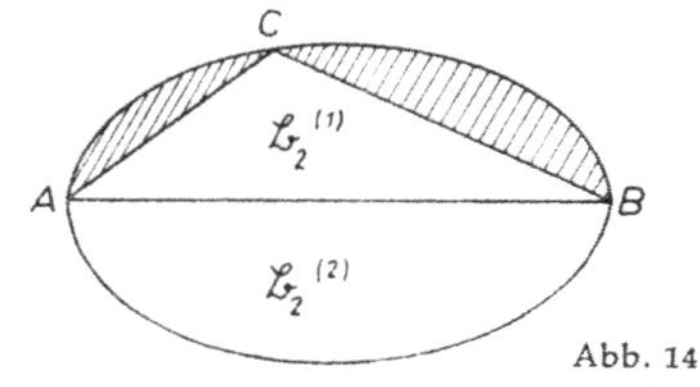

Abb. 14

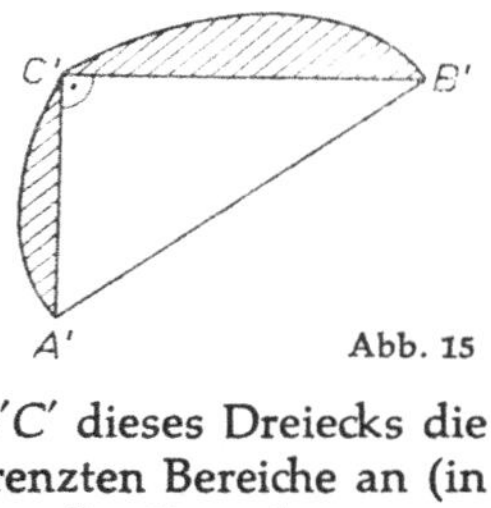

C'
B'
A'

Abb. 15

ABC ist. Setzt man nun an die Katheten $A'C'$ und $B'C'$ dieses Dreiecks die durch AC (bzw. BC) und die zugehörigen Bögen begrenzten Bereiche an (in Abb. 14 schraffiert), so entsteht der in Abb. 15 dargestellte Bereich.

Durch Spiegelung dieser Figur an der Hypotenuse $A'C'$ entsteht schließlich ein Bereich $\mathfrak{B}^*$, dessen Randkurve C^* die Länge L hat. $C^* \in \mathfrak{M}$, aber der von C^* eingeschlossene Bereich $\mathfrak{B}^*$ hat einen Flächeninhalt $F(\mathfrak{B}^*)$, der größer als der von $\mathfrak{B}_2$ ist: $F(\mathfrak{B}^*) > F(\mathfrak{B}_2)$.

Das Ergebnis kann so zusammengefaßt werden:

Jede Kurve $C \in \mathfrak{M}$, *die kein Kreis ist, kann „verbessert" werden.*

Daraus folgert *Jacob Steiner*:

Der Kreis ist die Lösung des isoperimetrischen Problems.

Erst *Karl Weierstraß* hat herausgefunden, daß dieser Schluß *Steiners* nicht stichhaltig ist. Der schöne Beweis *Steiners* hat doch nur dies gezeigt: *Eine Kurve, die kein Kreis ist, kann nicht Lösung unseres Extremalproblems sein.*

Damit ist noch nicht gesagt, daß der Kreis die isoperimetrische Eigenschaft hat. *Es könnte ja sein, daß das von Steiner formulierte Extremalproblem überhaupt keine Lösung hat.* Der in der Infinitesimalrechnung geschulte Mathematiker kennt viele solcher Aufgaben. Wir wollen nur eine angeben: Es sei AB eine Strecke und $\mathfrak{B}$ die Menge der Kurvenbögen γ, die zusammengesetzt sind aus einer zu AB parallelen Strecke und zwei auf AB senkrechten Viertelkreisen (Abb. 16). Gesucht ist die Kurve $\gamma \in \mathfrak{B}$ *von minimaler Länge.*

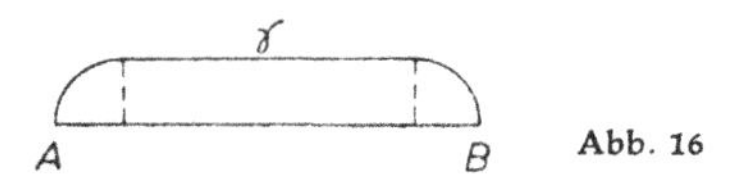

Abb. 16

Dieses Extremalproblem hat *keine Lösung.* Offenbar sind alle Kurven γ länger als die Strecke AB. Es gibt auch zu jedem $\varepsilon > 0$ eine Kurve $\gamma^* \in \mathfrak{B}$, deren Länge kleiner als $L(AB) + \varepsilon$ ist. $L(AB) = l$ ist also die *untere Grenze* für die Länge aller Kurven $\gamma \in \mathfrak{B}$. Es gibt aber keine Kurve γ, deren Länge *gleich* dieser Zahl l ist. Man beachte, daß ja die Strecke AB selbst *nicht* zu $\mathfrak{B}$ gehört.

Wer sagt uns also, daß das *Steiner*sche Extremalproblem eine Lösung hat? Man kann in der Tat beweisen, daß es so ist und damit den interessanten *Steiner*schen Beweis abschließen [74]). Es ist auch möglich, die isoperimetrische Eigenschaft des Kreises *direkt* zu beweisen [75]).

---

[74]) Siehe z. B.: *Blaschke:* Kreis und Kugel.

[75]) Siehe z. B. *L. Fejes Tóth:* Lagerungen in der Ebene, auf der Kugel und im Raum, oder auch *H. Meschkowski:* Reihenentwicklungen in der Mathematischen Physik, S. 46.

Uns kommt es bei diesem Beispiel auf folgendes an:

Es gibt unzulässige Verallgemeinerungen, die sich nicht durch in die Augen springende Fehlergebnisse ausweisen.

In unserem Beispiel führte die Unterstellung, daß unser Extrementalproblem (wie so viele andere) doch eine Lösung haben müsse, zu einer nicht gerechtfertigten Verkürzung des Beweises. Wer durch den Umgang mit Paradoxien geschult ist, wird solche „Kurzschlüsse" vermeiden. Es ist übrigens in diesem Fall möglich, durch ein drastisches Gegenbeispiel [76]) die *Steiner*sche Schlußweise ad absurdum zu führen.

Fragen wir nach der größten aller natürlichen Zahlen. Jeder weiß, daß es ein solches Maximum nicht gibt. Aber vergessen wir das einen Augenblick lang und versuchen wir, den Grundgedanken der *Steiner*schen Lösung hier anzuwenden. Wir betrachten dazu die eindeutige Zuordnung der natürlichen Zahlen und ihrer Quadrate (vgl. die Galileische Paradoxie S. 37). Abgesehen von der 1 gilt für alle natürlichen Zahlen n, daß die Quadratzahl größer ist:

Man kann also für jede von 1 verschiedene natürliche Zahl n eine größere angeben: n^2. *Jede von 1 verschiedene Zahl kann also „verbessert" werden.* Nach der Logik des *Steiner*schen Schlusses ist also 1 die größte aller natürlichen Zahlen. Hier ist der Trugschluß offenbar!

---

[76]) Es stammt von O. *Perron.*

IV. Definitionen

Keines von den Dingen definieren wollen, die in sich selbst so bekannt sind, daß man keine noch klareren Begriffe hat, um sie zu erklären.

Keinen der etwas dunklen oder doppeldeutigen Begriffe undefiniert lassen.

Bei der Definition der Begriffe nur vollkommen bekannte oder schon erklärte Worte verwenden. *Pascal*[77])

1. Möglichkeiten und Grenzen des Definierens

Man frage in einer hitzigen Diskussion über politische oder philosophische Fragen den Sprecher nach der Definition seiner Begriffe. „Was verstehen Sie eigentlich unter Demokratie (Freiheit, Menschlichkeit, Bildung)?" Wenn der Angesprochene so leichtsinnig ist, auf den Zwischenruf einzugehen, so kann es geschehen, daß er in arge Verlegenheit gerät. „Freiheit ..., Freiheit ist, Freiheit ist, wenn man ..."

Wir haben als Motto über dieses Kapitel einige gescheite Worte von Pascal über das Definieren gesetzt. Es ist aber gerade bei oft gebrauchten Begriffen in der philosophischen oder politischen Diskussion nicht so einfach, nach den Ratschlägen Pascals zu verfahren. Was sind denn so einfache Begriffe, „daß man nicht noch klarere hat, um sie zu definieren"? Und welche Termini müssen als „etwas dunkel" gelten? Bei vielen sich sehr gelehrt gebenden Definitionen – wir verweisen auf die in der Einleitung zusammengestellten Definitionen des Begriffes „Bildung" – hat man den Eindruck, daß Einfaches durch Definition erst schwierig gemacht wird. Und wenn ein Diskussionsredner nicht immer in der Lage ist, auf Anhieb für seine Begriffe eine sprachliche und sachlich saubere Definition zu geben, so ist das durchaus verständlich.

Trotzdem ist das Einüben des Definierens kein müßiges Spiel. Es gibt mancherlei Situationen, in denen das präzise Erklären eines Begriffes eine unabweisbare Notwendigkeit ist. Wenn man einen Menschen wegen Diebstahls oder Betruges einsperren will, muß man sehr klar sagen, was denn „Diebstahl" und „Betrug" sei. Es ist interessant, daß der erste Diebstahl elektrischen Stromes in Deutschland nicht bestraft werden konnte. Die Sachverständigen konnten nicht sagen, daß elektrischer Strom eine „fremde, bewegliche Sache" sei, und deshalb blieb die erste Anzapfung einer elektrischen

[77]) Zitiert aus *Pascal:* Methode und Psychologie des Gelehrten; Abteilung II, Regeln für die Definitionen.

Leitung straffrei. Die Definition des „Diebstahls“ mußte erst so verallgemeinert werden, daß die unbefugte Entnahme elektrischen Stromes einwandfrei darunter fiel.

Leider sind die Aussagen unserer Gesetze nicht immer so klar. Es ist in den letzten Jahren mit Recht darauf hingewiesen worden, daß etwa der Begriff des „Landesverrats“ klar definiert sein müsse, wenn man Menschen wegen dieses Verbrechens bestrafen will. Es wäre nicht schwer, weitere Beispiele für die Notwendigkeit präziser Definitionen zu geben.

Gelegentlich wird wohl im Deutschunterricht versucht, die Schüler im Definieren einer Sache oder eines Begriffes zu üben. Wir meinen, daß vor allem der Mathematikunterricht das geeignete Feld für solche Bemühungen ist. In der „Wissenschaft von den formalen Systemen“ ist es nämlich möglich und – in den letzten Jahrzehnten – auch üblich, die nicht zu definierenden Grundbegriffe klar zu bezeichnen. Alle übrigen Termini gelten dann als „dunkel“ und der Definition bedürftig. Auf diese Weise gewinnt man eine Klarheit der Begriffsbildung, wie sie im Bereich der Geisteswissenschaften nicht erreicht werden kann.

Damit leistet die Mathematik einen wichtigen Beitrag zur Bildung des Menschen. Es darf erwartet werden, daß der Mathematiker mindestens *versuchen* wird, auch in anderen Bereichen des Lebens Klarheit der Begriffe und Aussagen zu schaffen.

Euklid begann seine Fundierung der Geometrie in den „Elementen“ mit einigen Definitionen:

> Ein Punkt ist, was keinen Teil hat.
>
> Eine Gerade ist eine Linie, die gleich liegt mit den Punkten auf ihr selbst.

Es sind mancherlei Versuche gemacht worden, diese Definitionen zu verbessern. Auf *Platon* wird diese Formulierung zurückgeführt:

> Eine Gerade ist die Linie, deren innere Punkte den Endpunkten im Wege (im Lichte) stehen.

Wir würden sagen: Geraden sind die Wege der Lichtstrahlen.

Archimedes schließlich definiert so:

> Die Gerade ist die kürzeste aller Linien zwischen zwei Punkten.

Alle diese Definitionen sind unzulänglich. Euklids Definition des Punktes sagt uns, was *kein* Punkt ist (was nämlich einen Teil hat), und die Definition der Geraden ist in sich unklar: Was heißt schon „gleich liegen mit den Punkten auf ihr selbst“?

Man könnte geneigt sein, die *Archimedische* Definition der Geraden für brauchbar zu halten. Aber man darf nicht übersehen, daß hier der Begriff der *Entfernung* als bekannt unterstellt wird. Wie soll man aber die Entfernung definieren, wenn der Begriff der Geraden (und damit auch der einer Meßstrecke) nicht benutzt werden kann?

Die moderne Mathematik hat daraus die Konsequenz gezogen, daß man auf die Definition der geometrischen Grundbegriffe (Punkt, Gerade, Ebene) verzichten müsse. Sie folgt damit den Empfehlungen *Pascals*, der von der Definition solcher Begriffe abrät, für die man nicht „noch klarere Begriffe" zur Erklärung benutzen kann. Der Begriff „Entfernung" ist nicht „klarer" als der Begriff „Gerade", und es bedarf bei dem heutigen Stand der Physik keiner besonderen Begründung, daß die Fundierung des Geradenbegriffs durch die Lichtstrahlen keine für den Mathematiker brauchbare Möglichkeit ist.

Hilbert beginnt in seinen klassischen „Grundlagen der Geometrie" so:

> Wir denken drei verschiedene Systeme von Dingen: die Dinge des ersten Systems nennen wir Punkte und bezeichnen sie mit $A, B, C, \ldots$; die Dinge des zweiten Systems nennen wir Geraden und bezeichnen sie mit $a, b, c, \ldots$; die Dinge des dritten Systems nennen wir Ebenen und bezeichnen sie mit $\alpha, \beta, \gamma, \ldots$
>
> Wir denken die Punkte, Geraden und Ebenen in gewissen gegenseitigen Beziehungen und bezeichnen diese Beziehungen durch Worte wie „liegen", „zwischen", „parallel", „kongruent", „stetig"; die genaue und vollständige Beschreibung dieser Beziehungen erfolgt durch die Axiome der Geometrie.

Diese Sätze sagen nichts darüber aus, was die „Dinge" der drei Systeme sind. Wir haben zunächst die Freiheit, uns darunter vorzustellen, was wir wollen, wenn es nur mit den (bei *Hilbert* anschließend notierten) Axiomen verträglich ist.

Was man sich dabei unter Punkten, Geraden und Ebenen vorstellt, ist für die formale Theorie unerheblich. *Hilbert* hat das einmal in einem Brief an *Frege* [78]) auf drastische Weise deutlich gemacht:

> „Wenn ich unter meinen Punkten irgendwelche Systeme von Dingen, z. B. das System: Liebe, Gesetz, Schornsteinfeger ... denke und dann nur meine sämtlichen Axiome als Beziehungen zwischen diesen Dingen annehme, so gelten meine Sätze, z. B. der Pythagoras, auch von diesen Dingen. Mit anderen Worten: eine jede Theorie kann stets auf unendlich viele Systeme von Grundelementen angewandt werden."

---

[78]) Der Briefwechsel von *Hilbert* und *Frege* wurde von *Steck* in den Sitzungsberichten der Heidelberger Akademie der Wissenschaften (math. nat. Kl.), Jahrgang 1941, veröffentlicht.

Natürlich hat *Hilbert* nicht ernstlich vorgehabt, mit dem System „Liebe, Gesetz, Schornsteinfeger . . ." [79]) Geometrie zu treiben. Ihm kam es darauf an, auf diese Weise seinen „formalistischen" Standpunkt deutlich zu machen, der den Verzicht auf eine „Ontologie" der geometrischen Grundbegriffe impliziert. Inzwischen hat sich die Auffassung durchgesetzt, daß die Mathematik durch die von *Hilbert* praktizierte intellektuelle Redlichkeit nur gewinnen kann.

Es sind mancherlei Variationen des *Hilbert*schen Ansatzes möglich. Man kann z. B. [so macht es *Baldus* [80])] *nur die Punkte* zu Grundelementen der Theorie machen. Dann führt man für diese Punkte eine Beziehung „zwischen" ein, deren Eigenschaften durch gewisse Axiome festgelegt werden. Eine Gerade wird dann *definiert* als eine Menge von Punkten, für die eine „Zwischenbeziehung" besteht.

Es gibt eine andere Möglichkeit zur Fundierung der Geometrie, die auch eine Definition des „Punktes" gestattet. Dann muß man aber die Grundbegriffe der Mengenlehre als nicht zu definierende Fundamente der Theorie wählen!

Georg Cantor hatte freilich noch geglaubt, den Begriff der Menge definieren zu können. Wir haben seine Erklärung schon auf S. 7 zitiert. Die moderne Mathematik (die Begriffsbildungen wie die der *Russell*schen Menge vermeiden will) läßt aber die *Cantor*sche Formulierung nur noch als einen ersten Versuch gelten, sich vom Wesen der „Menge" eine Vorstellung zu machen.

Die axiomatische Mengenlehre verzichtet auf eine solche Definition und legt die Relation des Enthaltenseins ($\in$) durch geeignete Axiome fest. Damit ist ein Fundament gegeben für die Theorie der topologischen oder der metrischen Räume [81]). Man kann dann sagen, daß ein Punkt ein Element einer Menge sei, die den Charakter eines (topologischen oder metrischen) Raumes hat.

Ob man nun elementargeometrisch oder mengentheoretisch vorgeht: Stets gibt es gewisse „Grundbegriffe", die nicht definiert werden. Alle weiteren Begriffe können und müssen erklärt werden.

---

[79]) An anderer Stelle setzt *Hilbert* für „Punkte, Geraden, Ebenen" das System „Tische, Stühle, Bierseidel". Das erwähnt *O. Blumenthal* in seiner *Hilbert*-Biographie in den „Gesammelten Abhandlungen" von H. (Berlin 1935, Bd. 3, S. 388–429).

[80]) Siehe z. B. *Baldus:* Nichteuklidische Geometrie, Sammlung Göschen Band 970.

[81]) Vgl. dazu etwa *Meschkowski:* Einführung in die moderne Mathematik, BI-Hochschultaschenbuch 75.

In einem modernen, für das 1. Schuljahr im Gymnasium bestimmten Lehr=buch der Mathematik wird die Geometrie so eingeführt [82]:

> Wenn wir auf einem Blatt Papier *Punkte* andeuten wollen, so drücken wir die Spitze eines Bleistiftes oder besser die Spitze einer Nadel auf das Blatt. Betrachten wir die Einstiche mit einer Lupe, so sehen wir, daß sie wegen ihrer Ausdehnung nicht der Vorstellung entsprechen, die wir von einem Punkt haben . . .
>
> Wir erinnern uns, daß es die Menge der natürlichen Zahlen oder andere mathematische Begriffe nur in unserem Denken gibt. Ebenso gibt es Punkte nur in unserem Denken.

Wir sind mit dieser die Mentalität der Zehnjährigen berücksichtigenden Ein=führung in die Geometrie durchaus einverstanden. Es kommt nur auf eins an: *Diese geometrische Propädeutik darf nicht das letzte Wort der Schule zu den Grundlagenfragen der Geometrie sein!* Man verzichtet auf die Methode Euklids im geometrischen Anfangsunterricht: Gut! Aber dann muß in der Oberstufe die Frage nach dem Wesen der geometrischen Grundgebilde, nach den Definitionen und der Möglichkeit des axiomatischen Aufbaus neu ge=stellt werden. Hier ergibt sich eine über die Facharbeit hinaus bedeutsame Schulung in der Kunst des Definierens und des sauberen Schließens. Der Übergang vom anschaulichen Erfassen geometrischer Sachverhalte zum Be=weisen ist in der Unterstufe unserer Schulen meist fließend. Irgendwann muß der Schüler erfahren, wie man die Grundtatsachen der Geometrie aus Axiomen entwickeln kann. Wir wollen hier nicht entscheiden, wann und mit welcher Intensität das geschehen soll. Aber jeder Abiturient sollte wissen, was ein Axiomensystem ist und welche Probleme das Definieren von Punk=ten und Geraden stellt.

2. Eine Befragung von Abiturienten

Bei Gesprächen mit Studenten des ersten Semesters fällt auf, daß die jungen Kommilitonen nur selten die von der Schule her vertrauten mathematischen Begriffe klar definieren können. Das liegt wohl daran, daß das Rechnen von „Aufgaben" immer noch ausschließlich im Vordergrund steht. Man rechnet in den Klassenarbeiten, und auch beim Abitur geht es in der schriftlichen und mündlichen Prüfung meist immer wieder um den Kalkül. Neuerdings werden gelegentlich mathematische „Aufsätze" verlangt, aber die Sicherheit im Definieren wird nur selten getestet.

Natürlich wäre es Unsinn, wollte man die Definitionen auswendig lernen. Aber der Schüler muß auch so gründlich mit den mathematischen Begriffen

---

[82]) *Hahn=v. Hanxleden:* Mathematik für Gymnasien, 5. Schuljahr, Braunschweig 1964.

vertraut sein, daß er *mit eigenen Worten* sagen kann, was eine Funktion, ein Häufungspunkt einer Zahlenfolge, was ein Quadrat und was ein Oktaeder sei. Wenn man die Bildungsmöglichkeiten des mathematischen Unterrichts ausschöpfen will, sollte man jedenfalls die Sicherheit im Definieren fördern.

In diesen Tagen wurden 22 Studenten des ersten Semesters aufgefordert, eine Reihe von Begriffen der Schulmathematik (schriftlich) zu definieren. Ein im Schuldienst erfahrener Kollege hatte uns bestätigt, daß die Abiturienten mit den gestellten Aufgaben nicht überfordert seien.

Dies sind die aufgegebenen Begriffe:

1. Flächeninhalt eines Vielecks,
2. Raute (Rhombus),
3. rationale Zahl,
4. Grenzwert einer Zahlenfolge,
5. Funktion,
6. Punkt,
7. reelle Zahl,
8. Primzahl,
9. Würfel,
10. das kleinste gemeinsame Vielfache von drei natürlichen Zahlen a, b, c.

Da heute in allen Schulen Differentialrechnung getrieben wird, schien die Frage nach dem „Grenzwert einer Zahlenfolge" angebracht. Es wurde bewußt auf die schwierigere Definition des Differentialquotienten oder des Integrals verzichtet. Zu Aufgabe 1 wurde ausdrücklich gesagt, daß es um die *Definition* des Flächeninhalts ging, nicht um ein Verfahren zur Berechnung. Es war uns klar, daß man eine vernünftige Antwort auf die Aufgabe 6 (Punkt) nur dann erwarten konnte, wenn die Problematik des Definierens von Punkt und Gerade Gegenstand des Unterrichts gewesen war. Das Ergebnis der Befragung zeigt, daß der überwiegenden Mehrzahl der Abiturienten dieser Problemkreis fremd geblieben ist.

Wir berichten nun über einige Ergebnisse, und zwar über die Definitionen von Punkt, Grenzwert und Flächeninhalt.

Die in Klammern beigegebene Zahl ist die Note in Mathematik bei der Reifeprüfung.

Punkt

1. Ein Punkt wird durch seine Koordinaten x und y bestimmt (2).
2. Unter einem Punkt kann man sich eine bis auf den kleinstmöglichen Wert geschrumpfte Strecke vorstellen (2).
3. Der Punkt ist das Element einer Linie, bewegt er sich, so entsteht sie (2).
4. Bestimmung eines Ortes ohne Dimension (1).
5. Ein Punkt ist ein geometrischer Körper, aus einem winzigen Punkt als Grundfläche und einer Höhe, die durch das Einzeichnen mit Kreide usw. entsteht (3).
6. Man kann einen Punkt als eine Fläche ohne Ausdehnung (ohne Flächeninhalt) bezeichnen (3).
7. Ein Punkt ist der kleinste geometrische Ort und zugleich der Grenzwert einer Geraden, wobei A mit B zusammentrifft (2).
8. Ein Punkt kann mehrere Funktionen ausführen. Er ist das gebräuchliche Zeichen für eine Multiplikation (2).
9. Ein Punkt ist der Grenzwert einer Geraden, bevor sie zu null wird.
10. Was ein Punkt ist, kann nicht definiert werden. Es ist keine Definition zu sagen, ein Punkt sei, was keinen Teil habe, denn hier wird definiert, was der Punkt *nicht* ist. Auch die Bezeichnung eines Punktes als Ort im Raume wird wohl von den Mathematikern nicht als Definition anerkannt (3).

Die weiteren nicht aufgeführten Antworten entsprechen den Aussagen der Nummern 1–9. Es erscheint bemerkenswert, daß die einzig brauchbare Antwort 10 von einem Abiturienten stammt, der nur die Note „Befriedigend" im Abitur hatte. Sein Lehrer war offenbar auf die Problematik des Definierens in der Geometrie eingegangen, die der anderen 21 Studenten nicht. Wenn man auf die grundlegende Auseinandersetzung über das Wesen der Axiome zwischen *Hilbert* und *Frege* eingeht und womöglich das aufreizende Beispiel *Hilberts* bringt („Liebe, Gesetz und Schornsteinfeger", s. S. 62!), dann wird der Schüler durch die Frage nach dem Wesen des „Punktes" nicht mehr in Verlegenheit kommen.

Unsere Befragung zeigt also, daß die Grundlagenprobleme von der überwiegenden Zahl der Lehrer nicht behandelt wurden. Die Differentialrechnung steht auf dem Lehrplan, und man darf annehmen, daß der Begriff der Zahlenfolge und des Grenzwertes jedem Abiturienten vertraut ist. Da nur 4 Abiturienten die Antwort auf die Frage nach dem „Grenzwert einer Zahlenfolge" verweigerten, dürfen wir annehmen, daß tatsächlich im allgemeinen dieser Begriff Gegenstand des Schulunterrichts ist. Wir notieren typische Antworten auf die gestellte Frage:

Grenzwert einer Zahlenfolge

1. Die Summe einer Zahlenfolge nähert sich einer Schranke auf beliebig kleines ε. Die Schranke kann den Grenzwert bilden (2).
2. Grenzwert einer Zahlenfolge erhalte ich, wenn ich eine bestimmte Zahl dieser Folge gegen Null gehen lasse. Dadurch fällt dann diese Zahl heraus, und ich erhalte den zurückbleibenden Grenzwert (2).
3. Der Grenzwert einer Zahlenfolge ist der Wert einer Funktion, der der letzte ist, bevor sie zu null, unendlich oder zu einer anderen Funktion wird. Um die Ableitung einer Funktion zu bilden, braucht man ihren Grenzwert (2).
4. Der Grenzwert ist die Summe der Zahlenfolge (2).
5. Ein Wert, der mit dem Endwert einer Zahlenfolge annähernd gleich ist (2).
6. Wenn sich eine Folge von Zahlen einem bestimmten erkennbaren Wert nähert, so nennt man diesen Wert den Grenzwert der Zahlenfolge (2).
7. Hat eine Zahlenfolge einen einzigen Häufungspunkt, so nennt man diesen Grenzwert (3).

Die einzige brauchbare [83]) Antwort stammt von einem Abiturienten mit der Note „3"; alle andern hier zitierten haben „gut" im Reifezeugnis. Von den hier nicht aufgeführten Antworten ähneln vier der Antwort 6; die übrigen sind so verfehlt wie die Antworten 1–5.

Diese Befragung zeigt eine erschreckende Unsicherheit im Definieren selbst bei guten Abiturienten. Es wird weiter klar, daß sich offenbar die meisten Lehrer auf eine etwas vage Erklärung des Grenzwertbegriffes („streben nach") beschränken (Antwort 6 und entsprechende).

Berichten wir schließlich noch darüber, was unsere Abiturienten vom „Flächeninhalt eines Polygons" wissen! Im Schulunterricht wird ja oft ein Flächeninhalt berechnet, und es ist doch nicht zu viel verlangt, wenn man erwartet, daß der Schüler weiß, was er ausrechnet. Es wurde ausdrücklich gesagt, daß nicht ein Rechenverfahren erfragt wird, sondern eine Definition. 10 von 22 Abiturienten gaben keine Antwort. Von den übrigen Definitionen notieren wir wieder die wichtigsten [84]):

Flächeninhalt eines Vielecks

1. Der Flächeninhalt eines Vielecks wird von allen Seiten durch Geraden begrenzt (3).

---

[83]) Es fehlt das Attribut „beschränkt" für die Zahlenfolge.

[84]) Die Nummern in Klammern sind wieder die Noten der Reifezeugnisse.

2. Der Flächeninhalt eines Vielecks wird gebildet aus Dreiecksflächen. Die Anzahl der Ecken gibt an, in wieviele Teildreiecke das Vieleck zerlegt werden kann (3).
3. Flächeninhalt eines Vielecks: Das ist das Stück einer Ebene, das von den Seiten eines Vielecks eingeschlossen wird (4).
4. Unter dem Flächeninhalt eines Vielecks versteht man den Betrag der Fläche, die von mehreren Strecken begrenzt wird (2).
5. Der Flächeninhalt eines Vielecks ist die Summe unendlich vieler Vierecke (?).
6. Der Flächeninhalt eines Vielecks wird bestimmt durch das Integral der Funktion, deren Bild die Fläche auf der einen Seite begrenzt, während die Abszisse oder die Ordinate die andere Grenze bildet. Man berechnet dazu das bestimmte Integral zwischen den Grenzen, die angegeben werden. Diese Grenzen sind die Schnittpunkte der Kurve mit der Abszisse bzw. Ordinate (2).

Die Integraldefinition 6. fand sich nur einmal. Die übrigen hier nicht notierten Antworten entsprachen denen der Nummern 1–5.

Wir wollen den Bericht über die Befragung von Abiturienten damit abbrechen und auf die Problematik des Definierens in der Schule in einigen konkreten Beispielen eingehen. Beginnen wir mit dem Begriff „Flächeninhalt"!

3. Definition des Flächeninhalts

Vor uns liegen fünf Schullehrbücher der Geometrie, die heute an vielen deutschen Schulen eingeführt sind. Die Abschnitte über den Flächeninhalt beginnen meist sofort mit Angaben über Rechenverfahren. Auf eine *Definition* des Begriffs Flächeninhalt wird verzichtet. Nur in einem Buch (*Fladt-Kraft-Dreetz*) steht am Anfang eine Erklärung:

> Eine Fläche messen heißt angeben, wie oft eine Flächeneinheit in ihr enthalten ist.

Wir wollen diese Erklärung als *Definition I* zitieren.

Danach ist der Flächeninhalt eine *natürliche* Zahl, und man gewinnt für Rechtecke mit kommensurablen Seiten leicht die Formel $F = a \cdot b$. Man braucht ja nur das Rechteck durch geeignete äquidistante Parallelen in die entsprechende Zahl von Quadraten zu zerlegen. Aber ist es so ganz trivial, daß für Flächeninhalt des rechtwinkligen Dreiecks mit den Katheten a und b die Formel $F = {}^1/_2\, a \cdot b$ gilt? Man hält doch daran fest, daß das Quadrat mit der Kante 1 als „Flächeneinheit" gelten soll. Kann man ein rechtwinkliges Dreieck (mit Katheten von ganzzahliger Länge) in eine ganze Zahl von

Quadraten (mit der Seite 1 bzw. $^1/_2$) zerlegen? Das kann man in der Tat, wenn man die Zusammensetzung der Quadrate aus Teilpolygonen zuläßt. Das „Puzzlespiel" ist nicht immer so einfach wie beim Rechteck mit den Seiten 6 und 5 (Abb. 17), aber tatsächlich kann man die einzelnen Quadrate

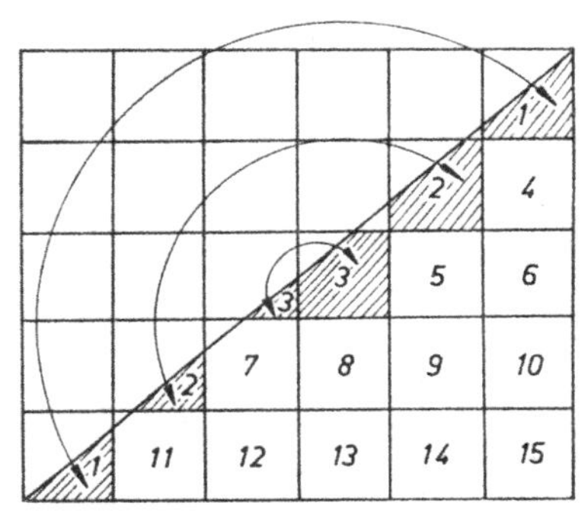

Abb. 17

des Meßvorgangs in jedem Fall aufzeichnen und abzählen. Es mag nützlich sein, das in einzelnen einfachen Fällen tatsächlich durchzuführen. In den Schulbüchern haben wir es nirgends gefunden.

Man geht im allgemeinen so vor: Es wird als sicher unterstellt, daß es für alle Polygone (und darüber hinaus für die von stetigen Kurven begrenzten Bereiche) so etwas wie einen „Flächeninhalt" gibt, daß kongruente Figuren den gleichen Inhalt haben, daß bei Zerlegung eines Polygones P durch eine innere Diagonale in zwei Teilpolygone P_1 und P_2 für den Inhalt $J(P)$ die Funktionalgleichung

$$J(P) = J(P_1) + J(P_2)$$

erfüllt ist, und daß der Inhalt natürlich stets nicht negativ ist. Unter Benutzung dieser Eigenschaften gewinnt man sofort die bekannten Formeln für den Inhalt von Dreieck, Parallelogramm und Trapez.

Hier liegt eine interessante Verallgemeinerung der (ursprünglich nur für Rechteckmengen mit kommensurablen Seiten gedachten) Definition I (S. 68) vor. Es kommt nur darauf an, diese neue Definition klar zu formulieren:

Definition II:

Der Flächeninhalt eines Polygons P ist ein Funktional [85]) *$J(P)$, das jedem ge=*

[85]) Eine Funktion ist eine Abbildung einer Menge M auf (bzw. in) eine Menge N. Sind die Elemente der Bildmenge N speziell reelle Zahlen, so spricht man auch von einem *Funktional*. Unser Funktional bildet also die Menge der Polygone auf die Menge der nichtnegativen reellen Zahlen ab.

schlossenen ebenen einfachen Polygon P eine reelle Zahl J(P) zuordnet. Es hat die folgenden Eigenschaften:

a) $J(P) \quad = J(Q)$, *wenn* $P \equiv Q$.

b) $J(P+Q) = J(P) + J(Q)$, *wenn* $P+Q$ *im Sinne der Elementargeometrie in die Polygone P und Q zerlegt ist,* (1)

c) $J(E) \quad = 1$ *(E ist das Einheitsquadrat),*

d) $J(P) \quad \geqq 0$

Für dieses Funktional $J(P)$ gilt nun der Satz:

Durch die Eigenschaften a) bis d) ist J(P) eindeutig bestimmt.

Diese Aussage ist sehr wichtig: Unsere neue Definition hätte wenig Wert, wenn es *mehrere* Funktionale mit den Eigenschaften (1 a–d) gäbe. Das ist aber nicht der Fall:

Für Rechtecke mit rationalen Seiten ist das sofort aus (1 c) und (1 b) zu begründen.

Da man Rechtecke mit nichtrationalen Seiten a und b von innen und außen leicht durch Rechtecke mit rationalen Seiten approximieren kann, muß das Funktional $J(R)$ für beliebige Rechtecke das Produkt $a \cdot b$ der Seitenlängen sein. Das folgt sofort aus der postulierten Eigenschaft b).

Aus den Eigenschaften a) und b) erkennt man, daß die Inhaltsformel für ein Parallelogramm nur $F = g \cdot h$ lauten kann. Da man jedes Dreieck durch Anfügen eines kongruenten Dreiecks zu einem Parallelogramm ergänzen kann, ist [wieder wegen a) und b)] der Inhalt eines Dreiecks durch die Zahl $1/2\, g \cdot h$ gegeben.

Man kann nun weiter leicht zeigen, daß dieses Funktional $1/2\, g \cdot h$ unabhängig ist von der speziellen Wahl der Grundseite und daß bei einer beliebigen Zerlegung eines Dreiecks in Teildreiecke das Funktional des ganzen Dreiecks gleich der Summe der Funktionale seiner Teile ist.

Daraus ergibt sich die Möglichkeit, den Inhalt für ein Polygon zu definieren. Man zerlegt das Polygon durch innere Diagonale in Teildreiecke und definiert

$$J(P) = \Sigma J(D).$$

Dabei ist die Summe über alle Teildreiecke D zu erstrecken. Aus dem erwähnten Satz über das Dreiecksfunktional folgt dann sofort, daß $J(P)$ unabhängig ist von der speziellen Art der Triangulierung

Die Definition des Flächeninhalts als Funktional ist natürlich auch anwendbar [86]) in allen von stetigen Kurven begrenzten ebenen und beschränkten Bereichen.

Wir haben damit eine legitime Verallgemeinerung eines Begriffes durchgeführt, wie wir sie in der modernen Mathematik häufig finden [87]). Gerade weil wir uns oft gegen „unzulässige Verallgemeinerungen" wehren müssen, ist der Nachweis eines vernünftigen Verfahrens zur Verallgemeinerung von Definitionen wünschenswert.

Wir halten es für wichtig, daß der Schüler im Unterricht diese (oder eine ähnliche) moderne Definition des Flächeninhalts kennenlernt. Es geht nicht an, daß man Flächeninhalte berechnet, aber nicht zu sagen imstande ist, was man da ausrechnet. Wir wollen nicht darüber streiten, ob das schon in der Mittelstufe möglich ist. Wir meinen, daß sich die hier gegebenen Überlegungen wohl in eine solche Form bringen lassen, daß Tertianer folgen können.

Unerläßlich ist es jedenfalls, daß der Schüler spätestens in der Oberstufe mit korrekten Definitionen auf dem Gebiet der Flächen- und Volumenberechnung vertraut gemacht wird.

Es liegt nahe, die hier angestellte Überlegung auf den Raum zu übertragen [88]).

Auch für die „Quadermengen" gelten die Eigenschaften (1). Natürlich muß man hier unter E den „Einheitswürfel" verstehen. Man kann dann ein beliebig vorgegebenes Polyeder durch geeignete Schnitte in Tetraeder [89]) zerlegen und den Inhalt des Polyeders durch die Summe der Tetraederinhalte erklären. Aber wie rechtfertigt man die „bekannte" Formel

$$V(T) = \frac{1}{3} \cdot G \cdot h$$

für das Tetraeder? Es müßte gezeigt werden, daß $V(T)$ das einzige Funktional ist, das die Eigenschaften (1) a–d hat. Das ist nicht so einfach zu erledigen wie die entsprechende Aufgabe für das Dreieck. Diese Schwierig-

[86]) bei geringen Variationen in der Formulierung von (1 a–d).

[87]) Wir nennen als Beispiel die verallgemeinerte Definition des Begriffs „Information" aus 4 Postulaten bei *Renyi:* Wahrscheinlichkeitsrechnung, Berlin 1962, S. 441.

[88]) Wir folgen hier *Hadwiger:* Der Inhaltsbegriff, seine Begründung und Wandlung in älterer und neuerer Zeit.

[89]) Ein Tetraeder ist eine Pyramide mit dreieckiger Grundfläche. Sie wird hier und im folgenden nicht als regulär vorausgesetzt.

keit hat ihren inneren Grund in der Gültigkeit des *Dehn*schen Satzes[90]). Danach gibt es Pyramiden mit gemeinsamer Grundfläche und Höhe, die *nicht* zerlegungsgleich sind. In der Ebene kann man jedes Polygon in ein Quadrat „verwandeln", und daraus kann man leicht folgern, daß alle Polygone mit gleichem Inhalt auch zerlegungsgleich sind.

Im Raum gilt der entsprechende Satz nicht. Man kann zwar zeigen, daß alle Prismen einem gewissen Würfel zerlegungsgleich sind, und daraus folgt dann leicht eine „Rechtfertigung" der Formel $G \cdot h$ für den Inhalt eines Prismas aus den Eigenschaften (1) des gesuchten Funktionals. Da man aber nicht jedes Tetraeder in einen Würfel verwandeln kann, ist die Begründung für die Formel

$$V = \frac{1}{3} \cdot G \cdot h$$

nicht durch eine elementare Betrachtung möglich.

Man kann – wie es z. B. in dem Lehrbuch von *Baur-Bruns* geschieht – das Tetraeder von innen und außen durch Schichten von Prismen approximieren.

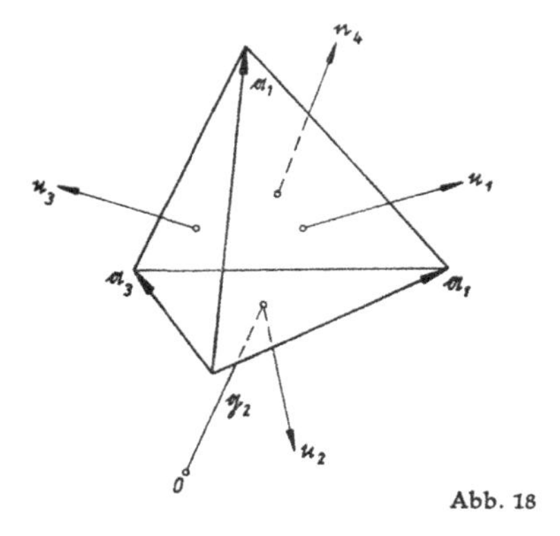

Abb. 18

Dann kommt man durch einen Grenzprozeß zu der Einsicht, daß nur das Funktional

$$V(T) = \frac{1}{3} \cdot G \cdot h$$

die Eigenschaften (1) hat.

---

[90]) Siehe dazu z. B. *Meschkowski:* Ungelöste und unlösbare Probleme der Geometrie, Kap. VI.

Es gibt aber noch einen anderen – eleganteren – Weg zu diesem Schluß. Hadwiger[91]) gibt für das Volumen eines Polyeders eine geschlossene Formel an:

$$V(P) = \frac{1}{3} \cdot \sum_{\nu} F_\nu (\mathfrak{n}_\nu, \mathfrak{p}_\nu). \tag{2}$$

Dabei ist $\mathfrak{p}_\nu$ ein Vektor, der von einem beliebig gewählten Nullpunkt des Koordinatensystems zu einem Punkt der Seitenfläche mit der Nummer ν zeigt, $\mathfrak{n}_\nu$ ist die nach außen weisende Einheitsnormale der Fläche, F_ν der entsprechende Flächeninhalt (Abb. 18).

Es ist zu zeigen, daß dieses Funktional das *einzige* ist, das die Eigenschaft (1) hat.

Dazu zeigen wir erst, daß $V(P)$ translationsinvariant ist. Es sei $\mathfrak{t}$ der Translationsvektor, P' das durch die Verschiebung um den Vektor $\mathfrak{t}$ entstehende Polyeder. Dann ist

$$V(P') - V(P) = \frac{1}{3} \sum_{\nu=1}^{n} F_\nu (\mathfrak{n}_\nu, \mathfrak{t}),$$

und diese Differenz verschwindet wegen [92])

$$\sum_{\nu} F_\nu \cdot \mathfrak{n}_\nu = \mathfrak{O}.$$

Zerlegt man P durch einen ebenen Schnitt in zwei Teilpolyeder P_1 und P_2, so gilt offenbar

$$V(P) = V(P_1) + V(P_2).$$

Durch die Zerlegung wird ja die Schnittfläche zweimal mit entgegengesetzten Normalvektoren eingefügt. Danach ist

$$V(P) = \sum_{\varrho=1}^{r} V(T_\varrho)$$

bei einer Zerlegung von P in lauter Tetraeder. Wegen der Translationsinvarianz kann man zur Bestimmung von $V(T)$ den Ursprung in eine Ecke des Tetraeders legen. Dann verschwinden aber die drei Summanden in

$$V(T) = \frac{1}{3} \sum_{\nu=1}^{4} F_\nu \cdot (\mathfrak{n}_\nu, \mathfrak{p}_\nu),$$

---

[91]) loc. cit.

[92]) Das folgt für ein Tetraeder leicht aus der für die Vektoren $\mathfrak{a}_1$, $\mathfrak{a}_2$ und $\mathfrak{a}_3$ (Abb. 18) gültigen Identität.

$$(\mathfrak{a}_1 \times \mathfrak{a}_2) + (\mathfrak{a}_3 \times \mathfrak{a}_1) + (\mathfrak{a}_2 \times \mathfrak{a}_3) + (\mathfrak{a}_2 - \mathfrak{a}_3) \times (\mathfrak{a}_1 - \mathfrak{a}_3) = \mathfrak{O}.$$

die zu den im Nullpunkt zusammenstoßenden Flächen gehören. Bezeichnet man den Flächeninhalt des dem Nullpunkt gegenüberliegenden Dreiecks mit G und das Lot auf dieses Dreieck mit h, so hat man

$$V(T) = \frac{1}{3} G \cdot h, \tag{3}$$

also die „bekannte" Formel für die Pyramide.

Wir haben jetzt zu zeigen, daß $V(P)$ das einzige Funktional ist, das die Eigenschaften (1) hat. Nehmen wir an, es gäbe ein zweites Funktional $W(P)$, das ebenfalls bewegungsinvariant, additiv, normiert und definit ist (1 a–d). Dann hat die Differenz

$$Y(P) = W(P) - V(P) \tag{4}$$

die folgenden Eigenschaften:

(α) Es ist $Y(P) = Y(P')$, wenn $P \equiv P'$,

(β) Es ist $Y(P) = Y(P_1) + Y(P_2)$, wenn $P = P_1 + P_2$

im Sinne der Elementargeometrie zerlegt ist;

(γ) $Y(P) = 0$

gilt für alle Polyeder, die einem Würfel zerlegungsgleich sind, insbesondere für alle Prismen.

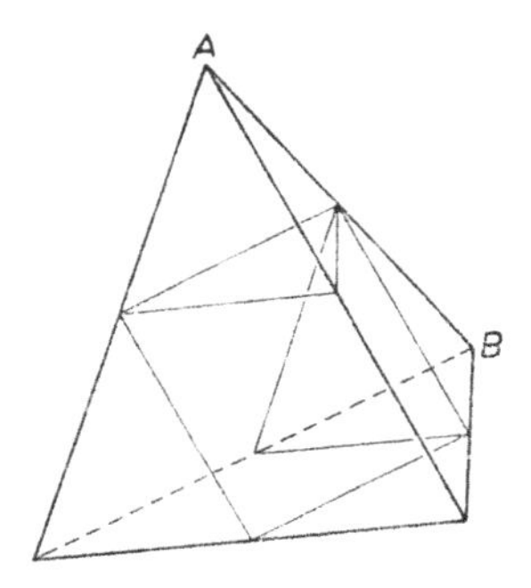

Abb. 19

Die Eigenschaft (γ) folgt aus der schon erwähnten Tatsache, daß für die genannten Polyeder $V(P)$ das einzige Funktional mit den Eigenschaften (1) ist.

Um zu zeigen, daß $Y(T) = 0$ ist für alle Tetraeder (und damit auch für alle Polyeder), zerlegen wir ein beliebiges Tetraeder T nach der in Abb. 19 angegebenen Zeichnung.

Die Schnitte sollen jeweils durch die Mitte der Kanten gehen. Dann zerfällt T in zwei Tetraeder [93] $^1/_2\, T$ (mit den Spitzen bei A und B) und zwei Prismen P_1 und P_2:

$$T = 2 \cdot {}^1/_2\, T + P_1 + P_2.$$

Wegen der Eigenschaften (α), (β) und (γ) gilt dann für $Y(T)$:

$$Y(T) = 2\, Y\left(\frac{1}{2}\, T\right).$$

Durch fortgesetzte Wiederholung des Zerlegungsprozesses folgt daraus für jede natürliche Zahl n:

$$Y(T) = 2^n\, Y\left(\frac{1}{2^n}\, T\right). \tag{5}$$

Für das Funktional $V(T) = \frac{1}{3}\, Gh$ gilt dagegen

$$V(T) = 8^n\, V\left(\frac{1}{2^n}\, T\right). \tag{6}$$

Aus (4), (5) und (6) gewinnen wir schließlich

$$2^n \cdot W\left(\frac{1}{2^n}\, T\right) = Y(T) + \frac{1}{4^n}\, V(T). \tag{7}$$

Die linke Seite ist nach Voraussetzung [Eigenschaft (1 d)] nicht negativ. Da der zweite Summand von (7) durch geeignete Wahl von n beliebig klein gemacht werden kann [94], ist auch $Y(T)$ nicht negativ:

$$Y(T) \geqq 0. \tag{8}$$

Wir denken uns jetzt unser Tetraeder T in ein genügend großes Prisma P eingebettet. Dann haben wir nach (8) wegen der Eigenschaften (β) und (γ):

$$0 \leqq Y(T) \leqq Y(P) = 0.$$

Es ist also tatsächlich $Y(T) = 0$.

Bei diesem Beweis war die Voraussetzung $W(P) \geqq 0$ und $W(E) = 1$ durchaus wesentlich. Man kann zeigen, daß es Funktionale $W(P)$ mit den Eigenschaften (1) (a) *und* (b) gibt, die von $V(P)$ verschieden sind [95].

---

[93] $^1/_2\, T$ ist ein zu T ähnliches Tetraeder mit dem *linearen* Ähnlichkeitsfaktor $^1/_2$.

[94] An dieser Stelle steckt ein Grenzprozeß; bei der üblichen Herleitung der Formeln hat man ihn statt dessen im Cavalierischen Prinzip.

[95] Siehe dazu z. B. *Meschkowski:* Ungelöste und unlösbare Probleme der Geometrie, S. 86 ff.

V. Infinitesimale Probleme im Unterricht

> *Der große Kunstgriff, kleine Abweichungen von der Wahr=heit für die Wahrheit selbst zu halten, worauf die ganze Differential=Rechnung aufgebaut ist, ist auch zugleich der Grund unserer wizzigen Gedancken, wo offt das Ganze hin=fallen würde, wenn wir die Abweichungen in einer philoso=phischen Strenge nehmen würden.* Lichtenberg [96])

1. Das „Unendlich Kleine"

Lichtenberg, der geistreiche Spötter, muß ja wohl wissen, was der Grund seiner „wizzigen Gedancken" ist. Mit seiner Bemerkung über die „gantze Differential Rechnung" aber weicht er selbst ein wenig von der Wahrheit ab. Wir wollen ihm zugestehen, daß man in seinen Tagen Anlaß haben konnte, das Wesen dieser mathematischen Disziplin so zu sehen. Aber durch die Arbeiten von *Weierstraß* und seinen Schülern ist eine wissenschaftlich saubere Behandlung infinitesimaler Probleme möglich. Wir dürfen es als ein bedeutsames Ereignis der Geistesgeschichte ansehen, daß es im 19. Jahr=hundert gelungen ist, die Probleme des Unendlichen in wissenschaftlicher Strenge zu behandeln.

Die Vorkämpfer für die Differentialrechnung in den Gymnasien freilich wagten nicht, die Arbeitsweise der *Weierstraß*schen Schule den Primanern zuzumuten. Man griff zurück auf ältere Methoden und verfehlte damit wichtige Bildungsmöglichkeiten des mathematischen Unterrichts. Man muß diesen Schulmännern freilich zugute halten, daß sich die Infinitesimalrech=nung in den ersten Jahrzehnten der Weierstraßschen Ära noch recht störrisch gab:

Die „Epsilontik" galt als schwierig, und so suchte man nach „anschaulichen" Verfahren. Immerhin: Allmählich setzte sich die Einsicht durch, daß der Differentialquotient nicht der Quotient „unendlich kleiner" Größen sei. Aber was war er dann eigentlich? Ich entsinne mich, daß ich (in den zwanziger Jahren) meinen Mathematiklehrer danach fragte.

Entweder sind die Seiten des „charakteristischen Dreiecks" von Null ver=schieden, dann ist die durch die Hypotenuse bestimmte Gerade eine Sekante und keine Tangente. Oder aber man läßt die Seiten wirklich Null werden, dann wird aus dem Differentialquotienten der sinnlose Ausdruck $\frac{0}{0}$.

Die Antwort war: „Es geht hier tatsächlich um eine absolut korrekte Me=

---

[96]) Gedankenbücher, Fischer=Bücherei 1963, S. 7.

thode, aber wie das möglich ist, können wir auf der Schule nicht erklären. Da müssen Sie warten, bis Sie zur Universität kommen."

Ich war gespannt. Als mein Freund ein Semester vor mir sein mathematisches Studium begann, bestätigte er mir: „Ja, dein Mathematiklehrer hat recht. Aber wie man das Problem löst, kann ich Dir nicht erklären. Das ist so kompliziert!"

Wir können die Frage offen lassen, ob es an der mangelnden Begabung meines Freundes oder an der didaktischen Unzulänglichkeit seines Professors lag, daß ihm die korrekte Definition des Differentialquotienten so schwierig schien, daß er sie nicht wiedergeben konnte. Inzwischen haben sich Generationen von Studenten davon überzeugt, daß die Infinitesimalrechnung keine unverständliche Geheimwissenschaft ist. Vielleicht hat die einfachere Formulierung mancher Grundbegriffe dazu beigetragen [97]), daß man heute die Angst von Studenten und Schulmathematikern vergangener Jahrzehnte vor den Grundlagen der Infinitesimalrechnung einfach nicht mehr versteht.

Interessant ist die Entwicklung der Lehrbuchliteratur. Es gibt heute noch Schulbücher, die den grundlegenden Definitionen zur Differentialrechnung 1–2 Seiten widmen und dann Dutzende von Seiten Raum geben für „Aufgaben" und „Anwendungen". Es ist klar, daß auf diese Weise eine saubere Behandlung der Grundbegriffe nicht möglich ist. Aber im ganzen ist die Tendenz zur wissenschaftlichen Sauberkeit in der Schulbuchliteratur nicht zu verkennen. Es setzt sich langsam die Auffassung durch, daß auch ein Primaner verstehen kann, was eine konvergente Zahlenfolge ist. *Und daß wissenschaftliche Sauberkeit die didaktische Aufgabe nicht erschwert, sondern erleichtert!* Ein besonders schwieriges Problem liegt in der Tatsache begründet, daß man in der Schulmathematik ja nicht erst bei der Tangentenaufgabe oder bei der Definition der Geschwindigkeit beschleunigter Massenpunkte infinitesimale Probleme aufgreift. Der Limesbegriff tritt tatsächlich schon wesentlich früher auf.

Eine erste Bilanz führt zu der entmutigenden Feststellung, daß bereits sehr früh im Anfangsunterricht und in der Mittelstufe an verschiedenen Stellen mit Grenzwerten gearbeitet wird. Ohne Anspruch auf Vollständigkeit seien erwähnt:

Die Darstellung rationaler Zahlen durch periodische Dezimalbrüche,
die Einführung der Irrationalzahlen,
der Strahlensatz für beliebige inkommensurable Strecken,
Bogenlänge und Flächeninhalt des Kreises,
Inhaltslehre für Polyeder.

---

[97]) Besondere Verdienste hat hier *Kowalewski* mit seinen Lehrbüchern.

Kann man erwarten, daß bereits bei der ersten Erwähnung periodischer Dezimalbrüche die Limes-Rechnung exerziert wird? Und ist es diskutabel, daß die reellen Zahlen nicht nur korrekt definiert werden (etwa als *Dedekind*sche Schnitte), sondern daß auch ihre Körpereigenschaft nachgewiesen wird? Es gibt heute jüngere Schulmathematiker, die eine saubere Behandlung der Theorie der Irrationalzahlen in der Mittelstufe für möglich halten. Vielleicht haben sie recht: Bei sorgfältiger didaktischer Planung und hinreichender Zeit läßt sich vieles durchführen, was konservativen Kollegen heute noch „unmöglich" erscheint.

Aber wir wollen keineswegs einer ausführlichen Behandlung infinitesimaler Probleme in der Mittelstufe das Wort reden. Wie man auch den Unterricht anlegt: In Schulen und Hochschulen wird es immer wieder einmal notwendig, auf Vollständigkeit der Deduktionen zu verzichten. Es erscheint vernünftig, von Zeit zu Zeit in einem „Ausblick" das Interesse auf weitere Problemkreise zu lenken, über die zunächst nur „berichtet" wird. *Aber auch in solchen Einführungen muß der Lehrer wissenschaftlich korrekt verfahren. Seine Begriffsbildungen müssen klar sein, und wenn er Deduktionen nicht (oder nicht vollständig) durchführt, dann muß er sagen, daß er an dieser Stelle auf einen Beweis verzichtet.*

2. Einführung von Irrationalzahlen

In einem Kreis von Schulmathematikern vertrat ich die Ansicht, daß jeder Schüler eine gewisse Zeit lang in der Überzeugung leben müsse: „Es gibt keine Zahl, deren Quadrat gleich 2 ist." Denn Zahlen sind für ihn zunächst *rationale* Zahlen, und es ist seit den Tagen der Pythagoreer bekannt, daß keine rationale Zahl 2 zum Quadrat hat. Die Situation ist didaktisch durchaus analog zu der vor der Einführung der imaginären Zahlen.

Mir wurde heftig widersprochen. Mit den imaginären Zahlen sei das doch ganz anders. „Hier muß doch erst der Zahlkörper erweitert werden, bevor die Operation $\sqrt{-1}$ vollziehbar ist." Wir einigten uns rasch darauf, daß das doch bei Einführung von $\sqrt{2}$ ebenfalls notwendig sei. Es ist bezeichnend, daß ein erfahrener Schulmathematiker aus der Routine seines Unterrichts auf einen so erstaunlichen Trugschluß verfallen konnte. Tatsächlich wird die Einführung der negativen Zahlen in der Schule gründlich vorbereitet, und über die Einführung der komplexen Zahlen wird schon deshalb viel geredet, weil das Wort „imaginär" so hintergründig erscheint. Aber die Irrationalzahlen sind einfach mit einem Male da. Es ist ja auch so einfach: Man stellt $y = x^2$ graphisch dar, und an der Kurve kann man dann die Umkehroperation leicht veranschaulichen. Oder man geht vom Kalkül des Wurzelziehens aus. Wenn er nicht abbricht und wenn der Bruch nicht periodisch wird, dann hat man eben eine „irrationale" Zahl.

Wer so lehrt, verschüttet wichtige Bildungsmöglichkeiten. Für die griechische Mathematik war die Entdeckung inkommensurabler Strecken ein erregendes Erlebnis [98]). Die pythagoreische Schule wurde durch diese Problematik gespalten, und der moderne Unterricht sollte diesen Problemkreis einfach beiseite lassen? Natürlich: die moderne Mathematik hat gelernt, das „Irrationale" zum Gegenstand einer mathematischen Theorie zu machen. Aber wenn man diese Leistung würdigen will, muß man erst einmal den Schock nachfühlen, der *Platon* zu seiner drastischen Äußerung über die „lächerliche und schmähliche Unwissenheit aller Menschen" [99]) veranlaßte. Dann mag man zeigen, wie die moderne Mathematik durch Erweiterung des Körpers der rationalen Zahlen eine legitime Behandlung des Irrationalen ermöglichte. Am einfachsten ist es wohl, die Menge der reellen Zahlen als die der *Dedekind*schen Schnitte einzuführen. Es spricht auch manches für die Definition durch Intervallschachtelungen, weil ja die Dezimalbrüche hier als leicht durchschaubare Beispiele zur Verfügung stehen. Aber dann muß man ja die reelle Zahl als eine *Klasse äquivalenter Schachtelungen* definieren, und das ist für den Anfänger einigermaßen kompliziert.

Im allgemeinen wird man darauf verzichten, den ausführlichen Beweis zu erbringen, daß die so definierten reellen Zahlen alle Eigenschaften eines Körpers haben. Aber man sollte wenigstens *sagen*, daß es so ist und daß man auf den Nachweis verzichtet [100]).

Es gibt heute schon einige Lehrbücher, die sich um Korrektheit bei der Einführung der reellen Zahlen bemühen. Es ist natürlich durchaus berechtigt, wenn man in der Mittelstufe propädeutisch verfährt und in der Oberstufe ausführlicher wird [101]).

Hier taucht übrigens die interessante Frage auf, ob man bei der Begründung des Rechnens mit reellen Zahlen „realistisch" oder „nominalistisch" vorgehen soll. Man kann durch ein *Existenzaxiom* postulieren, daß jede Einteilung rationaler Zahlen in die *Dedekind*schen „Klassen" genau eine reelle Zahl a bestimmt. Oder auch, daß zu jeder Intervallschachtelung ein „innerster Punkt" existiert.

---

[98]) Vgl. dazu S. 42!

[99]) Vgl. dazu S. 42!

[100]) Man kann auch die reellen Zahlen mit Hilfe des Filterbegriffs einführen, vgl. dazu z. B. *Meschkowski:* Einführung in die moderne Mathematik, BI-Hochschultaschenbuch 75. Für die Schule dürfte dieses Verfahren zu schwer sein.

[101]) So verfährt z. B. das Lehrbuch von *Fladt-Kraft-Dreetz.*

Man kann auch sagen: Jeder *Dedekind*sche Schnitt in der Menge der rationalen Zahlen *heißt* eine reelle Zahl. Dieses nominalistische Verfahren paßt besser zur Denkweise der modernen formalistischen Mathematik als die Postulierung einer „Existenz".

Aber über diesen Punkt braucht es keinen Streit zu geben. Wichtiger als die Entscheidung zwischen „realistischer" und „nominalistischer" Formulierung ist die Überwindung der Scheu unserer Schulmathematiker vor präzisen Definitionen.

Es ist unerträglich, wenn in einem Schulbuch erst seitenlang Aufgaben notiert werden über das Rechnen mit Wurzeln, wenn nirgends definiert wird, was eine Irrationalzahl ist und schließlich behauptet wird, $\sqrt{2}$ sei eine. Tatsächlich zeigt der hier übliche Beweis ja nur, daß es keine rationale Zahl gibt, deren Quadrat gleich 2 ist.

3. Problematik des Schulunterrichts in der Infinitesimalrechnung

In den Lehrbüchern für die Oberstufe unserer Gymnasien sind seit einigen Jahrzehnten die „unendlich kleinen" Größen verschwunden. Schritt für Schritt hat sich die Darstellung der Differentialrechnung verbessert. Immerhin: Es bleiben noch viele Fragen offen.

Es fällt auf, wie wenig Raum die Schulbücher der Fundierung der Infinitesimalrechnung opfern. Auf wenigen Seiten sind die Grundbegriffe erklärt, und dann wird gerechnet, gerechnet ...

Es gibt heute schon einige Bücher, die den Begriff „Grenzwert" nach entsprechender Vorbereitung durch Beispiele sauber definieren. Aber meist begnügt man sich zu sagen, daß a der Grenzwert der Folge a_n sei, wenn a_n gegen a „strebt" oder sich a „unbegrenzt nähert" [102]).

Selbst wenn man unterstellt, daß Schüler gut wissen, was „streben" heißt, so ist doch noch nicht ausgemacht, daß sie diesen Begriff aus dem Bereich des Menschlichen ohne weiteres in Gleichungen und Ungleichungen zwischen mathematischen Größen umsetzen können. Man sollte ihnen dabei durch klare Definitionen helfen. Das ist schon deshalb notwendig, weil die üblichen vagen Formulierungen eine präzise Definition der Stetigkeit und des Differentialquotienten unmöglich machen. Man betrachte etwa die Funktion $y = [x]$ (Abb. 20). Dabei ist $[x]$ die größte ganze Zahl, die nicht größer als x ist. Ist diese Funktion für ganze Zahlen n stetig? Diese Frage ist kaum zu

---

[102]) Manchmal wird noch hinzugefügt: „ohne a zu erreichen". Das bedeutet u. a., daß die Folge $\{a, a, a, a, \ldots\}$ keinen Grenzwert hat. Es ist nicht einzusehen, welchen Wert eine solche Ausschließung haben soll.

beantworten, wenn man $\lim_{x \to n} f(x)$ als die Zahl erklärt, der $f(x)$ zustrebt, wenn man sich n „unbegrenzt nähert". Nähert man sich der Zahl 1 von rechts, so hat man $f(x) = 1$ für alle x mit $1 \leqq x < 2$, insbesondere

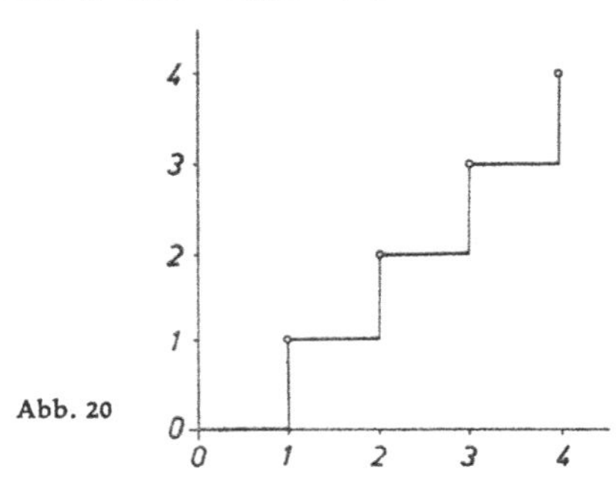

Abb. 20

$f(1) = 1$. Die Bedingungen $\lim_{x \to 1} f(x) = f(1) = 1$ scheint also erfüllt zu sein [103]). Ähnliche Probleme tauchen bei der Funktion $g(x) = \sin 1/x$ an der Stelle $x = 0$ auf.

Alle Unklarheiten werden beseitigt, wenn man „das Streben nach" präziser faßt. Es ist bekannt, wie das geschehen kann. *Die Funktion $f(x)$ heißt an der Stelle x_0 stetig, wenn für alle Folgen x_n, die gegen x_0 konvergieren* $\lim_{x_n \to x_0} f(x_n) = f(x_0)$ *gilt.* Unsere Funktion $f(x) = [x]$ ist an der Stelle $x = 1$ unstetig, weil z. B.

$$\lim_{n \to \infty} \left[1 - \frac{1}{n}\right] = 0 \neq [1] = 1$$

ist.

Die Definition der Stetigkeit setzt die des Grenzwertes voraus. Wenn man die gefürchtete „Epsilontik" vermeiden will, kann man so erklären: *Die Zahl a ist Grenzwert der Zahlenfolge a_n, wenn in jedem Intervall um a fast alle Zahlen der Folge liegen* [104]). Natürlich kann man auch die Definition 7. von S. 67 verwenden.

---

[103]) Wenn man freilich von einer konvergierenden Folge fordert, daß der Grenzwert nicht „erreicht" wird (vgl. die Note auf S. 80), dann kommt man in weitere Schwierigkeiten.

[104]) „fast alle" heißt „alle mit Ausnahme von höchstens endlich vielen" (*Kowalewski*). Ein „Intervall um a" ist ein Intervall $[b; c]$, das a als inneren Punkt enthält.

Bei der Definition des Differentialquotienten

$$f'(x) = \lim_{h_n \to 0} \frac{f(x + h_n) - f(x)}{h_n}$$

wird in der Schulbuchliteratur meist versäumt zu sagen, daß der Grenzwert für *alle* Nullfolgen h_n ($h_n \neq 0$) existieren und gleich sein muß. Erst durch diese Vorschrift wird klar, daß z. B. die Funktion $f(x) = |x|$ an der Stelle $x = 0$ zwar stetig, aber nicht differenzierbar ist.

In der neueren Lehrbuchliteratur finden sich erfreulicherweise die Beweise für die Rechenregeln der Grenzwerte [105]:

$$\lim (a_n \pm b_n) = \lim a_n \pm \lim b_n, \quad \lim a_n \cdot b_n = \lim a_n \cdot \lim b_n.$$

Die Auffassung, daß diese Beweise für Schüler zu schwierig seien, scheint überwunden zu sein.

Fassen wir zusammen: Wenn man die Lehrbuchliteratur über die Differentialrechnung in den letzten 50 Jahren überschaut, kann man eine Entwicklung zur wissenschaftlichen Sauberkeit feststellen. Es sind allerdings noch einige Relikte der überwundenen Denkweise der Jahrhundertwende vorhanden. Man sollte sie schleunigst beseitigen.

Bei dieser Gelegenheit muß man freilich auch die Beweise über die Differentiationsregeln und die Ableitung transzendenter Funktionen durchsehen. Wir beschränken uns darauf, Unklarheiten bei der Differentiation von $\ln x$ zu registrieren. Zur Bestimmung von $d/dx \ln x$ benutzt man meistens die Grenzwertrelation

$$\lim_{x_n \to \infty} \left(1 + \frac{1}{x_n}\right)^{x_n} = e\,. \tag{1}$$

Dabei ist x_n eine beliebige Folge reeller Zahlen, die im Endlichen keinen Häufungspunkt hat. *Bewiesen* wird aber nur die Aussage

$$\lim_{n \to \infty} \left(1 + \frac{1}{n}\right)^{n} = e \tag{2}$$

für *natürliche* Zahlen n. Man kann (1) aus (2) deduzieren. Wenn man es versäumt, ist der Beweis unvollständig.

In einem modernen Schulbuch findet sich eine andere Ableitung von $\frac{d}{dx} \ln x = x^{-1}$. Man geht aus von der Umkehrfunktion und berechnet zuerst

---

[105]) Dabei wird die Existenz von $\lim a_n$ und $\lim b_n$ vorausgesetzt.

$\frac{d}{dx} a^x$. Das geschieht so:

„Es ist

$$y + \Delta y = a^{x+\Delta x}, \quad \frac{\Delta y}{\Delta x} = a^x \cdot \frac{a^{\Delta x} - 1}{\Delta x},$$

also

$$f'(x) = \lim a^x \cdot \frac{a^{\Delta x} - 1}{\Delta x}. \tag{2}$$

Der zweite Faktor in (3), $\left(\frac{a^{\Delta x} - 1}{\Delta x}\right)$, ist offenbar von x unabhängig, d. h. er ist eine Konstante. Dasselbe gilt auch für seinen Grenzwert für $\Delta x \to 0$, falls er überhaupt existiert, d. h. es ist

$$\lim_{\Delta x \to 0} \frac{a^{\Delta x} - 1}{\Delta x} = k,$$

und damit ergibt sich unter der Voraussetzung der Existenz von k

$$f'(x) = k \cdot a^x.$$

Die Ableitung jeder Exponentialfunktion ist der Funktion proportional.

Die geometrische Bedeutung der Konstante k ist leicht ersichtlich; da $a^0 = 1$ ist, folgt

$$f'(0) = k.$$

Damit ist die Existenz von k wenigstens anschaulich klar."

Tatsächlich wurde hier (mit einem recht interessanten Verfahren) dies bewiesen: *Wenn die Funktion $f(x) = a^x$ differenzierbar ist, so ist ihre Ableitung $f'(x) = k \cdot a^x$.*

Man könnte das feststellen (mit Unterstreichung des Nebensatzes!) und hinzufügen, daß man auf den Existenzbeweis verzichten wolle. *Dann hätte man eine Deduktion mit einer klar bezeichneten Lücke.* Bedenklich scheint uns aber der letzte hier zitierte Satz. Man kann ihn durch den Hinweis auf das *Perron*sche Beispiel zum *Steiner*-Verfahren (S. 59) ad absurdum führen. Dort ging es um das Maximum der Menge der ganzen Zahlen. Es wurde gezeigt: Wenn ein solches Maximum existiert, dann ist es die Zahl 1. Kann man dieses Ergebnis so deuten: *„Damit wird die Existenz des Maximums wenigstens anschaulich klar"*? Natürlich besteht zwischen den beiden Fällen der Unterschied, daß die Ableitung von a^x existiert, das Maximum von N aber nicht. Aber dieser Unterschied ist ja gerade noch nicht bewiesen.

Dieses Beispiel (es mag für manche andere stehen) macht deutlich, daß sich der eifrige Schulmathematiker in ernste Schwierigkeiten gibt, wenn er sich allzuweit in mathematische Theorien hineinwagt und doch mit wissenschaftlicher Strenge arbeiten will. *Muß man denn in der Schule transzendente Funktionen differenzieren?* Wer richtig deduzieren will, muß sich engere Grenzen für seine Arbeit setzen. Wenn die Grundlagen der Differential- und Integralrechnung sauber erarbeitet werden, ist viel geschehen. Ein weites Feld für Beispiele liefern die rationalen Funktionen.

Wir kennen die Einwände gegen diesen Vorschlag: Man muß an die Bedürfnisse der Physik denken. Die Theorie des Wechselstroms z. B. braucht die Differentiation trigonometrischer Funktionen. Wir meinen: *Allzulange hat die Mathematik in der Schule ihre Bildungsmöglichkeiten mit Rücksicht auf die „Anwendungen" verspielt.* Damit sollte Schluß gemacht werden. Es gibt heute ein so weites Feld von Anwendungen mathematischer Theorien, daß man der Schule nicht zumuten kann, für alle diese Bereiche Hilfestellungen zu geben. Der Mathematikunterricht wird seiner Aufgabe am besten gerecht, wenn er in aller Strenge die „Wissenschaft von den formalen Systemen" entwickelt. Man kann übrigens auch über die Ergebnisse der Mathematik und ihre Anwendungsmöglichkeiten, *berichten,* ohne zu deduzieren. Eine solche Darstellung ist besser als ein unsauberer Beweis [106]).

Ein beliebtes Anwendungsgebiet der Differentialrechnung ist die Theorie der Extremwerte. Hier kann man viele Aufgaben rechnen, und auch schwächere Schüler begreifen das so einfache Schema: Eine Variable eliminieren, differenzieren, die Ableitung gleich Null setzen.

Leider wird oft übersehen, daß das Verschwinden der Ableitung eine *notwendige, aber keineswegs hinreichende* Bedingung für das Vorliegen eines *relativen* Extremums ist. Das *absolute* Maximum einer Funktion $f(x)$ in einem Intervall $[a; b]$ kann auch in den Endpunkten des Intervalls liegen, und dann braucht dort die Tangente nicht waagerecht zu verlaufen. Es gibt weiter Extremalprobleme, die keine Lösung haben [107]), und andere, für die *jedes* Element der untersuchten Menge die Extremaleigenschaft hat.

Die Theorie der Extremwerte ist deshalb so bedeutsam, weil man hier den Unterschied zwischen einer notwendigen und einer hinreichenden Bedin-

[106]) Es kommt uns mit diesen Bemerkungen nicht darauf an, den Schulunterricht einzuschränken, sondern seine wissenschaftliche Sauberkeit zu sichern. Wenn Zeit genug vorhanden ist für eine korrekte Behandlung der transzendenten Funktionen, dann wird man natürlich der Physik durch die Differentiation der trigonometrischen Funktionen helfen.

[107]) Vgl. S. 58.

gung [108]) gut verdeutlichen kann. Weiter kann die Untersuchung über die Existenz von Extremwerten Beispiele gegen vorschnelle Verallgemeinerungen liefern. Aber alle diese interessanten Möglichkeiten werden verspielt, wenn man nur die Lösung von Extremalaufgaben nach einem bestimmten Schema exerziert.

Wir wollen hier noch drei bemerkenswerte Extremalaufgaben mitteilen, die geeignet sind, das Schema zu überwinden.

Aufgabe 1:

Das Intervall $AB = [0; 1]$ sei in 2^n gleiche Teilintervalle i_n zerlegt. Zu dieser Zerlegung gehört ein Streckenzug S_n (Abb. 21 für $n = 2$); er setzt sich zusammen aus den zum Intervall i_m ($m = 1, 2, 3, \ldots, 2^n$) parallelen Strecken A_mB_m in der Höhe $(-1)^{m+1}\, 2^{-n-1}$ und den dazu senkrechten Strecken AA_1, B_mA_{m+1} ($m = 1, 2, \ldots 2^n - 1$), $B_{2^n}B$.

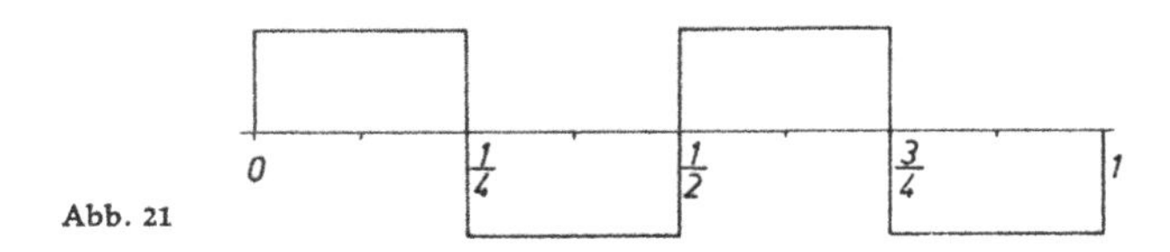

Abb. 21

Gesucht ist die Nummer n, für die die Länge $L(S_n)$ des Streckenzuges zum Maximum wird.

Man erkennt leicht, daß alle Streckenzüge die gleiche Länge 2 haben.

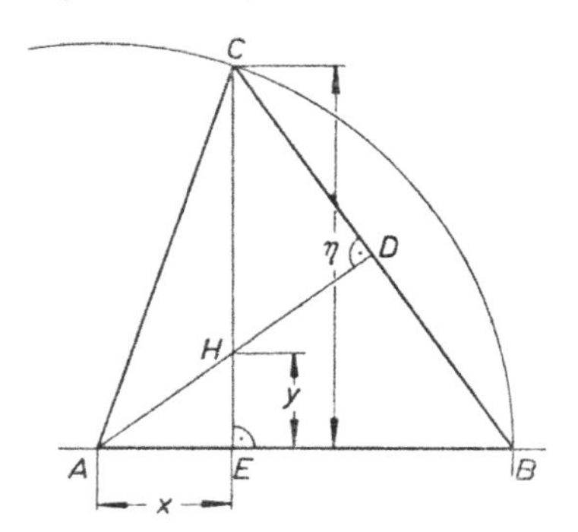

Abb. 22

[108]) In vielen Fällen kann man auf die Untersuchung der höheren Ableitungen verzichten und die Existenz eines Extremums aus allgemeinen Sätzen über stetige Funktionen begründen.

Aufgabe 2:

$M(\Delta)$ sei die Menge der Dreiecke Δ mit folgender Eigenschaft: Eine Ecke (A) des Dreiecks liegt im Nullpunkt, eine zweite (B) im Punkt (1; 0), die dritte (C) auf dem Viertelkreis um Null mit dem Radius 1, im 1. Quadranten. Gesucht sind die Extrema für die Ordinate des Höhenschnittpunkts der Dreiecke dieser Menge $M(\Delta)$ (Abb. 22).

Der Höhenschnittpunkt H habe die Koordinaten x und y; die von C seien ξ und η. D und E seien die Fußpunkte von h_a und h_c. Dann sind die Dreiecke AEH und EBC ähnlich, und es gilt

$$\frac{y}{x} = \frac{1-\xi}{\eta}.$$

Weiter ist $x = \xi$ und $\xi^2 + \eta^2 = 1$. Daraus folgt

$$y = y(\xi) = \frac{1-\xi}{\sqrt{1-\xi^2}} \cdot \xi = \xi \cdot \sqrt{\frac{1-\xi}{1+\xi}}. \tag{3}$$

Gefragt ist nach den Extremwerten der durch (3) definierten Funktion $y = y(\xi)$. Man erkennt durch Differentiation, daß $\xi = -1/2 + 1/2\sqrt{5}$ *notwendig* ist für das Vorliegen eines relativen Extremums. Wegen $y(0) = y(1) = 0$, $y(\xi) > 0$ für $0 < \xi < 1$ muß diese Stelle ein Maximum sein. Aber die Funktion (3) muß ja als stetige Funktion im Intervall [0; 1] mindestens ein Minimum haben. Offenbar liegen die (absoluten) Minima bei $\xi = 0$ und $\xi = 1$. Die Tangenten an die zu (3) gehörende Kurve (Abb. 23) sind aber nicht waagerecht.

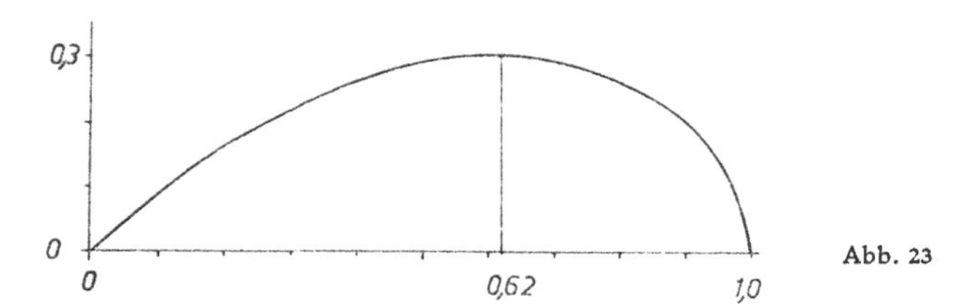

Abb. 23

Aufgabe 3:

Es sei P ein Punkt der Kurve $y = (1+x^2)^{-1}$, Q ein Punkt von $y = -(1+x^2)^{-1}$ (Abb. 24). Gesucht sind die Extrema $D(P,Q)$ der Abstände irgend eines Punktes P von irgend einem Punkt Q.

Das es beliebig kleine und beliebig große Abstände $D(P, Q)$ gibt, hat das gestellte Extremalproblem keine Lösung.

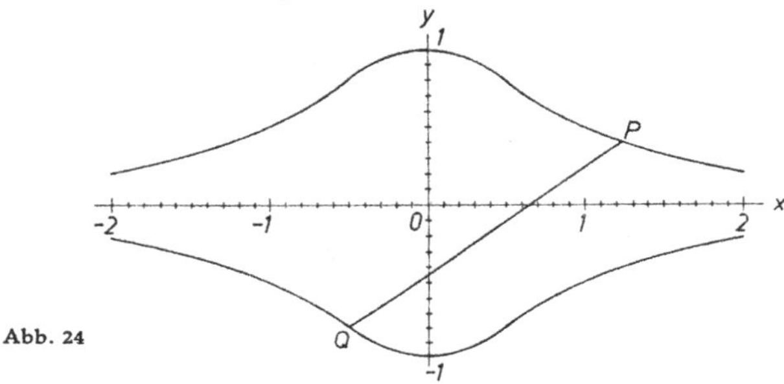

Abb. 24

VI. Die Grenzen wissenschaftlicher Verfahren

Γνωμοσύνης ἀφανὲς χαλεπώτατόν ἐστι νοῆσαι
Μέτρον, ὅ δὴ πάντων πείρατα μοῦνον ἔχει.
Solon [109])

1. Unmöglichkeitsaussagen in der modernen Mathematik

G. Martin hat vorgeschlagen [110]) die Mathematik der Gegenwart von der der „Neuzeit" zu unterscheiden durch eine von *Husserl* gegebene Formulierung. Dieser Schüler von *Karl Weierstraß* charakterisiert die moderne Mathematik durch den Begriff der „definiten Mannigfaltigkeit". Ihr Wesen liegt darin [111]),

> daß eine endliche Anzahl, gegebenenfalls aus dem Wesen des jeweiligen Gebietes zu schöpfender Begriffe und Sätze die Gesamtheit aller möglichen Gestalten des Gebietes in der Weise rein analytischer Notwendigkeit vollständig und eindeutig bestimmt, so daß also in ihm prinzipiell nichts mehr offen bleibt.

Die „Neuzeit" der Mathematik reicht danach bis ins 19. Jahrhundert, und wir werden die Wende zur „modernen Mathematik" in jener Epoche zu suchen haben, in der die Mathematiker sich bewußt wurden, daß ihre Disziplin die „Wissenschaft von den formalen Systemen" sei. Diese Wandlung des mathematischen Denkens hat aber ihren Grund in der im 19. Jahrhundert gewonnenen Einsicht, daß wissenschaftliche Verfahren Grenzen ihrer Anwendungsmöglichkeiten haben. Vor allem hat die Entdeckung der nichteuklidischen Geometrie zu ernsthaften Untersuchungen über die Möglichkeiten und Grenzen des mathematischen Formalismus geführt. Von dem erregenden Problem, ob man das euklidische Parallelenpostulat beweisen könne, führte die Untersuchung auf die Frage nach der Widerspruchsfreiheit formaler Systeme überhaupt, und die Sätze von *Gödel* über Probleme der Entscheidbarkeit gelten heute als bedeutsame Sätze einer modernen Erkenntnistheorie [112]).

---

[109]) Der Erkenntnis unsichtbares Maß ist am schwersten wahrzunehmen, welches doch die Leitseile aller Dinge hält.

[110]) *G. Martin:* Neuzeit und Gegenwart in der Entwicklung des mathematischen Denkens. Kant-Studien 45, 1953–54, S. 155–165.

[111]) *E. Husserl:* Ideen zu einer reinen Phänomologie und phänomologischen Philosophie. Halle 1913, S. 135.

[112]) Vgl. dazu z. B.: *Stegmüller:* Unvollständigkeit und Unentscheidbarkeit oder *Meschkowski:* Wandlungen des mathematischen Denkens.

Um die Bedeutung dieser neuen mathematischen Denkweise würdigen zu können, muß man wissen, mit welchem Eifer sich die Mathematiker früherer Generationen um die Lösung des Parallelenproblems [113]) bemüht haben.

Wolfgang Bolyai, der Freund von *Gauß* und Vater des Entdeckers der nicht-euklidischen Geometrie, hatte Jahre seines Lebens dieser Aufgabe gewidmet, und er warnt seinen Sohn in bewegten Worten vor der Beschäftigung mit diesem seit über zwei Jahrtausenden ungelösten Problem [114]):

> „Du darfst die Parallelen auf jenem Wege nicht versuchen; ich kenne diesen Weg bis an sein Ende – auch ich habe diese bodenlose Nacht durchmessen, jedes Licht, jede Freude meines Lebens sind in ihr ausgelöscht worden – ich beschwöre dich bei Gott, laß die Lehre von den Parallelen in Frieden. Diese grundlose Finsternis würde vielleicht tausend Newtonsche Riesentürme verschlingen, es wird nie auf Erden hell werden, und das armselige Menschengeschlecht wird nie etwas vollkommen Reines haben, selbst die Geometrie nicht. Ich hatte mir vorgenommen, mich für die Wahrheit aufzuopfern; ich wäre bereit gewesen zum Märtyrer zu werden, damit ich nur die Geometrie von diesem Makel gereinigt dem menschlichen Geschlecht übergeben könnte. Schauderhafte, riesige Arbeiten habe ich vollbracht, habe bei weitem Besseres geleistet als bisher geleistet wurde, aber keine vollkommene Befriedigung habe ich je gefunden;
>
> hier aber gilt es: si paullum a summo discessit, vergit ad imum. Ich bin zurückgekehrt, als ich durchschaut habe, daß man den Boden dieser Nacht von der Erde aus nicht erreichen kann, ohne Trost, mich selbst und das ganze menschliche Geschlecht bedauernd."

Und später heißt es:

> Es ist ein unheimliches Schlachtfeld, worauf ich jederzeit geschlagen wurde; eine allem Streben des Forschergeistes trotzende, uneinnehmbare Felsenburg. In dieser Materie ist das ganze Leben nur eine brennende, ins Meer getauchte Fackel. Es ist unbegreiflich, daß diese unabwendbare Dunkelheit, diese ewige Sonnenfinsternis, dieser Makel in der Geometrie zugelassen wurde, diese ewige Wolke an der jungfräulichen Wahrheit."

Wenn ich diese Briefstelle in einer Vorlesung über Grundlagen der Geometrie verlese, liegt jedesmal ein Lächeln über dem Auditorium. Dem Studenten unserer Tage erscheint dieses Pathos des ungarischen Mathematikers komisch.

Es ist wichtig, den Grund für die pathetische Sprache jener Zeit zu verstehen. Für den an der *Platon*ischen Philosophie geschulten Mathematiker waren die

---

[113]) Das *Parallelenproblem* ist die Aufgabe, das Euklidische Parallelenpostulat aus den übrigen Axiomen und Postulaten zu beweisen. Vgl. dazu z. B. *Meschkowski:* Nichteuklidische Geometrie.

[114]) Zitiert nach *Kopecny:* Das berühmte 5. Postulat des Euklid.

Sätze der Geometrie Aussagen über die Welt der Ideen, und das Vorliegen eines wichtigen ungelösten Problems bedeutete, daß der Blick des Forschers für die Welt der absolut gültigen Wahrheiten noch nicht völlig frei war. Nun hat aber gerade die Arbeit des Sohnes *Johann Bolyai* zu der Einsicht geführt [115]), daß das Parallelenproblem nicht gelöst werden *kann*, weil das Parallelenpostulat *unabhängig* ist von den übrigen Axiomen und Postulaten. Es ist auch eine Geometrie denkmöglich (und mit Hilfe von Modellen anschaulich vorstellbar!), in der es zu einem Punkt durch eine Gerade in der Ebene *mindestens zwei* (und damit unendliche viele) Parallelen gibt.

Es wäre töricht, wollte man dieses Ergebnis als ein Fiasko der Forschung deuten. Gewiß: Der seit zwei Jahrtausenden gesuchte Beweis ist nicht gefunden. *Aber man hat bewiesen, daß man ihn nicht finden kann.* Damit ist eine bemerkenswerte Eigenschaft des euklidischen Axiomensystems herausgestellt, und man hat zum erstenmal die Unabhängigkeit eines Axioms (des Parallelenpostulats) von einer Gruppe von Axiomen (den Axiomen der „absoluten Geometrie") bewiesen. Das ist eine wichtige Einsicht. Sie war Anlaß zu einer Fülle von weiteren Untersuchungen über die Möglichkeiten und Grenzen von Axiomensystemen.

Durch die Untersuchungen über Fragen der Entscheidbarkeit und der Widerspruchsfreiheit ist die Mathematik in einem ganz anderen Sinne zum „Wecker der Erkenntnis" geworden, als es *Platon* einst gemeint hatte [116]). Mit Recht hat *Heinrich Scholz* eine grundlegende Arbeit von *Gödel* eine „Kritik der reinen Vernunft vom Jahre 1931" genannt.

Wir können hinzufügen, daß im 19. Jahrhundert bedeutsame Unmöglichkeitsaussagen in der Theorie der geometrischen Konstruktionen [117]) bewiesen wurden. Die wichtigste ist wohl der Satz, daß die Zahl π transzendent sei. Daraus folgt, daß es nicht möglich ist, mit Zirkel und Lineal die Seite eines Quadrats zu konstruieren, das einem (durch seinen Radius) gegebenen Kreis inhaltsgleich ist.

Es ist interessant, daß sich bis in unsere Tage hinein Außenseiter der mathematischen Forschung mit den Unmöglichkeitsaussagen der modernen Mathematik nicht zufrieden geben wollen. Sie setzen sich über die (ihnen oft unverständlichen) Beweise für die Nichtbeweisbarkeit (oder die Unlösbarkeit einer Konstruktionsaufgabe) hinweg und plagen die mathematischen Insti-

---

[115]) Ungefähr gleichzeitig mit dem russischen Mathematiker *Lobatschewsky.*

[116]) Vgl. dazu z. B. *Meschkowski:* Wandlungen des mathematischen Denkens, Kap. II.

[117]) Siehe dazu z. B. *L. Bieberbach:* Theorie der geometrischen Konstruktionen.

tute oder die Autoren von Büchern mit Briefen. Hier zeigt sich, daß der primitive Optimismus von Faustens Famulus noch nicht tot ist: „Zwar weiß ich viel, doch möcht' ich alles wissen."

Der disziplinierte Forscher wird sich aber nicht durch seine Wunschbilder über zu erreichende Ziele irre machen lassen. Er ist stets bereit, seine Fragestellungen zu korrigieren. Wenn es nicht gelingt, einen erwünschten Beweis zu erbringen oder eine vorgegebene Konstruktionsaufgabe zu lösen, dann ist die Frage berechtigt, ob man sich um ein unlösbares Problem bemüht hat. Und der Nachweis, daß es so ist, darf dann als ein Ergebnis gewertet werden, das nicht leichter wiegt als die den Erwartungen des Forschers entsprechende Lösung einer Aufgabe. Wir finden deshalb bei modernen Mathematikern nicht mehr das Pathos, mit dem *Bolyai* von dem ungelösten Parallelenproblem sprach. *Blaschke* hat einmal die Einsicht, daß ein Axiomensystem zur Lösung eines Problems ungeeignet sei, durch den folgenden Vergleich ins rechte Licht gerückt: „Eine Brettersäge ist zum Rasieren ungeeignet."

Die Arbeit an den formalen Systemen der Mathematik wird (ebenso wie die Forschung des Naturwissenschaftlers) zu einer Begegnung mit dem Objektiven; sie führt immer wieder zu Einsichten über die Grenzen bestimmter wissenschaftlicher Verfahren, und man darf erwarten, daß solche Erfahrungen den Menschen prägen, daß sie sich auch in solchen Bereichen auswirken, die abseits von der Facharbeit liegen.

Man sollte wünschen, daß überall, wo Mathematik gelehrt wird, diese Möglichkeiten der Wissenschaft von den formalen Systemen voll zur Auswirkung kommen. Das ist nicht ganz selbstverständlich.

Wir leben im Zeitalter des Spezialistentums, und es dürfte heute kaum noch einen Mathematiker geben, der alle Bereiche seines Faches übersieht [118]). Wer Neues herausfinden will, muß sich spezialisieren und zunächst die umfangreiche Literatur über das ausgewählte Spezialgebiet studieren. Wenn er das mit der erforderlichen Gründlichkeit tut und dann versucht, das Wissen über seine Disziplin durch eigene Beiträge zu ergänzen, hat er kaum die Zeit, sich für das Arbeitsgebiet seiner Fachkollegen zu interessieren. Es ist eine der wichtigsten Fragen für den modernen akademischen Unterricht, wie man diese Isolierung der Forschenden überwinden kann.

In den letzten Jahrzehnten ist nun die Metamathematik zu einem wichtigen und recht umfangreichen Sondergebiet der exakten Wissenschaften ge-

[118]) Man sagt, daß *Leibniz* der letzte Gelehrte war, der das gesamte Wissen seiner Epoche beherrschte und *Hilbert* der letzte Mathematiker, der über alle Bereiche der Mathematik (seiner Zeit) Bescheid wußte.

worden. Wer sich mit Beweistheorie, mit den philosophisch bedeutsamen Problemen der Entscheidbarkeit und Widerspruchsfreiheit in formalen Systemen befassen will, hat eine umfangreiche Spezialliteratur durchzuarbeiten, ehe er an eigene Beiträge denken kann. Damit sind die bildungswichtigen Grundlagenfragen der Mathematik zu einem „Spezialgebiet" geworden, an dem der mit Differentialgleichungen, Topologie oder Funktionsanalysis befaßte Student vorbeigehen kann, da er ja beim besten Willen nicht über alle Gebiete Bescheid wissen kann.

Vor einiger Zeit wurde die Herausgabe eines mehrbändigen Handbuches der Mathematik durch einen größeren Kreis von Mitarbeitern vorbereitet. Ich machte dabei den Vorschlag, man möge doch auch ein Kapitel über „Konstruktive Analysis" aufnehmen [119]). Es stellte sich heraus, daß kaum einer der Anwesenden über dieses junge Spezialgebiet der Mathematik etwas wußte, und der Vorschlag wurde abgelehnt mit der Bemerkung, daß man ein solches Kapitel doch nicht unbedingt in den schon übervollen Band über die Analysis aufnehmen müsse, wenn dieses Gebiet selbst unter Hochschulmathematikern so unbekannt sei.

Wir meinen: Man sollte die Spezialisierung in der modernen Mathematik wenigstens so weit überwinden, daß jeder Student mit den bildungswichtigen Grundlagenfragen seines Faches vertraut wird. Das geschieht am besten durch eine von der geschichtlichen Entwicklung ausgehenden Vorlesung. Man kann den modernen Formalismus nur dann richtig verstehen, wenn man über die Entdeckung der nichteuklidischen Geometrie, die Diskussion über die Antinomien der Mengenlehre und das *Hilbert*sche Programm Bescheid weiß. Und der moderne Student sollte auch über die erkenntnistheoretisch bedeutsamen Versuche zum Beweis der Widerspruchsfreiheit formaler Systeme unterrichtet sein. Er braucht deshalb nicht gleich ein Fachmann für Fragen der Metamathematik zu werden.

Die Hochschulen sollten, um die drohende Isolierung der Forschenden zu verhindern, den Mut zu informierenden Vorlesungen haben. Man darf nicht pfuschen beim Vortrag von Beweisen, aber man kann auf Beweise bei einem Überblick über neuere Forschungsergebnisse ganz verzichten.

Es ist still geworden um die Forderung nach einem „studium generale". Die Berliner Technische Hochschule ist allerdings zur „Technischen Universität" geworden; sie bietet ihren Studenten Vorlesungen über Sprache und Litera=

---

[119]) Die „konstruktive Analysis" ist der Versuch, die Analysis (etwa im Sinne der „Intuitionisten") ohne allgemeine Existenzaussagen mit Hilfe von „berechenbaren" Funktionen aufzubauen. Es gibt dabei verschiedene Konzeptionen vom Wesen des „Konstruktiven".

tur und verlangt sogar eine Prüfung in den „humanistischen" Fächern. Sehr beliebt ist aber diese Regelung bei den Studierenden nicht. Wir wollen hier die Frage nicht entscheiden, ob eine solche Ausweitung des Studiums für Techniker vernünftig ist. Auf jeden Fall sollte jeder Student über die Grundlagenfragen seines Faches Bescheid wissen. Er findet so einen für ihn natürlichen Zugang zu philosophischen Problemen und gewinnt die Neigung und die Fähigkeit zu einem fruchtbaren Gespräch mit Vertretern anderer Fachrichtungen.

Eine solche Ausweitung des reinen Fachstudiums ist ohne großen Zeitaufwand möglich und deshalb viel leichter zu realisieren als ein „studium generale" mit einem Unterricht über die für den Studenten abseits gelegenen Fachgebiete.

2. Grundlagenprobleme in der Schulmathematik

Wir haben uns bisher in diesem Kapitel ausschließlich mit Bildungsproblemen der Hochschulen beschäftigt. Es ist zu fragen, ob auch schon der Schulunterricht an die Einsicht über die Grenzen wissenschaftlicher Verfahren heranführen kann.

Natürlich kann die Schule nicht Metamathematik treiben, und auch die Beweise für die Unlösbarkeit des Quadraturproblems sind so schwierig, daß die Schule sie nicht bringen kann. Es ist aber möglich, in der Oberstufe einige Beweisversuche für das Parallelenpostulat zu behandeln und darüber hinaus mindestens in Schulen mathematischen Typs auf die Anfangsgründe der nichteuklidischen Geometrie und damit auf den Beweis für die Nichtbeweisbarkeit des Parallelenproblems einzugehen. Schließlich ist auch ein geschichtlicher Ausblick möglich auf die Fragestellungen um die Wende des 20. Jahrhunderts. Durch die enge Bindung des Unterrichts an die geschichtliche Entwicklung kann er besonders attraktiv gestaltet werden.

In einem Kurs über Grundlagenfragen sollte man auch einige Sätze der „absoluten" Geometrie [120]) bringen. In der Schule folgt man ja heute nicht mehr *Euklid*, und infolgedessen wird schon im Anfangsunterricht mit dem Parallelenaxiom gearbeitet (ohne daß es beim Namen genannt wird). Man beweist z. B. den Satz über die Winkelsumme im Dreieck unter Benutzung der Aussagen über Wechselwinkel an Parallelen und treibt dann später Kongruenzgeometrie, ohne den Nachweis, daß die Kongruenzsätze Aussagen der absoluten Geometrie sind, also ohne das Parallelenaxiom bewiesen werden können.

[120]) Zur „absoluten" Geometrie gehören die Sätze der euklidischen Geometrie, die ohne Parallelenaxiom beweisbar sind. Sie gelten deshalb auch in der „hyperbolischen" Geometrie.

Zwei der wichtigsten Sätze der „absoluten" Geometrie lernt der Schüler deshalb im Unterricht nicht kennen:

1. *Die Winkelsumme im Dreieck ist kleiner oder gleich zwei Rechten* [121]).

2. *Werden zwei sich schneidende Geraden g_1 und g_2 (Schnittpunkt S) von einer dritten (h) geschnitten, so bildet h mit g_1 und g_2 in der durch S bestimmten Halbebene innere Winkel, deren Summe kleiner als zwei Rechte ist.*

Dieser zweite Satz (die Umkehrung des euklidischen Parallelenpostulats!) gab den Anlaß zu den zwei Jahrtausende währenden Bemühungen, das Postulat zu beweisen: Weil die Umkehrung ein beweisbarer Satz ist, meinte man, das Postulat selbst müsse auch beweisbar sein. Aus diesem Satz 2. kann man übrigens leicht beweisen, daß es durch einen Punkt zu einer Geraden *mindestens* eine Parallele gibt.

Es ist interessant, die verschiedenen Beweisversuche für das euklidische Postulat auf ihre Fehler hin zu untersuchen. Das ist eine lohnende Aufgabe für die Schule. Sie ist nicht nur deshalb bedeutsam, weil man aus Trugschlüssen immer lernen kann. Die bis in unsere Tage hinein nicht abreißenden Versuche, doch noch den gesuchten Beweis zu finden, machen doch deutlich, wie zäh der Mensch an der überholten klassischen Vorstellung vom Wesen der mathematischen Erkenntnis festhält. Auf diesem Hintergrund wird dann die Einsicht besonders eindrucksvoll, daß die Unabhängigkeit des Parallelenpostulats einwandfrei bewiesen werden kann.

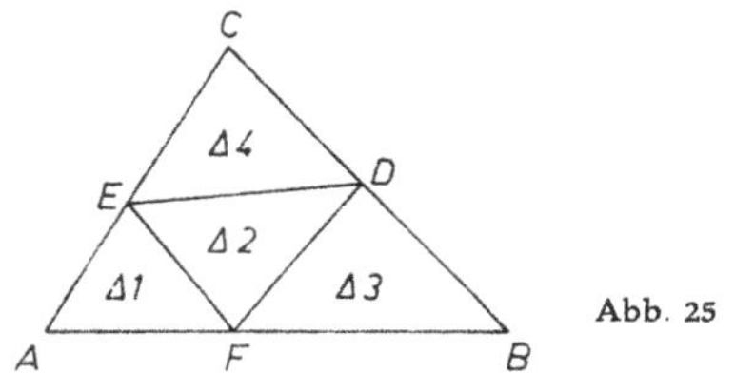

Abb. 25

Bekanntlich folgt aus dem Satz, daß die Winkelsumme im Dreieck gleich zwei Rechten sei, ein Beweis für das Parallelenpostulat. Man muß zu dem Beweis allerdings auch die Gültigkeit des 1. Stetigkeitsaxioms voraussetzen [122]). Deshalb wäre das 5. Postulat auch bewiesen, wenn es gelänge, den Satz über die Winkelsumme ohne eine irgendwo versteckte Anleihe an das Parallelenpostulat zu beweisen.

---

[121]) Ein einfacher Beweis dieses Satzes stammt von *Legendre*. Vgl. z. B. *Meschkowski:* Nichteuklidische Geometrie. S. 21.

[122]) Siehe z. B. *Meschkowski:* Nichteuklidische Geometrie, S. 22.

Man kann den Schülern z. B. die folgende Überlegung vortragen: ABC sei ein beliebiges Dreieck, D, E und F innere Punkte der A, B und C gegenüberliegenden Seiten. Durch die Strecken DE, EF und FD wird das gegebene Dreieck in vier Teildreiecke Δ_ν ($\nu = 1, 2, 3, 4$) zerlegt (Abb. 25).

Es sei nun W die (vorläufig unbekannte) Winkelsumme im Dreieck, α, β und γ die Winkel im gegebenen Dreieck. Dann ist

$$4\,W = (\alpha + \beta + \gamma) + 3 \cdot 2\,R,$$

denn die Dreieckswinkel der Teildreiecke bei D, E und F lassen sich doch zu dreimal zwei Rechten zusammenfassen. Daraus folgt sofort:

$$3\,W = 6\,R, \; W = 2\,R.$$

Wo steckt der Fehler? Zunächst ist zu bemerken, daß wir tatsächlich an keiner Stelle das Parallelenpostuat benutzt haben. Wohl aber haben wir stillschweigend vorausgesetzt, daß die Winkelsumme *W in allen Dreiecken gleich sei.* Immerhin, wir haben damit bewiesen:

Wenn in allen Dreiecken die Winkelsumme gleich ist, ist sie gleich zwei Rechten, und es gilt das Parallelenpostulat.

In dem schon mehrfach zitierten Lehrbuch der Geometrie von *Michelsen* aus dem Jahre 1791 steht das Parallelenpostulat *nicht* unter den „Forderungen". In diesem Punkt wollte also der Autor *Euklid* verbessern. Er „beweist" das Postulat mit der Begründung seines Satzes 29:

> Wenn zwey parallele Linien von einer dritten geschnitten werden, so sind die Wechselwinkel gleich.

Die Umkehrung dieses Satzes kann leicht aus dem oben zitierten Satz 2. bewiesen werden. Aus dem *Michelsen*schen Satz 29 aber würde folgen, daß es durch einen Punkt zu einer Geraden nicht mehr als eine Parallele geben kann.

Sein Beweis lautet (in knapper, moderner Darstellung) so (Abb. 26):

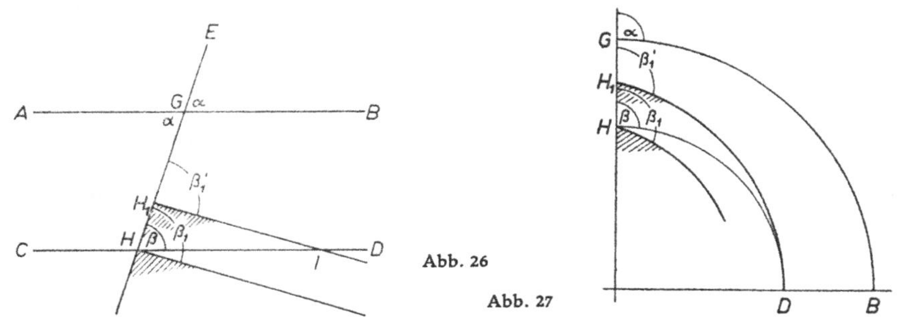

Abb. 26

Abb. 27

AB und CD seien die Parallelen. Angenommen, der Winkel α bei G sei größer als der Winkel β bei H. Dann trage man an GH in H einen Winkel β_1 an (freier Schenkel b), der gleich α ist. Verschiebt man den (schraffierten) Supplementwinkel von β_1 etwa nach H_1, $(\beta_1' = \beta_1)$, so wird der freie Schenkel von β_1' die Gerade CD etwa in J treffen. HJ ist endlich. Bei weiterer Verschiebung bis nach G hin bleibt die auf CD abgeschnittene Strecke endlich. Bei G müßte aber der freie Schenkel des verschobenen Winkels mit GB zusammenfallen. Die Annahme, daß $\alpha > \beta$ sei, ist also falsch.

Es ist offensichtlich, daß Michelsen hier Schlüsse gezogen hat, die sich nicht aus den übrigen Axiomen und Postulaten begründen lassen. Das wird auf anschauliche Weise deutlich, wenn man seinen Schluß im *Poincaré*schen Modell der hyperbolischen Geometrie wiederholt. Dort sind bekanntlich [123]) die auf der x-Achse senkrechten Halbkreise (und Halbgeraden) die „Pseudogeraden". Die Winkelmessung ist euklidisch.

Abb. 27 zeigt die *Michelsen*sche Figur im *Poincaré*-Modell. Bei Verschiebung bis H_1 wird (in unserer Zeichnung) der Strahl von β_1' gerade zu HD randparallel. Einer endlichen Verschiebung des Scheitels (von H nach H_1) entspricht eine Verschiebung des Schnitts bis ins Unendliche, bis in den „Grenzpunkt" D.

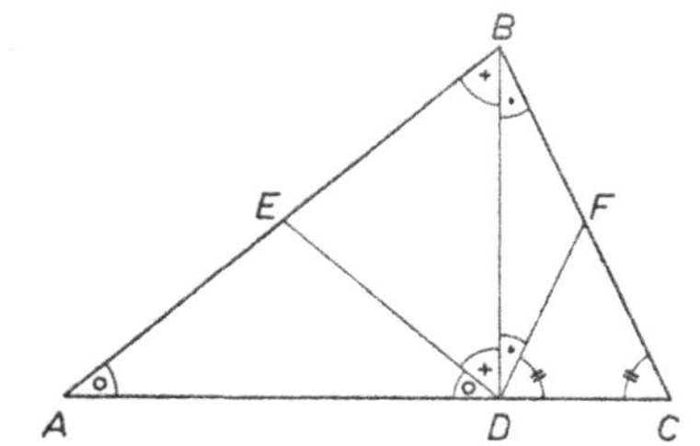

Abb. 28

Wir wollen schließlich noch über einen ganz modernen Beweisversuch für den Satz über die Winkelsumme (und damit für das Parallelenpostulat) berichten. Er wurde mir im Jahre 1964 in einem Brief mitgeteilt.

Es sei (Abb. 28) ABC ein beliebiges Dreieck, D der Fußpunkt des Lotes von B auf AC, E und F die Mittelpunkte von AB bzw. CB. Durch die Strecken BD, DE und DF wird nun das gegebene Dreieck in vier Teildreiecke zerlegt.

> Man kann leicht beweisen, daß die Dreiecke AED, EBD, BFD und DEC alle gleichschenklig sind. Darum ist die Summe der innenliegenden Winkel bei A, B und C dem gestreckten Winkel gleich, der auf der Seite AC liegt mit dem Scheitelpunkt in D.

[123]) Siehe z. B. *Meschkowski:* Nichteuklidische Geometrie.

Das ist gewiß richtig. Aber wie beweist man, daß die genannten Dreiecke gleichschenklig sind? Z. B. so: Man fälle das Lot von E auf BD (Fußpunkt G). Dann ist nach dem Strahlensatz $BG = GD$, und daraus folgt (1. Kongruenzsatz!) die Kongruenz von EB und ED.

Aber der Strahlensatz ist nur mit dem Parallelenaxiom zu beweisen! Vielleicht hat der Autor an einen anderen Beweis gedacht? Er sagt nur, daß der Beweis „leicht" sei. Auf jeden Fall wird er auf irgendeine Weise das Parallelenaxiom benutzen.

Es gibt mancherlei andere Beweisversuche für das Parallelenaxiom bzw. für den Satz über die Winkelsumme. Es führt gut in die Problematik des mathematischen Formalismus ein, wenn der Schüler sich darin übt, die axiomatischen Fundamente eines Beweisganges zu analysieren. Die Geschichte des Parallelenaxioms (und eine anschließende Einführung in die nichteuklidische Geometrie) dürfte deshalb ein gutes Thema für mathematische Arbeitsgemeinschaften in der Schule sein.

Oder sollte es gelingen, Untersuchungen dieser Art in den normalen Unterricht einzubauen? Es sprechen gute Gründe dafür. Natürlich kann man (bei festliegender Stundenzahl für den mathematischen Unterricht) den Stoff nicht nach Belieben vermehren. Man wird weniger Wichtiges kürzen müssen (z. B. die logarithmische Berechnung trigonometrischer Größen), um für Problemkreise von grundsätzlicher Bedeutung Raum zu gewinnen.

Durch die „Realisierung" der nichteuklidischen Geometrie in einem (in die euklidische Geometrie „eingebetteten" Modell) wurde die Unabhängigkeit des Parallelenaxioms von den Axiomen der „absoluten" Geometrie nachgewiesen. Dieser Beweis wurde zum Vorbild für Untersuchungen über die Unabhängigkeit anderer Axiomensysteme.

Oft ist der erste Zugang zu einer wissenschaftlichen Einsicht nicht der einfachste: Die Existenz inkommensurabler Strecken wurde durch die Pythagoreer nicht *zuerst* für die Seite und die Diagonale des Quadrats, sondern für die Seite und die Diagonale des regulären Fünfecks nachgewiesen [124]).

Der von *Planck* gefundene Zugang zur Quantentheorie über die Hohlraumstrahlung ist keineswegs der einfachste: An der Theorie des Wasserstoffspektrums läßt sich der Grundgedanke der Quantentheorie viel einfacher erläutern.

---

[124]) Siehe dazu *S. Heller:* Die Entdeckung der stetigen Teilung durch die Pythagoreer.

Und der Nachweis der Unabhängigkeit des Parallelenaxioms von denen der absoluten Geometrie ist nicht gerade schwierig, erfordert aber doch langwierige Deduktionen. Es ist damit zu rechnen, daß er nicht überall im Schulunterricht untergebracht werden kann. Deshalb wollen wir den Hinweis anfügen, daß es im Rahmen der Elementargeometrie andere Unabhängigkeitsbeweise gibt, die weniger Aufwand erfordern.

Klären wir zunächst allgemein, was die „Unabhängigkeit" eines Axioms A von einem System $\mathfrak{S}$ von Axiomen bedeutet.

Ein Axiom heißt unabhängig von einem Axiomensystem $\mathfrak{S}$, *wenn aus* $\mathfrak{S}$ *weder* A *noch die Negation non* A *deduziert werden kann.*

Der Nachweis der Unabhängigkeit wird so geführt:

Man beweist die Existenz eines Modells $\mathfrak{M}$ *von* $\mathfrak{S}$, *in dem* A *gilt und die eines zweiten Modells* $\mathfrak{M}'$ *von* $\mathfrak{S}$, *in dem non* A *erfüllt ist.*

Man kann nun leicht zeigen, daß das Hilbertsche Kongruenzaxiom III 6 unabhängig von den übrigen Kongruenzaxiomen ist. Dieses Axiom ist die Grundlage für den Beweis des 1. Kongruenzsatzes:

Es seien die beiden Dreiecke ABC *und* $A'B'C'$ *gegeben mit folgenden Kongruenzen:*

$AB \equiv A'B'$, $AC \equiv A'C'$, $\sphericalangle BAC \equiv \sphericalangle B'A'C'$.

Dann ist auch $\sphericalangle ABC \equiv \sphericalangle A'B'C'$.

Wir wollen ein Modell angeben, in dem die Kongruenzaxiome III 1–III 5 erfüllt sind, nicht aber III 6. Dazu führen wir in der (x, y)-Ebene eine „Pseudolänge" ein: Es seien A und B die Punkte mit den Koordinaten (x_1, y_1) bzw. (x_2, y_2).

Dann wird die Pseudolänge L_A^B so erklärt:

$$L_A^B = \sqrt{(x_2 - x_1 + y_2 - y_1)^2 + (y_2 - y_1)^2}. \qquad (1)$$

Man rechnet leicht nach, daß die so definierte Pseudolänge additiv ist. Das heißt: Sind A, B und C Punkte einer Geraden und liegt B zwischen A und C, so ist

$$L_A^C = L_A^B + L_B^C. \qquad (2)$$

Um das zu begründen, schreibt man die Gleichung der Geraden in Parameterdarstellung. Es sei etwa

$$x = x_0 + \alpha t, \quad y = y_0 + \beta t,$$

und die Punkte A, B und C seien durch die Parameterwerte t_1, t_2 bzw. t_3 festgelegt. Dann ist nach (1):

$$L_A^B = (t_2 - t_1)\sqrt{(\alpha + \beta)^2 + \beta^2}, \quad L_B^C = (t_3 - t_2)\sqrt{(\alpha + \beta)^2 + \beta^2},$$

und daraus folgt in der Tat (2).

Wir erklären nun eine Pseudokongruenz:

Zwei Strecken heißen pseudokongruent, wenn der absolute Betrag ihrer Pseudolängen gleich ist.

Zwei Winkel heißen pseudokongruent, wenn sie euklidisch kongruent sind.

Aus der Additivität der Pseudolänge folgt dann sofort, daß für die Pseudokongruenz das Axiom III 3 erfüllt ist:

$$\{ AB \equiv A'B' \wedge BC \equiv B'C' \} \Rightarrow AC \equiv A'C'.$$

Der Nachweis, daß die Axiome III 1, 2, 4 und 5 gelten, ist trivial. Wir zeigen jetzt durch Angabe eines Gegenbeispiels, daß das Axiom III 6 für unsere Pseudokongruenz nicht gilt. Dazu legen wir die Punkte O, A, B und C durch die Koordinaten (0; 0), (1; 0), $(0; \frac{1}{2}\sqrt{2})$ und $(\frac{1}{2}\sqrt{2}; \frac{1}{2}\sqrt{2})$ fest.

Dann ist $L_O^A = 1, L_O^B = \sqrt{(0 - 0 + \frac{1}{2}\sqrt{2} - 0)^2 + (\frac{1}{2}\sqrt{2} - 0)^2} = 1.$

Wir haben danach

$$OA \equiv OB,\ OC \equiv OC,\ \sphericalangle BOC \equiv \sphericalangle COA.$$

Es ist aber $\sphericalangle OBC = R$, $\sphericalangle OAC < R$. Das Axiom III 6 ist also nicht erfüllt [125].

3. „Kritik des Menschen-Verstandes"

Es gibt eine bemerkenswerte Entsprechung in der Geschichte der Mathematik und der der Physik im 19. Jahrhundert. Nicht wenige Naturforscher meinten damals, daß bald alles Erforschbare erforscht sei. Als *Max Planck* sich an seinen Lehrer *Jolly* wandte wegen seiner Promotion, hatte er den Wunsch, sich durch etwas grundsätzlich Neues als Forscher auszuweisen. *Jolly* dämpfte seinen Eifer durch die Bemerkung, daß es nichts grundsätzlich Neues mehr in der Physik geben könne.

Bald darauf wurden die Röntgenstrahlen entdeckt, *Planck* stellte in seiner Theorie der Hohlraumstrahlung das Quantenpostulat auf, das die klassischen Grundlagen der Elektrizitätslehre in Frage stellte. Und Einstein beschäftigte Generationen von Physikern, Mathematikern und Philosophen mit seinen neuen Einsichten über das Wesen von Raum und Zeit.

Die klassische Physik hatte in den bisher erforschten Bereichen Hervorragendes geleistet, aber es zeigte sich nun, daß man die Gesetze und die Begriffsbildungen der Makrophysik nicht ohne weiteres auf die Welt des

---

[125]) Weiteres über Unabhängigkeitsbeweise steht in Kap. VII 3.

Atoms übertragen konnte. Und viele bisher als universal gültig anerkannten „Grundsätze“ (Satz von der Substanz, Kausalgesetz) erwiesen sich als unzulässige Verallgemeinerungen von Gesetzen, die nur in einem gewissen Bereich der Forschung gültig waren. Die Begegnung mit der Welt des Atoms war mit der Entdeckungsreise in eine ferne Welt vergleichbar, in der der Forscher immer aufs Neue zum Umdenken gezwungen wird.

Die Ergebnisse der mathematischen Forschung vermittelten entsprechende Einsichten. Die Entdeckung der nichteuklidischen Geometrie ist von ähnlicher Bedeutung wie die Abkehr vom klassischen Begriff der Kausalität: Auch hier geht es darum, daß gewisse bisher allgemein anerkannte Vorstellungen der Wissenschaftler (die über das Wesen der Geometrie) in Frage gestellt wurden. Die Antinomien der Mengenlehre (vgl. S. 38) stellten den Mathematikern bedeutsame erkenntnistheoretische Fragen: Wie kann man die Widerspruchsfreiheit eines formalen Systems beweisen? Gibt es nicht-entscheidbare Probleme?

Man muß einmal die Gemeinsamkeit in Mathematik und Physik sehen, um die Bedeutung dieser Entwicklung für die Geistesgeschichte richtig einzuschätzen. Die Vertreter der exakten Wissenschaften stellten Fragen, für die sich bisher die Philosophen zuständig fühlten. Da aber die Mathematiker und Physiker recht bemerkenswerte und durch philosophische Argumente nicht zu widerlegende Antworten auf diese Fragen zu geben wußten, fingen die Philosophen an, sich mit den Argumenten der exakten Wissenschaften auseinander zu setzen.

Das bedeutet, daß Mathematik und Physik für unser Zeitalter viel mehr sind als nur Hilfswissenschaften für die moderne Technik. Sie leisten einen gewichtigen Beitrag zur Lösung jenes Problems, das auf den Zetteln von *Goethes* Nachlaß notiert ist:

> Ein Wohltäter der Menschen wäre, wer eine Kritik des Menschen-Verstandes leisten könnte. Den Menschen-Verstand in seinen Kreis einschließen.

Die Grundlagenforschung, die die Grenzen der Beweisbarkeit in formalen Systemen exakt untersucht, schließt doch „den Menschen-Verstand in seinen Kreis ein“. Einsichten dieser Art haben weit über die Fachwissenschaft hinaus Bedeutung. Wer die Grenzen der exakten Arbeit der Mengenlehre an dem Auftreten der Antinomien erkannt hat, der wird skeptisch sein, wenn heute noch Philosophen über das „Sein des Seins“ diskutieren. Der Vertreter der exakten Wissenschaften kann ihnen ein kritischer Gesprächspartner sein. Damit wird klar, daß die exakten Wissenschaften heute eine Bedeutung für das Geistesleben haben, die die Vertreter des traditionellen Denkens nicht immer durchschauen.

Nun gehört freilich die Metamathematik und auch die Atomphysik zu den schwierigsten Bereichen der exakten Wissenschaften. Wir meinen aber (und haben diese Meinung durch didaktische Hinweise belegt) [126]), daß auch der Unterricht in der Oberstufe des Gymnasiums schon einzelne bildungswich= tige Einsichten der Grundlagenforschung vermitteln kann.

Von *Hilbert* wird erzählt: Als einer seiner Schüler von der Mathematik zur Germanistik überwechselte, sagte er dazu: „Er ist unter die Dichter ge= gangen. Für die Mathematik hatte er nicht genug Phantasie." Man kann in der Tat ein wichtiges Bildungselement der Mathematik darin sehen: Sie weckt die Phantasie in einer Weise, wie es auch die gewagtesten utopischen Romane nicht können. Die ständige Begegnung mit den Paradoxien zeigt doch dem Schüler immer wieder, daß er zu eng gedacht hat. Er nahm an, daß sich die unendlichen Reihen so verhalten müssen wie die endlichen Summen, beliebige Punktmengen wie die vertrauten Polyeder. Solche naiven Verall= gemeinerungen werden in der Mathematik immer wieder ad absurdum ge= führt.

Aber auch die Grundlagenforschung in der Mathematik und der Physik ist anregend für unsere Phantasie. Der Physiker des 19. Jahrhunderts konnte sich eine „akausale" Physik nicht vorstellen, und die an *Platon* oder *Kant* geschulten Mathematiker hielten die Sätze der euklidischen Geometrie für Aussagen über die Welt der Ideen bzw. für synthetische Urteile a priori. In beiden Fällen waren sie davon überzeugt, daß nur *eine* Geometrie denk= möglich sei.

Wenn man immer wieder darauf gestoßen wird, daß man *nicht* ungesichert verallgemeinern darf und skeptisch sein muß gegen voreilige Absolutheits= ansprüche, dann besteht die Aussicht, daß sich diese Haltung auch in anderen Bereichen abseits von der Fachwissenschaft bewährt. Um nur einen Problem= kreis zu nennen: Mangel an Phantasie ist höchst abträglich in der Politik. Wer immer meint, daß es so sein muß, wie es ist, und sich eine Wandlung des Bestehenden nicht vorstellen kann, ist ein schwacher Demokrat. Wer aber das Überwinden von Vorurteilen in der Wissenschaft gelernt hat, könnte – vielleicht! – ein anregender Politiker sein.

Als ich kürzlich mit einem Germanisten über die jüngste Entwicklung der mathematischen Grundlagenforschung sprach, wollte er uns bedauern. Wir haben ja die lichte Welt *Platons* verlassen, in der der „Glanz des Seins" über den Objekten der Mathematik lag. Seine Sätze waren ewig gültige Wahr= heiten. Jetzt aber spielen wir – so der Einwand! – mit formalen Systemen. Wir fragen nicht mehr nach der Wahrheit (der Einen, der Ewigen, der Ab=

---

[126]) Vgl. dazu auch das Kapitel über „Bourbaki in der Schule".

soluten), sondern nach Sicherheit, nach der Sicherheit nämlich, daß nicht in einem formalen System eine Aussage A und die Negation non A deduziert werden kann.

Die Antwort: Wir haben nicht aus Übermut das schöne Reich der „Ideen“ verlassen. Unser Exodus war ein Akt intellektueller Redlichkeit. Darin liegt seine Bedeutung: Die Wandlung des Denkens in den exakten Wissenschaften ist *nicht* das Ergebnis irgendeiner neuen Ideologie. Sie ist fundiert in der Begegnung mit dem Objektiven. Das ist unmittelbar einsichtig für die physikalische Forschung. Aber auch in der Mathematik war die Entdeckung der nichteuklidischen Geometrie ein Faktum, das etwa der Entdeckung eines neuen Elementarteilchens vergleichbar ist. Die neuen Geometrien sind als in sich widerspruchsfreie [127]) Systeme in einem neuen Sinne „existent“.

Die Tatsache, daß solche „Entdeckungen“ zu einer „Kritik des Menschen-Verstandes“ führen, ist ein besonderes Geschenk, das reichlich für den Verlust an Pathos entschädigt, mit der frühere Generationen über die Mathematik sprachen [128]).

4. Die modernen Anwendungen der Mathematik

Wir müssen an dieser Stelle noch ein kritisches Wort einfügen über die jüngsten Anwendungen der Mathematik auf dem Gebiet der Psychologie, der Soziologie und der verwandten Wissenschaften. Die Anwendungen der Mathematik auf dem Gebiet der Physik ist ohne ärgerliche Probleme: Die Bewegung eines fallenden Körpers wird durch das Gesetz $s = {}^1/_2\, g\, t^2$ beschrieben; wenn man den Luftwiderstand oder die Corioliskraft berücksichtigen will, kann man die Formel noch verbessern. Auf jeden Fall läßt sich der physikalische Vorgang durch die Sprache der Mathematik angemessen beschreiben, und mehr hat der Physiker nicht vor, wenn er seine Meßergebnisse zu einem „Gesetz“ zusammenfaßt.

---

[127]) Die Widerspruchsfreiheit der Geometrie (euklidischen oder hyperbolischen) ist relativ bewiesen: Die Geometrie ist widerspruchsfrei, wenn die Arithmetik es ist.

[128]) Zwei Beispiele:
Novalis sagt: Reine Mathematik ist Religion.
In den „Gesängen des Maldoror“ von *Comte de Lautréamont* (1846–1870) lesen wir: „Die Erde bietet ... nur Illusionen und moralische Phantasmagorien; Du aber, oh strengsachliche Mathematik, läßt durch die unerbittliche Verkettung Deiner starren Sätze und die Beständigkeit Deiner eisernen Gesetze vor den geblendeten Augen einen starken Abglanz der Wahrheit aufleuchten, deren Gepräge an der Ordnung des Weltalls zu erkennen ist.“

Nicht so einfach liegen die Dinge bei der Anwendung mathematischer Methoden auf dem Gebiet der Soziologie, Psychologie und Pädagogik. Wenn der Psychologe etwa den Zusammenhang zwischen zwei Meßreihen durch Berechnung des Korrelationskoeffizienten nachweist, so ist dieser mathematische Teil seiner Arbeit ohne Problematik. Wenn aber jetzt dieses Ergebnis *gedeutet* wird, wenn Konsequenzen gezogen werden, die im Bereich des allgemein Menschlichen liegen, dann verläßt der Forscher den gesicherten Bereich der exakten Verfahren. Die Psychologen, die Soziologen und Didaktiker wollen im allgemeinen nicht einfach Fakten registrieren. Sie wollen den Menschen, die Lebensformen der Gesellschaft, die traditionellen Unterrichtsverfahren verbessern.

Das ist ihr gutes Recht. Sie können aber nicht verlangen, daß man ihnen die Auswertung ihrer Messungen, Statistiken, der Tests und Diagramme ohne Kritik abnimmt. Es besteht gerade bei diesen jüngsten Jüngern der exakten Wissenschaften gelegentlich die Neigung, den üblichen Respekt vor den Ergebnissen mathematischer Methoden auch für ihre *Auswertung* der Verfahren in Anspruch zu nehmen.

Ein Beispiel: Bei der Aufnahme von Schülern in eine Schule oder von Studenten in eine Hochschule wird gelegentlich die Aufnahmeprüfung durch einen psychologischen Test ergänzt oder auch ersetzt. Ein solcher Test soll das Denkvermögen und die Fähigkeit zur Abstraktion prüfen und (meist) auch die Weite der allgemeinen Bildung. Er wird deshalb geschätzt, weil er eine objektive und durch Zahlen gesicherte Vergleichsmöglichkeit liefert.

Es wäre aber bedenklich, wenn man das Vertrauen auf die durch Zahlangaben gesicherten Ergebnisse der exakten Forschung ohne weiteres auf die numerischen Aussagen eines Tests übertragen wollte. Der Schüler mit einer höheren Zahl im Test muß nicht unbedingt dem überlegen sein, der nur eine niedrige Nummer erreicht hat. Der Mensch ist nun einmal ein sehr kompliziertes Wesen, und sein Verhalten in einer Prüfungssituation hängt von schwer zu kontrollierenden und numerisch kaum faßbaren Bedingungen ab. Deshalb kann die durch Auswertung eines Tests gewonnene Zahl nicht die *entscheidende* Aussage über die Qualifikation eines Anwärters sein.

Diese Feststellung wird einsichtigen Psychologen trivial erscheinen. In einer Zeit aber, in der die jüngsten Jünger der exakten Wissenschaften gelegentlich einer „Magie der Zahl" verfallen, mag ein solcher Hinweis auf die Grenzen exakter Verfahren nicht überflüssig sein.

Die Anwendung statistischer Methoden auf dem Gebiet der allgemeinen Didaktik und der Soziologie mag weniger problematisch sein; immer aber müssen wir berücksichtigen, daß die absolute Sicherheit der mathematischen Verfahren nicht auch für die Auswertung in Anspruch genommen werden kann.

Die Vertreter der exakten Wissenschaften begrüßen es durchaus, wenn ihre Verfahren jetzt auch in solchen Disziplinen angewandt werden, die früher zum Feld der Geisteswissenschaften gehörten. Wir freuen uns, wenn die Philosophen und Pädagogen, die Wirtschaftswissenschaftler und Psychologen anfangen, Mathematik zu lernen. Aber das müssen wir ihnen doch auch sagen: Der Mathematiker weiß, daß es Grenzen für die Anwendbarkeit bestimmter Verfahren gibt. Man darf nicht für die Summe von Mathematik und „gesundem Menschenverstand" jene Sicherheit der Aussagen in Anspruch nehmen, die wir für die „formalen Systeme" allein erwarten dürfen. Der sogenannte „gesunde Menschenverstand" hat uns schon oft genarrt.

Ganz besonders abwegig ist der Versuch, philosophische oder gar theologische Thesen durch Extrapolation von mathematischen Aussagen zu begründen. Ein klassisches Beispiel für solche Verfahren finden wir bei *Platon*, der im „Menon" ein Gespräch mit einem Sklaven über die Verdoppelung des Quadrats auswertet zu einem „Beweis" für die Unsterblichkeit der Seele. Immerhin: Damals war die mathematische Wissenschaft noch jung, und so erscheint jene Überschreitung der Grenzen exakter Arbeit noch verständlich. Wer aber durch die kritische Schulung der modernen Grundlagenforschung gegangen ist, sollte gefeit sein gegen solche unzulässigen Deduktionen.

In einer unter dem Pseudonym MATHESIUS erschienenen Schrift „Weg zu Gott" (Erlebnis eines Mathematikers) finden wir einen modernen Gottesbeweis [129]).

> ... Der Mathematiker kann gar nicht anders: Er *muß* die mathematische Unendlichkeit als eine für ihn wesentliche und unentbehrliche übergeordnete Geistigkeit anerkennen.
>
> Wer sich aber, getragen von unbedingtem Vertrauen, einer vollkommenen Geistigkeit verpflichtet weiß, setzt notwendig ein vollkommenes Geistwesen voraus, das ihn zur Mitarbeit berufen hat und von ihm Pflichterfüllung fordert. Das Wesen, dem der Fromme das Merkmal der Vollkommenheit in jeder Beziehung zuordnet, nennt er Gott. Es besteht kein Grund dagegen, daß der Mathematiker als den Träger der vollkommenen mathematischen Geistigkeit denselben Gott anerkennt. Vielmehr wird diese Gleichsetzung zur Selbstverständlichkeit, denn das Erlebnis der reinen Mathematik ist nicht etwa nur angenähert vergleichbar dem frommen Erlebnis des Göttlichen, sondern „Religion und Mathematik sind nur verschiedene Ausdrucksformen derselben göttlichen Exaktheit".

Der letzte Satz ist ein Zitat von Kardinal *Faulhaber.*

---

[129]) loc. cit. S. 263 f.

Geben wir nun der Gegenseite das Wort! Der durch Untersuchungen über die geistesgeschichtliche Bedeutung der Mathematik bekannt gewordene Stuttgarter Philosoph *Max Bense* schreibt [130]) unter der Überschrift „Warum man Atheist sein muß“:

> Ich verteidige den Atheismus als die notwendige und selbstverständliche Form menschlicher Intelligenz, als menschlichen Sinn der geistigen Arbeit ...
>
> Es läßt sich zeigen, daß Aussagen über Gott von der Art „Gott ist höchstes Wesen“ oder „Gott ist transzendent“ nicht das geringste mehr aussagen als etwa „X ist pektabel“. In einer solchen Aussage wird von einem unbestimmten Etwas (X) ein unbestimmtes Prädikat (ist pektabel) ausgesagt. Diese sprachliche Formulierung ist kein Satz, sondern ein Scheinsatz.

Die Schrift von *M. Kline* „Mathematics, a Cultural Approach“ enthält ein Kapitel „Religion in the Age of Reason“. Am Ende dieses Abschnitts finden sich (wie überall in dem Buch) Übungsaufgaben für den Studenten. In diesem Fall haben wir (S. 477 unter Nr. 5) die Frage:

> How does the deist position on religion derive from the mathematical order in nature?

Hier wird offenbar unterstellt, daß der Deismus aus der „mathematischen Ordnung in der Natur“ abzuleiten sei. „Mathesius“ hält den Glauben an einen persönlichen Gott (den Theismus) für eine notwendige Konsequenz mathematischer Einsichten, und *M. Bense* schließlich will zeigen, daß der durch die Schule der exakten Wissenschaften gegangene Mensch *Atheist sein muß*.

Wir wollen uns ersparen, die drei Autoren im einzelnen zu widerlegen [131]). Diese Bemerkung mag genügen: Es gibt Grenzen für die Anwendbarkeit bestimmter formaler Systeme. Man kann die Widerspruchsfreiheit einzelner Systeme unter ganz bestimmten axiomatischen Voraussetzungen beweisen. Es ist nicht möglich, solche Aussagen zu extrapolieren auf Fragestellungen, die nicht im Bereich der Systeme selbst liegen. Wer das tut (um Gott oder den Atheismus zu beweisen), sündigt wider den Geist der exakten Wissenschaften.

Aber vielleicht muß ich an dieser Stelle mit einem ärgerlichen Einwand kritischer Leser rechnen? Schließlich sind die drei Autoren moderne Vertreter des mathematischen Denkens. Wie ist es möglich, daß sie so unterschiedliche

---

[130]) Im Band „Club Voltaire I“, S. 67 f.

[131]) Man lese zu dem Problem der Metaphysik das bemerkenswerte Buch von *Stegmüller:* Metaphysik, Wissenschaft, Skepsis; zur Frage der Religion *Meschkowski:* Das Christentum im Jahrhundert der Naturwissenschaften.

Behauptungen zu „beweisen“ suchen, wenn doch die Bildung durch die Mathematik – nach der These dieser Schrift – gerade den Erfolg haben soll, daß man die Grenzen wissenschaftlicher Verfahren respektiert?

Dazu ist dies zu sagen. Es ist nicht ohne weiteres ersichtlich, wie weit die zitierten Autoren wirklich mit den Einsichten der modernen Grundlagenforschung vertraut sind. Bei *Max Bense* könnte man es annehmen; der erste Autor dagegen steht offenbar völlig unter dem Einfluß des klassischen platonischen Denkens. Wir wissen nicht, wie weit ihm die Mathematik im modernen Sinne „zum Wecker der Erkenntnis“ geworden ist. Im übrigen: Wir leben aus vielen Quellen. Die Stellung des Menschen zu religiösen Fragen ist oft emotional bedingt. Es gibt mancherlei Gründe, den Glauben an Gott oder den Atheismus um jeden Preis zu verteidigen.

Die Beschäftigung mit den Grundlagenfragen *kann* dazu führen, daß der Mensch tolerant wird und die Grenzen seiner Aussagemöglichkeit erkennt. *Ein Allheilmittel gegen dogmatische Versteifung ist sie leider nicht.* Das wird jedem klar, der die politische Haltung von Naturwissenschaftlern untersucht.

VII. Bourbaki in der Schule?

Daß die niedrigste aller Geistestätigkeiten die arithmetische sei, wird dadurch belegt, daß sie die einzige ist, welche auch durch eine Maschine ausgeführt werden kann, wie denn jetzt in England dergleichen Rechenmaschinen bequemlichkeitshalber schon in häufigem Gebrauch sind. Nun läuft aber alle Analysis finitorum et infinitorum im Grunde doch auf Rechnerei zurück. Danach bemesse man den „mathematischen Tiefsinn", über welchen schon Lichtenberg sich lustig macht, wenn er sagt: „Die sogenannten Mathematiker von Profession haben sich, auf die Unmündigkeit der übrigen Menschen gestützt, einen Kredit von Tiefsinn erworben, der viel Ähnlichkeit mit der Heiligkeit hat, den die Theologen für sich haben."

Schopenhauer [132])

1. Das Unternehmen „Bourbaki"

Wichtige Ergebnisse in der naturwissenschaftlichen Forschung werden heute durch Gemeinschaftsarbeit, „teamwork", erreicht. Es ist bemerkenswert, daß es solches teamwork in der Mathematik schon vor zwei Jahrtausenden gegeben hat. Das schon oft zitierte Werk von Euklid, die „Elemente", ist ja tatsächlich nicht von Euklid allein verfaßt. Es ist eine Gemeinschaftsarbeit, in der das gesamte mathematische Wissen jener Zeit dargestellt wurde.

Natürlich genügt diese Darstellung unserer Zeit nicht mehr. Der Gedanke liegt nahe, durch eine Gruppe von Mathematikern eine neue Gesamtschau der mathematischen Disziplin in einem Sammelwerk zu geben, das das mathematische Wissen *unseres* Jahrhunderts zusammenfaßt.

Das Unternehmen „Bourbaki" [133]) liefert aber viel mehr als nur einen zusammenfassenden Bericht in einer „Enzyklopädie". In den unter dem Pseudonym „Bourbaki" erscheinenden Bänden „Eléments de Mathématique" finden wir (in konsequenter Fortführung von Ideen der formalistischen Schule Hilberts) einen neuartigen Aufbau der ganzen Mathematik.

Um diesen Ansatz zu verstehen, müssen wir eine wichtige Möglichkeit des von Hilbert begründeten Formalismus herausstellen. Die moderne Mathematik ist reich an „übergreifenden" Theorien, an axiomatisch fundierten „formalen Systemen", die in ganz verschiedenen Bereichen der Mathematik angewandt werden können.

---

[132]) „Parerga und Paralipomena" Bd. 2, § 356.

[133]) *N. Bourbaki:* Eléments de Mathématique.

Man nennt z. B. eine Menge eine *Gruppe*, wenn für ihre Elemente eine Ver=knüpfung definiert ist, die gewissen Axiomen gehorcht [134]). Man kann nun diesen Begriff der Gruppe in der Theorie der Zahlen, in der analytischen Geometrie und in vielen andern mathematischen Disziplinen anwenden. Jeder Satz der Gruppentheorie gilt dann auch in all den Disziplinen, bei denen Mengen mit Gruppencharakter auftreten. Andere übergreifende Theorien sind:

> die Theorie der Verbände, der Halbordnungen, der Hilbertschen und Ba=nachschen Räume usw.

In den letzten Jahrzehnten hat man in mathematischen Disziplinen oft Sätze bewiesen, von denen sich später herausstellte, daß sie auch als Aussagen einer „übergreifenden" Theorie gedeutet werden können.

Die neue, revolutionäre Idee des Bourbaki=Kreises ist nun die: Man will die Mathematik nicht wie bisher aus ihren klassischen (meist aus den An=wendungsbereichen bestimmten) Disziplinen aufbauen, um dann vielleicht später zwischen den einzelnen Gebieten Brücken zu schlagen mit Hilfe der Strukturen oder übergreifenden Theorien. Es ist besser, so sagen die Bour=bakisten, das Studium der „Grundstrukturen" (Gruppen, Verbände, Ringe, Räume) an den Anfang zu stellen. Ihre Gesetze gilt es zuerst zu erforschen. Dann erst erfolgt der weitere Ausbau durch Übergang zu „speziellen Struk=turen" (von den Verbänden z. B. zu den „distributiven" oder „modularen" Verbänden). Man erhält diese Spezialisierungen der allgemeinen Grund=strukturen, indem man zu den Axiomen einer Struktur noch ein oder einige spezielle grundlegende Axiome dazunimmt.

Wichtiger noch ist der Aufbau der *mehrfachen* Strukturen, die als „Kreuz=weg" mehrerer einfacher Strukturen gedeutet werden können. Nehmen wir als Beispiel die Theorie der reellen Zahlen! Der Umgang mit diesen Zahlen wird schon in der Schule geübt. Man erklärt sie als unendliche nicht periodi=sche Dezimalbrüche und verzichtet meist auf eine gründliche Fundierung ihrer Theorie. Auch in den einführenden Vorlesungen zur Analysis an den Universitäten und Hochschulen begnügt man sich meist mit dem Hinweis, daß man die Rechengesetze für reelle Zahlen beweisen kann. Ausführlich beschäftigt man sich mit diesen Zahlen in speziellen Vorlesungen über „Grundlagen der Analysis". Es wird dann dem Studenten klar, daß eine gründliche Fundierung des Rechnens mit reellen Zahlen recht knifflig ist.

Fragen wir nun, wie der Bourbaki=Kreis die reellen Zahlen einordnet! Man weiß, daß man reelle Zahlen ihrer Größe nach ordnen kann. Eine geordnete Menge ist aber ein Spezialfall eines *Verbandes*. Für das Rechnen mit reellen

---

[134]) Vgl. dazu z. B. *Meschkowski:* Einführung in die moderne Mathematik.

Zahlen gelten die Gesetze der *Körper*. Wir werden also auch die Gesetze dieser Struktur beherrschen müssen, um mit reellen Zahlen arbeiten zu können. Schließlich haben wir es in der Theorie der reellen Zahlen mit Grenzprozessen zu tun. Man kann natürlich – und das tut man gewöhnlich in den Vorlesungen über Analysis – die Grenzwertbetrachtungen speziell für die reellen Zahlen durch Erweiterung des Axiomensystems für rationale Zahlen ermöglichen. Es entspricht aber der Ökonomie der neuen Betrachtungsweise, daß man die Theorie der Grenzprozesse nicht für den Spezialfall des ein- oder mehrdimensionalen Raumes entwickelt, sondern gleich für den allgemeinen *topologischen* Raum.

Die reellen Zahlen liegen also auf dem „Kreuzweg" von drei Grenzstrukturen: Man braucht die Körper, die Verbände, die topologischen Räume zur axiomatischen Fundierung der Theorie der reellen Zahlen. Sie ergibt sich einigermaßen einfach, wenn man die Gesetzlichkeiten dieser Grundstrukturen beherrscht. Wenn man *nur* auf eine Fundierung des Rechnens mit reellen Zahlen aus ist, kann man schneller zum Ziel kommen. Der Aufbau aus den Grundstrukturen hat aber den Vorteil, daß damit auch viele andere Theorien vorbereitet werden. So gewinnt man aus den gleichen Grundstrukturen eine Fundierung der Differential- und Integralrechnung, und zwar sofort für allgemeine topologische Vektorräume.

Es ist verständlich, daß die jüngere Generation der Mathematiker sich lebhaft für die Bourbaki-Ideen interessiert. Hier erschließen sich viele neue Wege für die Forschung, und wer sich erst einmal den strengen Gesetzen des modernen Formalismus gestellt hat, findet hier neue vom menschlichen Geist geschaffene Welten von einer eigenartigen Schönheit. Diese von den Vertretern der „reinen" Mathematik entwickelten Systeme sind aber auch von großer Bedeutung für den Praktiker. Der Physiker benutzt die Sprache der modernen Mathematik, um für seine Meßergebnisse eine systematische Darstellung zu gewinnen. Die Mathematiker entwickeln ihre Theorien (im allgemeinen) *nicht* im Blick auf praktische Anwendungen. Aber oft stellt sich heraus, daß gerade solche formalen Systeme für die Praxis von Bedeutung sind, bei denen man es am wenigsten erwartete.

In den letzten Jahren haben nun Bestrebungen eingesetzt, die Bourbaki-Ideen auch für die Schule fruchtbar zu machen. Diese Pläne haben in West-Europa ihren Ausgang genommen und finden jetzt auch in Deutschland viel Interesse. Die Verleger von Schulbüchern überlegen sich bereits, ob sie ihre Unterrichtswerke auf Bourbaki umstellen sollen, und in den Tagungen der Schulmathematiker diskutiert man die von der OEEC (der Organisation for European Economic Cooperation) herausgegebene Schrift: New Thinking in School Mathematics: Neues Denken in der Schulmathematik.

Es gibt in der Tat naheliegende Gründe, die Schüler unserer Gymnasien mit dem modernen mathematischen Formalismus vertraut zu machen. Bourbaki beginnt ja mit den einfachsten mathematischen Strukturen, deren Gesetze leicht durchschaubar sind. Freilich – wer zum erstenmal etwas von „Gruppen" und „Verbänden" hört, ist vielleicht verwirrt von den neuen Begriffen. Er wird aber bald herausfinden, daß der Umgang mit den Axiomen dieser Strukturen einfacher ist als ungeschickt angesetzte Dreisatzaufgaben und interessanter als Interpolationsprobleme beim logarithmischen Rechnen. Vor allem aber kommen wir ohne die Strukturbegriffe nicht aus, wenn wir in der modernen Mathematik Ordnung schaffen wollen. Man bedenke, daß die Forschung in den letzten hundert Jahren mehr mathematische Gesetze herausgefunden hat als in der ganzen früheren Geschichte der Menschheit. Wir müssen unsere Erkenntnisse deshalb neu ordnen und das Wichtige vom Unwichtigen scheiden, um sinnvoll unterrichten zu können.

2. „Euclid must go!"?

Es gibt in Westeuropa, neuerdings aber auch in Deutschland, ernsthafte Versuche, die neuen Ideen in die Schulmathematik einzubauen. Man beginnt schon früh[135]), den Grundbegriff der „Menge" und den der „eindeutigen Abbildung" verständlich zu machen. Später werden „Gruppen" und „Halbordnungen" eingeführt. Jüngere Schulmathematiker schieben die Sorgen älterer Pädagogen beiseite, daß die neue Denkweise nicht „vom Kinde her" möglich sei.

Wir wollen auf diese Einwände konservativer Schulmänner noch ausführlicher eingehen. Zunächst müssen wir begründen, warum wir hinter die Überschrift dieses Kapitels ein Fragezeichen gesetzt haben. Daß wir den Grundgedanken der formalistischen Neuordnung der Mathematik bejahen und eine entsprechende Reform des Schulunterrichts wünschen, ist doch bereits deutlich geworden. Unsere Bedenken richten sich gegen die Art, wie führende „Bourbakisten" mit der Geometrie umspringen.

In „New Thinking in School Mathematics" ist (S. 31 ff.) ein Referat von *J. Dieudonné* im Auszug wiedergegeben. Darin [136]) heißt es unter der Überschrift EUCLID MUST GO!

> ... And if the whole program I have in mind had to be summarised in one slogan it would be: Euclid must go!

---

[135]) Das neue Lehrbuch von *Hahn-v. Hanxleden* beginnt damit im 5. Schuljahr. Amerikanische Lehrbücher für die Grundschule beginnen mit Mengen und Zuordnungen im 1. Schuljahr.

[136]) S. 35 loc. cit.

But in so doing, the basic notions of geometry itself have been deeply scrutinised, especially since the middle of the 19th century. This has made it possible to reorganise the Euclidean corpus, putting it on simple and sound foundations, and to re-evaluate its importance with regard to modern mathematics – separating what is fundamental from a chaotic heap of results with no significance except as scattered relics of clumsy methods or an obsolete approach.

Dieudonné will die ebene euklidische Geometrie als zweidimensionale Vektoralalgebra einführen:

.... The theory of real numbers being assumed as known, the undefined objects introduced in plane Euclidean geometry are two-dimensional vectors, with three undefined operations where these vectors intervene, viz. addition $x + y$, product by a scalar λx, and the scalar product $x \cdot y$ (which is a number). The axioms linking these notions are the following:

(A) $x + y = y + x,$
$x + (y + z) = (x + y) + z,$
$1 \cdot x = x,$
$(\lambda + \mu) x = \lambda x + \mu x,$
$\lambda (x + y) = \lambda x + \lambda y,$
$\lambda (\mu x) = (\lambda \mu) x.$

The maximum number of linearly independent vectors is 2.

(B) $x \cdot (y + z) = x \cdot y + x \cdot z,$
$x \cdot y = y \cdot x,$
$(\lambda x) \cdot y = \lambda \cdot (x \cdot y),$
$x \cdot x > 0$ except for $x = 0$.

...

The defenders of „tradition-at-any-cost" have, of course, a ready-made answer to this. If one is to believe them, Euclidean geometry, as taught in their way, is the only method by which the child's mind may be opened to a real understanding of mathematics. However, as no other approach has ever been tried, I hardly see how this claim can be taken, other than as an article of faith.

Um unsere Bedenken gegen diesen Vorschlag zu begründen, müssen wir etwas ausführlicher auf die Entwicklung der Grundlagenforschung in der Geometrie seit dem 19. Jahrhundert eingehen.

Aus guten Gründen hat man gegen Ende des vorigen Jahrhunderts an Euklid Kritik geübt; dies sind die wichtigsten Einwände:

1. Euklids „Definitionen" von Punkt und Gerade sind unzulänglich,
2. Er übernimmt geometrische Sätze aus der Anschauung, ohne sie axiomatisch zu fundieren [137]).

[137]) Näheres z. B. bei *Meschkowski:* Wandlungen des mathematischen Denkens.

Hilbert hat deshalb eine neue Fundierung der Geometrie gegeben, die diese Fehler vermeidet. Aber mit dieser Bemerkung sind die immer wieder nachgedruckten „Grundlagen der Geometrie" vom Jahre 1899 [138]) noch nicht ausreichend charakterisiert. Sein neues Verständnis vom Wesen des Axioms und von der „mathematischen Wahrheit" hat dem vom Bourbaki-Kreis vertretenen Formalismus erst die Grundlagen geschaffen [139]).

Wir sollten heute auch nicht vergessen, daß das *Hilbert*sche Werk eine bemerkenswerte Theorie des Flächeninhalts enthält. Er definiert eine „Streckenmultiplikation" und gewinnt so eine stetigkeitsfreie Fundierung der Inhaltstheorie für Polygone. Er gibt eine Ähnlichkeitslehre, die auf reelle Zahlen verzichtet.

Seine Ideen sind weitergeführt und variiert worden u. a. durch *Baldus* [140]), *Kerékjártó* und *G. af Hallström.* Wir wollen darauf verzichten, die Abweichungen dieser Geometer von Hilbert im einzelnen darzulegen.

Gemeinsam ist ihnen jedenfalls mit *Hilbert* der Aufbau der Geometrie aus einem Axiomensystem, das die reellen Zahlen nur bei der axiomatischen Fundierung der *analytischen* Geometrie einführt. Die Verbesserungen an Hilbert bestehen u. a. gerade darin, daß man die Zahl der Axiome verringert bzw. ihre Aussagen abschwächt. Es bleibt – und das ist besonders bedeutsam! – der Aufbau der „absoluten Geometrie", die das gemeinsame Fundament der euklidischen und der nichteuklidischen (hyperbolischen) Geometrie bildet.

Stärker abgesetzt gegen das *Hilbert*sche Werk ist der Aufbau der Geometrie durch *Bachmann* [141]). Hier wird mit Hilfe des Spiegelungsbegriffes eine gemeinsame Grundlage für die euklidische, die hyperbolische *und die elliptische Geometrie* geschaffen. Bei dem Hilbertschen System fällt die elliptische Geometrie schon sehr früh heraus: Sie unterscheidet sich schon in der Anordnung von der „absoluten" Geometrie. Der Bachmannsche „Aufbau" stellt also einen interessanten Fortschritt gegenüber den Hilbertschen „Grundlagen" dar. Freilich: Dieser Ausbau des Fundaments ist teuer bezahlt. Das Buch von *Bachmann* scheint uns wesentlich schwerer lesbar zu sein als die an Hilbert anschließenden Werke über die Grundlagen der Geometrie, und

---

[138]) Neue Auflage Stuttgart 1956.

[139]) Man lese den interessanten Briefwechsel zwischen *Hilbert* und *Frege* über diese Fragen, veröffentlicht in den Sitzungsberichten der Heidelberger Ak. d. Wiss., math. nat. Kl., 1941.

[140]) *Baldus:* Nichteuklidische Geometrie. *B. Kerékjártó:* Les fondements de la géométrie. *G. af Hallström:* Om den plana geometrins axiomsystem.

[141]) Aufbau der Geometrie aus dem Spiegelungsbegriff.

der Ausbau der euklidischen Geometrie bis zum Beweis der bekannten elementaren Sätze dürfte im Rahmen des Schulunterrichts nicht zu vollziehen sein. Vielleicht gelingt es, das Bachmannsche System so zu vereinfachen, daß es auch für das Gymnasium brauchbar wird. Vorläufig erscheint die von Hilbert und seinen Nachfahren gegebene Fundierung der Geometrie für die Schule besser geeignet zu sein.

Aber es geht ja gar nicht um die Alternative *Hilbert* oder *Bachmann*, „absolute Geometrie" oder Fundament für die drei Geometrien. Es geht um die Forderung einiger Vertreter des Bourbaki-Kreises, die Geometrie in der Schule nur noch als Vektoralgebra zu betreiben. „Euklid muß gehen!"? Hilbert sollte jedenfalls bleiben; und von Euklid brauchen wir im Gymnasium doch mindestens so viel, daß dem Schüler die geschichtliche Entwicklung verständlich wird.

Wir wollen wegen der Bedeutung dieser Fragestellung unsere Auffasung ausführlich begründen.

1. Die Mathematik ist „die Wissenschaft von den formalen Systemen". Das ist „ein weites Feld". Nicht nur die von Bourbaki bevorzugt dargestellten Strukturen haben Heimatrecht in der modernen Mathematik.
2. Es gehört zur „Ökonomie" des mathematischen Formalismus, daß sie das axiomatische Fundament einer Theorie nicht breiter anlegt als notwendig. Axiomensysteme sollen „unabhängig" sein. Zu der von Dieudonné vorgeschlagenen Begründung der Geometrie gehören aber nicht nur die auf S. 111 notierten Axiome. *Dieudonné* benutzt die reellen Zahlen; zur Fundierung ihrer Rechengesetze braucht man aber die Axiome der topologischen Räume, der Körper und der Verbände (bzw. der Halbordnungen) [142]. Zu einer sauberen Begründung der Geometrie werden hier also einige Dutzend Axiome verwandt. Hilbert kommt mit wesentlich weniger aus. Es ist doch wichtig zu wissen, daß man die Geometrie mit den ihr eigentümlichen Axiomen *ohne* den Umweg über die reelle Zahl aufbauen kann.
3. Der moderne Formalismus (von dem ja Bourbaki lebt!) hat seine Wurzel in der Diskussion über die Grundlagenfragen der Geometrie und der Mengenlehre. Die Entdeckung der nichteuklidischen Geometrie und die formalistische Konzeption von Hilberts „Grundlagen" haben entscheidend zu der Entwicklung beigetragen, an deren Ende jetzt „Bourbaki" steht. Wie soll man die Abkehr vom klassischen, platonischen Verständnis der Mathematik verständlich machen, wenn der Zugang zu den historischen Quellen verwehrt ist? Im allgemeinen ist die Einführung in die geschichtliche Entwicklung die beste Methode, eine wissenschaftliche Theorie verständlich zu machen. Natürlich: Man braucht nicht im

---

[142]) Vgl. S. 108!

Unterricht allen Irrwegen der Geschichte nachzugehen. Aber die Arbeiten des Kreises um *Euklid*, Jahrtausende später die von *Bolyai* und *Lobatschewsky* und die „Grundlagen“ von *Hilbert* sind Marksteine in der Geschichte der Mathematik. Wer darüber nicht Bescheid weiß, kann zwar den modernen Kalkül *erlernen*, aber er wird ihn kaum *verstehen*.

4. Wir haben als Motto über dieses Kapitel einige boshafte Bemerkungen von *Schopenhauer* und *Lichtenberg* gesetzt [143]). Die moderne Mathematik befindet sich in der Tat gegenüber solchen boshaften Spöttern in einer gewissen Verlegenheit: Es ist nicht zu leugnen, daß im Zeitalter des Formalismus die Bedeutung des Kalküls noch stärker ist als in den Tagen von Lichtenberg. Immerhin hat aber gerade die Beschäftigung mit den Problemen des Kalküls (Fragen der Entscheidbarkeit, der Widerspruchsfreiheit) zu bedeutsamen erkenntnistheoretischen Einsichten geführt. Das wird man aber im Schulunterricht kaum darstellen können. Es muß aber auch in der Schule klar werden, daß der „Rückzug“ auf den Formalismus nicht eine Folge geistiger Trägheit ist, sondern eine aus intellektueller Redlichkeit resultierende Haltung. Das wird am besten klar durch Eingehen auf die Geschichte. Die Schule wird ihrer Bildungsaufgabe (auch an den Schülern, die keinen technischen Beruf ergreifen!) nicht gerecht, wenn sie sich nur auf die Einübung von Kalkülen beschränkt.

„Euklid muß gehen!“? Wir möchten dieser Forderung nur bedingt zustimmen. Natürlich können wir heute nicht wie im 19. Jahrhundert einfach den guten alten *Euklid* zum Lehrbuch des geometrischen Schulunterrichts machen. Es genügt ein Hinweis auf die Anlage, die Bedeutung und die Schwächen dieses Werkes. Aber *Hilbert* gehört in die Schule! *Hilbert* oder vielleicht eine moderne Weiterführung seiner Ideen (*Baldus, Kerékjártó, Hallström*). Die Grundkonzeption eines dieser Systeme sollte in der Oberstufe besprochen werden. Falls es gelingt, die „Spiegelungsgeometrie“ von *Bach*=

---

[143]) Noch ein ähnliches Zitat von *Lichtenberg*:
Die Mathematik ist eine gar herrliche Wissenschaft, aber die Mathematiker taugen oft den Henker nicht. Es ist fast mit der Mathematik wie mit der Theologie. So wie die der letzteren Beflissenen, zumal wenn sie in Ämtern stehen, Anspruch auf einen besonderen Kredit von Heiligkeit und eine nähere Verwandtschaft mit Gott machen, obgleich sehr viele darunter wahre Taugenichtse sind, so verlangt sehr oft der sogenannte Mathematiker für einen tiefen Denker gehalten zu werden, ob es gleich darunter die größten Plunderköpfe gibt, die man nur finden kann, untauglich zu irgend einem Geschäft, das Nachdenken erfordert, wenn es nicht unmittelbar durch jene leichte Verbindung von Zeichen geschehen kann, die mehr das Werk der Routine als des Denkens sind.
(Zitiert nach *Lichtenberg:* Tag und Dämmerung. Aphorismen, Schriften, Tagebücher, Leipzig 1941, S. 305.)

mann „schulreif" zu machen, könnte sie eines Tages die Systeme von *Hilbert* oder seinen Epigonen ersetzen. Aber es sprechen gute Gründe dagegen, die Geometrie in der Schule *nur* als Vektoralgebra zu bringen.

3. Mathematik en miniature

Wir wollen das Kapitel über Bourbaki nicht mit dieser kritischen Bemerkung abschließen. Man muß auch anerkennen, daß der Rückgriff auf die einfachsten Grundstrukturen gerade für die am Elementaren interessierte Schule viele bisher noch kaum genutzte Möglichkeiten bietet.

Das Problem der Unabhängigkeit von Axiomen tauchte beim Parallelenproblem auf, und wir brachten Argumente dafür, daß das Gymnasium an dieser Stelle auf die geschichtliche Entwicklung des Problems eingeht. Aber für die einfachen Strukturen der Algebra (Gruppen, Verbände usw.) lassen sich Unabhängigkeitsbeweise viel leichter führen.

Und die Schule sollte sich diese Möglichkeit nicht entgehen lassen, die Probleme der Axiomatik erneut zu verdeutlichen.

Nehmen wir als Beispiel die Gruppentheorie. Bekanntlich heißt eine Menge G eine Gruppe, wenn für die Elemente $(g, h, k, \ldots)$ von G eine Verknüpfung $g \circ h$ definiert ist, die die folgenden Eigenschaften hat:

G_1: *Mit g und h gehören auch $g \circ h$ und $h \circ g$ zur Gruppe.*

G_2: *Für alle $g \in G$, $h \in G$ und $k \in G$ gilt $g \circ (h \circ k) = (g \circ h) \circ k$*

G_3: *Es gibt ein „Einselement" e mit der Eigenschaft:*

$g \circ e = e \circ g = g$ *für jedes* $g \in G$.

G_4: *Für alle $g \in G$ gibt es ein (links) inverses Element $g' \in G$ mit der Eigenschaft $g' \circ g = e$.*

Es ist bekannt (und es wird seit *Felix Klein* auch im Gymnasium gezeigt), daß es viele „Realisierungen" dieser Gruppenaxiome in verschiedenen Bereichen der Mathematik gibt.

Um die Unabhängigkeit [144]) des Axioms G_2 von den übrigen zu beweisen, erklären wir auf der Menge N der nicht negativen ganzen Zahlen eine Verknüpfung $\circ$ durch die Vorschrift:

$m \circ n = |m - n|$. Offenbar ist die Zahl 0 dann das Einselement e, denn es ist doch $|0 - n| = |n - 0| = 0 \circ n = n \circ 0 = n$. Weiter ist für alle $n \in N$: $|n - n| = n \circ n = 0 = e$. Das heißt: Jedes Element $n \in N$, ist zu sich selbst

[144]) Vgl. dazu *A. Eisenbach:* Elementare Beispiele zur Axiomatik.

invers. Trotzdem bildet unsere Menge N (mit der hier definierten Verknüpfung) *keine* Gruppe: G_2 ist nicht erfüllt. Es ist ja z. B.

$$2 = \big|\,|1-2|-3\,\big| \neq \big|\,1-|2-3|\,\big| = 0 .$$

Die Unabhängigkeit von G_4 erkennt man sofort aus der Bemerkung, daß für die gewöhnliche Addition in N die Axiome G_1, G_2 und G_3 erfüllt sind (0 ist wieder Einselement). G_4 aber gilt nicht, da die Addition in N nicht unbeschränkt umkehrbar ist.

Definiert man schließlich (für die Menge N) $m \circ n = ggT\,(m, n)$ [145], so ist G_1 und G_2 erfüllt. Es gibt aber für diese Verknüpfung offenbar kein Einselement, und damit wird auch die Frage nach der Gültigkeit von G_4 sinnlos.

Der konsequente Formalismus bietet noch eine weitere didaktische Möglichkeit: *Man kann „Mathematik en miniature" treiben.* Das heißt: Man kann sich ein *besonders einfaches* „formales System" ad libitum definieren, um daran bestimmte Untersuchungen (Unabhängigkeit, Widerspruchsfreiheit) durchzuführen. Schaffen wir uns eine „Geometrie" mit besonders einfachen Axiomen:

A_1: *Durch zwei verschiedene Punkte geht genau eine Gerade.*

A_2: *Zu einer Geraden g und einem nicht auf ihr gelegenen Punkt P gibt es genau eine Gerade g', die durch P geht und keinen Punkt mit g gemeinsam hat.*

A_3: *Es gibt drei verschiedene Punkte, die nicht auf einer Geraden liegen.*

„Punkte" und „Geraden" sind dabei (nach der *Hilbert*schen Konzeption) beliebige „Dinge", von denen nichts weiter verlangt wird, als daß sie unsere Axiome erfüllen. Man beachte, daß keineswegs verlangt wird, daß es unendlich viele Punkte gibt.

Man kann nun sofort ein „Modell" angeben, in dem die Axiome A_1 und A_3 erfüllt sind, nicht aber A_2: Unsere „Geometrie" bestehe aus 3 nicht auf einer Geraden gelegenen Punkten A, B und C. Nur diese drei Punkte sind „Punkte" unserer Geometrie, und die 3 Strecken AB, BC und CA sind die „Geraden". Dann sind die Axiome A_1 und A_3 erfüllt, nicht aber A_2: Es gibt ja in unserem Modell keine „Parallelen", d. h. keine Geraden, die keinen Punkt gemeinsam haben.

Man kann aber unser Axiomensystem A_1–A_3 auch realisieren, wenn man noch einen Punkt mehr zuläßt. Abb. 29 zeigt ein Modell einer „Geometrie"

---

[145]) $ggT\,(m, n)$ heißt: Größter gemeinsamer Teiler von m und n.

mit 4 Punkten und 6 Geraden: (12), (23), (34), (41), (14), (32). Man beachte, daß (14) und (23) keine „Punkte“ unserer „Geometrie“ gemeinsam haben. Wenn man das berücksichtigt, wird sofort klar, daß durch jeden Punkt (z. B. 4) zu jeder nicht durch den Punkt gehenden Geraden [z. B. (23)] genau eine „Parallele“ geht (14).

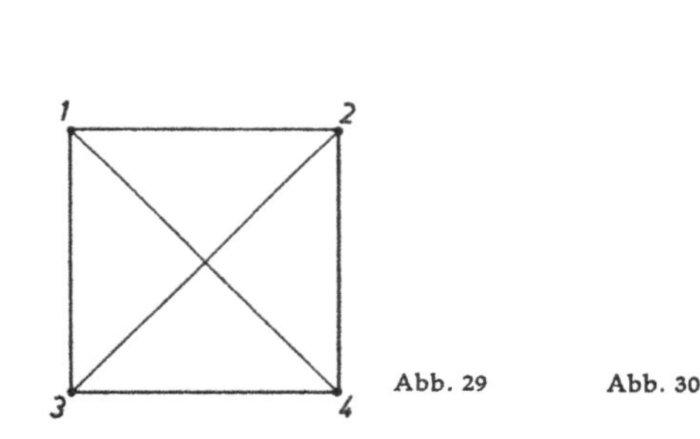

Abb. 29

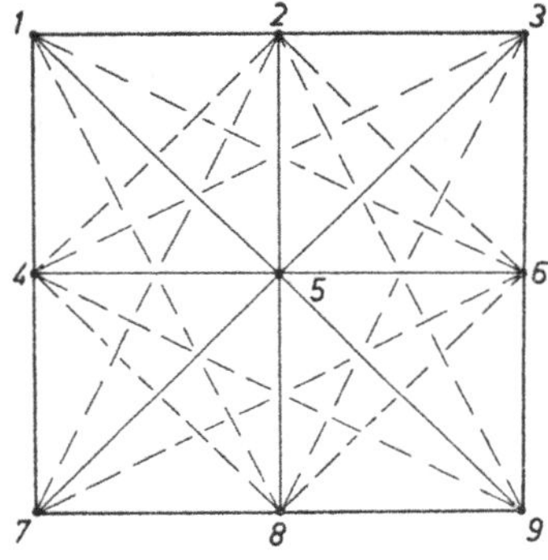

Abb. 30

Abb. 30 zeigt ein Modell [146]) einer „Geometrie“ mit 9 Punkten (von 1 bis 9 numeriert) und 12 „Geraden“. Als „Geraden“ gelten die 8 Strecken (1, 2, 3); (4, 5, 6); (7, 8, 9); (1, 4, 7); (2, 5, 8); (3, 6, 9); (3, 5, 7); (1, 5, 9) *und* die in Abb. 30 durch Strichlinien dargestellten Dreiecke

(1, 6, 8); (3, 8, 4); (9, 4, 2); (7, 6, 2).

Auf jeder „Geraden“ liegen also genau drei „Punkte“, und durch jeden „Punkt“ gehen 4 „Geraden“.

Man überzeugt sich, daß auch hier das „Parallelenaxiom“ gilt. Betrachten wir z. B. die Gerade (1, 6, 8) (in der Darstellung von Abb. 30 ein Dreieck). Von den 4 durch 2 gehenden Geraden ist nur (9, 4, 2) „parallel“. Die Parallele durch 5 ist (3, 5, 7), die durch 3 (3, 5, 7).

Man kann das hier gegebene Axiomensystem ausbauen zu einer „Geometrie“ mit endlich vielen Punkten, in der gewisse Sätze der projektiven Geometrie (z. B. der von Desargues) gelten [147]). Auf diese Weise kann man eine Brücke schlagen von den Modellen en miniature zu den klassischen Geometrien.

---

[146]) Man kann diese „Geometrie“ veranschaulichen durch Nägel, die entsprechend der Anordnung von Abb. 30 in ein Brett geschlagen werden. „Geraden“ werden dargestellt durch Schnüre. „Punkte“ sind nicht Überschneidungen von Schnüren, sondern nur die Nägel.

[147]) Vgl.: *R. Stettler:* Über endliche Geometrien.

4. „Nachäffung höherer Mathematik"?

Wir haben uns – mit der im Abschnitt 2) ausführlich begründeten Einschränkung – zu der Einführung der Bourbaki-Ideen in der Schule bekannt. Es gibt aber immer noch wichtige Einwendungen gegen diese Wendung in der modernen Schulmathematik, und es scheint angebracht, solche kritischen Stimmen zu würdigen. Wir können solche Kritik übergehen, die von den defenders of „tradition-at-any-cost" [148]) stammt. Wir glauben aber, die Bedenken von *A. I. Wittenberg* würdigen zu müssen, der ernstlich um die Bildungsmöglichkeiten des mathematischen Unterrichts bemüht ist.

Er hat etwas gegen den Versuch, „eine oberflächliche Ähnlichkeit zwischen der Mathematik des Gymnasiums und zeitgenössischer Mathematik herbeizuführen" [149]).

> Nach dem Grundsatz „Kleider machen Leute" hängt man dem gymnasialen Unterricht ein Mäntelchen höherer Mathematik um und glaubt sich dadurch der Aufgabe enthoben, gründlicher und selbständig darüber nachzudenken, was es mit der Mathematik eigentlich auf sich hat.
>
> In stofflicher Hinsicht wirkt sich das im Bestreben zur Einführung möglichst „hoher", oder auch „moderner", Mathematik in die Schule aus; unglückliche Schüler, die nie genau verstanden haben, was es mit der Quadratwurzel von 2 auf sich hat oder wieso ein vernünftiger Mensch sich für analytische Geometrie interessieren kann, werden mit Differential- und Integralrechnung, mit abstrakten algebraischen und mengentheoretischen Begriffen, womöglich sogar mit symbolischer Logik, heimgesucht. Zudem versucht man – hier freilich einer alten Tradition folgend – diesen Unterricht in formaler Hinsicht möglichst „streng" zu gestalten, so daß Schüler, die nie lernten, aus eigener Einsicht und mit Selbstvertrauen einfache mathematische Sachverhalte zu erkennen, zu einem formalen und unverstandenen (unter Umständen seiner eigentlichen Bedeutung nach auch vom Lehrer unverstandenen) Jonglieren mit „Axiomen" und „strengen Beweisen" angehalten werden.

Es besteht kein Zweifel, daß er sich mit seiner Kritik gerade gegen die Vorschläge der O. E. E. C. (jetzt O. E. C. D.) in dem Band *New Thinking in School Mathematics* richtet. Das geht aus der Fußnote von S. 54 (loc. cit.) hervor. *Wittenberg* faßt die Gründe für die Unzulänglichkeit der modernen Konzeption so zusammen: *Oberflächlichkeit und Kurzsichtigkeit.* Er spricht von einer

> Nachäffung höherer Mathematik, bei der völlig verkannt wird, daß die frappanten äußerlichen Züge der modernen Mathematik – Allgemeinheit,

---

[148]) Vgl. das Zitat von *Dieudonné* S. 111!

[149]) *A. I. Wittenberg:* Bildung und Mathematik, S. 53 ff.

axiomatische Begründung, formaler Aufbau, Strenge – ihr allmähliches Zustandekommen nicht einer Laune der Mathematiker, sondern organischen Notwendigkeiten verdanken, die dem begrenzten Erfahrungsbereich des Gymnasiasten notwendigerweise größtenteils fremd bleiben müssen. Aus dem historischen und sachlichen Zusammenhang dieser Notwendigkeit gerissen, werden sie aber willkürlich und sinnlos, und damit durch und durch unmathematisch.

Wir müssen *Wittenberg* dies zugestehen: Es gibt tatsächlich einen Typ des jungen Mathematiklehrers, der um jeden Preis versucht, seine von der Universität mitgebrachten Weisheiten bei seinen Schülern anzubringen. Er scheitert oft schon nach wenigen Monaten an didaktischen Schwierigkeiten.

Aber bei dem Bemühen führender Mathematiker von Universität und Gymnasien, die neuen Ideen der Schule nutzbar zu machen, geht es doch um anderes. Die Bourbaki-Ideen führen ja gerade auf die einfachen Grundstrukturen der Mathematik, und es ist nicht einzusehen, daß die Gymnasiasten gerade dieses Einfache nicht verstehen sollten, nachdem man sie jahrzehntelang mit halb verstandener Infinitesimalrechnung gefüttert hat. Die Gesetzlichkeiten der Gruppen und Verbände sind doch nicht schwieriger zu durchschauen als die Axiome der euklidischen Geometrie.

Und die Bourbaki-Anhänger in den Schulen übernehmen doch nun wirklich nicht die „Eléments" des Pariser Originals. Es gibt heute schon eine umfangreiche Literatur, die darum bemüht ist, das Einfache für die Schule auch einfach darzustellen.

Wir wollen *Wittenberg* auch darin zustimmen: Es ist ein Unsinn, Schülern Infinitesimalrechnung zuzumuten, wenn sie noch nicht verstanden haben, daß die Seite und die Diagonale des Quadrats inkommensurabel sind. Zugegeben: Hier ist viel gesündigt worden. Aber man ist doch heute dabei, diese Fehler abzubauen. Warum soll man nicht in der Schule die bedeutsame Entdeckung des Irrationalen durch die Pythagoreer behandeln *und* später einen Zugang zur Infinitesimalrechnung geben? Wir fürchten, daß Wittenberg die Gymnasiasten für dümmer hält als sie sind [150]).

Wir erinnern an unsere Ausführungen über die „Mathematik en miniature" (S. 115 ff.). Die moderne Mathematik schafft ja gerade die Möglichkeit, das Wesentliche an besonders einfachen formalen Systemen zu verdeutlichen. Gerade Überlegungen dieser Art zeigen doch, daß es hier um etwas anderes geht als um die formale Übernahme akademischer Verfahren durch die Schule.

---

[150]) Vgl. dazu das Kap. XI.

Wir möchten *Wittenberg* noch in einem anderen wichtigen Punkt zustimmen. Es ist in der Tat nicht möglich, den modernen Formalismus zu verstehen, wenn man ihn aus seinem historischen und sachlichen Zusammenhang reißt. Deshalb haben wir auch *Dieudonné* so heftig widersprochen. Aber weshalb soll der Schulunterricht diesen „Zusammenhang" nicht herstellen? Es besteht durchaus Grund zu der Annahme, daß die Berücksichtigung historischer Zusammenhänge von der Schule in Zukunft eher zu erwarten ist als von den Universitäten. Unsere Hochschulen sind der Forschung verschrieben. An ihrem Lehrauftrag sind sie – manchmal – weniger interessiert. Und so kann es kommen, daß die Vorlesungen in erster Linie das Ziel haben, die Front der Forschung zu erreichen. Die Begabtesten unter den Hörern verstehen das Prinzip des modernen Formalismus sofort und versuchen, am Werk Bourbakis mitzuarbeiten. Es kann sein, daß sie im Eifer solchen Tuns die Frage vergessen, der Wittenberg seine Schriften gewidmet hat: Was denn Mathematik eigentlich sei.

Es ist zu wünschen, daß unsere Hochschulen stärker an ihre Bildungsaufgabe denken und die Grundlagenfragen häufiger als bisher zum Gegenstand von Vorlesungen machen. Aber es schadet gewiß nichts, wenn die Gymnasien hier vorangehen. Wer weiß? Vielleicht sind wir in einer Generation so weit, daß der Abiturient einige Kenntnisse über die geschichtliche Entwicklung der Grundlagenfragen mitbringt.

Lassen wir uns also durch *Wittenberg* nicht die Freude an der modernen Entwicklung der Schulmathematik verderben. Aber man sollte seine Einwände kennen und ernst nehmen.

VIII. Heuristik

Ein mäßiger Schüler der Maschinenbauschule weiß mehr von der Natur und ihren Gesetzen, als derzeit Descartes und Pascal wußten. Ist er aber des geistigen Aufschwungs der Großen fähig? — *Antoine de Saint-Exupéry*

1. Das Lösen von Problemen

Der mathematische Unterricht in unseren Schulen aller Gattungen ist beherrscht von der Spannung zwischen den Konzeptionen der Pädagogen und denen der Fachleute. Wer „vom Kinde her" denkt, wird anschauliche Methoden wünschen, auf Strenge der Beweise verzichten und den Gang des Unterrichts dem der geschichtlichen Entwicklung angleichen wollen. Wir werden noch zu untersuchen haben, wie weit eine solche Haltung den Einsichten moderner Psychologen entspricht [151]). Jedenfalls ist sie in unseren Schulen noch lebendig, besonders bei den an Pädagogischen Hochschulen ausgebildeten Lehrern.

Der von den Ideen der modernen Mathematik begeisterte junge Studienassessor dagegen wird versuchen, möglichst viel von dem in der Universität Gelernten in der Schule anzubringen. Mit Rücksicht auf die Bildungsaufgabe des mathematischen Unterrichts im industriellen Zeitalter sind wir geneigt, den Tatendrang solcher jungen Lehrer nicht zu hemmen. Natürlich: Er wird früh genug erfahren, daß nicht alle Schüler seiner Begeisterung folgen, und er wird lernen, mit den Realitäten einer Schulklasse fertig zu werden. Aber wir können einfach nicht darauf verzichten, die moderne mathematische Denkweise zur Grundlage der Schularbeit zu machen Das sollte auch die Unterrichtsweise unserer Grundschulen beeinflussen.

Die moderne Mathematik ist aber das Ergebnis einer Jahrtausende währenden Entwicklung. Die strenge Axiomatik ist dem naiv denkenden Schüler zunächst fremd, und er muß auf eine pädagogisch vernünftige Weise an die ihm neue Welt herangeführt werden. An eine „Eigentätigkeit" des Schülers ist erst dann zu denken, wenn ihm die neue Denkweise vertraut geworden ist. Aber auch dann bleibt nicht viel Zeit zum Lösen von Problemen: Die Zahl der Unterrichtsstunden für die Mathematik ist – in Schulen aller Typen – nur allzu bescheiden. Der Stoff aber ist im Laufe der letzten Jahrzehnte gewaltig angewachsen. Und viele Vorschläge (auch die meisten dieser Schrift) zur Verbesserung des mathematischen Unterrichts laufen doch dar-

---

[151]) Vgl. dazu Kap. XI.

auf hinaus, daß man irgend etwas Neues in der Schule einführt, was bisher nicht Gegenstand des Unterrichts war. Oder wenn angeregt wird, die bisher behandelten Gebiete besser wissenschaftlich zu fundieren (z. B. die Infinitesimalrechnung), so kostet das auch wieder Zeit.

Natürlich kann dafür manches vom alten Bestand beiseite gelassen werden, aber im ganzen hat doch der um einen modernen Unterricht bemühte Lehrer weit mehr Stoff zu erarbeiten als sein Kollege vor 100 Jahren. Damals war etwa nach Behandlung der Kongruenzsätze und einiger anderer elementargeometrischer Fakten viel Zeit für Dreieckskonstruktionen. Das war ein weites Feld für eine Eigentätigkeit des Schülers. Wir Älteren denken noch mit Freude an jenes Gebiet im Geometrieunterricht unserer Schulzeit zurück. In Summa: *Der Einzug von „Bourbaki" in die Schulen hat zur Folge, daß viel „gelernt" werden muß; es könnte sein, daß zur Eigentätigkeit wenig Gelegenheit bleibt.*

Natürlich kann man auch in einem modernen Unterricht Raum schaffen für die Intuition des Schülers. Es scheint aber nicht verkehrt, wenn auf diese Notwendigkeit immer wieder hingewiesen wird. Dabei geht es natürlich nicht um die Aufgabe, Genies heranzubilden. Die Zielsetzung des Schulunterrichts darf bescheidener sein. Denken wir einfach an die Vielfalt der Anwendungen der Mathematik in unserer modernen Gesellschaft! Es gibt heute so viele Bereiche der Technik, der Wirtschaft und der Wissenschaft, in denen die „Wissenschaft von den formalen Systemen" angewandt wird, daß man sich zerreißen müßte, wollte man all diesen Anwendungsbereichen im Schulunterricht Hilfestellung leisten. Das ist schon deshalb unmöglich, weil in unserer schnellebigen Zeit die technischen Verfahren rasch verändert werden und die Schule von heute gar nicht wissen kann, welche „Anwendungen" der Mathematik in 20 Jahren gefragt sind.

Es bleiben der Schule zwei Aufgaben:

1. *Gute Fundamente zu liefern.* (Es gibt nichts Praktischeres als eine gute Theorie!)
2. *Die Fähigkeit zur Anwendung der formalen Systeme und Kalküle auf praktische Fragestellungen in Exempeln deutlich zu machen.*

Es genügt nicht, wenn der Schüler den Kalkül beherrscht und ganz bestimmte Gruppen von Aufgaben zu lösen gelernt hat. Er muß ein gewisses Maß an Selbständigkeit im Umgang mit den „formalen Systemen" erreichen.

In letzter Zeit sind manche Arbeiten erschienen, die sich mit den Problemen der Heuristik befassen [152]). Es wird der Versuch gemacht, System in das

[152]) Z. B. die Arbeiten von *Denk, Hartkopf, Polya* und *Weinacht* im Literaturverzeichnis!

Lösen mathematischer Probleme zu bringen und durch Ratschläge die Fähigkeit des Schülers zu steigern, Beweise zu führen und Aufgaben zu lösen, die von dem Schema bisher bekannter Fragestellungen abweichen.

Die hier gegebenen Hilfen lassen sich in zwei Gruppen teilen.

Wir finden allgemeine Regeln über den Umgang mit Problemen, die aus dem Bereich der volkstümlichen Spruchweisheit stammen und nicht nur für die Lösung mathematischer Aufgaben anwendbar sind. Es gibt weiter spezielle Vorschläge für den Umgang mit mathematischen Problemen, die aus der Weisheit erfahrener Lehrer stammen.

Zur ersten Gruppe gehören etwa Empfehlungen wie diese:

1. *Beharrlichkeit führt zum Ziel.*
2. *Wer eine Leiter hinaufsteigen will, muß bei der untersten Stufe anfangen.*
3. *Wo der Zaun am niedrigsten ist, steigt man über.*
4. *Wer langsam fährt, kommt auch zum Ziel.*
5. *Handle nie gegen Dein Gefühl, jedoch suche klare „rationale" Gründe, welche für oder gegen Deine gefühlsmäßige Auffassung sprechen, unbefangen wahrzunehmen!*

Polya (bei dem diese 5 Regeln notiert sind) bezeichnet den Satz Nr. 5 als das „Prinzip der Rationalität". Wir meinen: Da man in der mathematischen Forschung oft auf Paradoxien stößt, erscheint es nicht immer geraten, allzu fest auf sein „Gefühl" zu vertrauen [153]).

Da können die „speziellen Empfehlungen" weiter helfen, die wir in ähnlicher Form bei allen Autoren über heuristische Fragen finden:

a) *Mache Dir eine sorgfältige, übersichtliche Figur!*

Dieser Rat (*Weinacht*) wird nicht nur für die Lösung geometrischer Probleme gegeben; auch bei anderen Aufgaben ist es nützlich, „sich den Inhalt an Hand von *sinnfälligen Skizzen* über alle Einzelheiten und Vorgänge der Reihe nach klar zu machen und lebendig einzuprägen [154]).

b) *Ermittle eingehend, was gegeben und gesucht ist; unterstreiche deshalb jedes wesentliche Wort im Aufgabentext!*

---

[153]) *Polya* fügt auch hinzu, daß seine Regel „nicht pedantisch, sondern mit Takt und Einsicht zu befolgen ist". (Der Mathematikunterricht 10, 1, S. 8.)

[154]) *Weinacht* S. 4.

c) *Wie kann man das Ergebnis von verwandten Aufgaben prinzipiell oder formal verwerten? Können wir bei der Lösung (der gegebenen Aufgabe) analog vorgehen?*

Es ist zu fragen, wie weit die hier gegebenen (allgemeinen und speziellen) Empfehlungen weiter helfen können. Sie sind sicher geeignet, wenn es darum geht, elementargeometrische Aufgaben zu lösen. Gerade bei Dreieckskonstruktionen kann der Hinweis auf „ähnliche" Probleme nützen [155]). Auch die von *Denk* als Beispiel behandelte [156]) „Übersetzung" einer eingekleideten Textaufgabe in den formalen Kalkül kann gelingen, wenn der Schüler die Regeln der „Heuristik" beachtet.

Wir halten es auch für möglich, daß eine intelligente und durch die Ratschläge der Heuristiker angeregte Schulklasse Erfolg hat bei dem Versuch, das berühmte „Königsberger Brückenproblem" zu lösen:

Über den Pregel führten (zu Eulers Zeiten) 7 Brücken. Ist es möglich, sie alle nacheinander zu überschreiten, ohne über eine von ihnen mehr als einmal zu gehen? (Abb. 31).

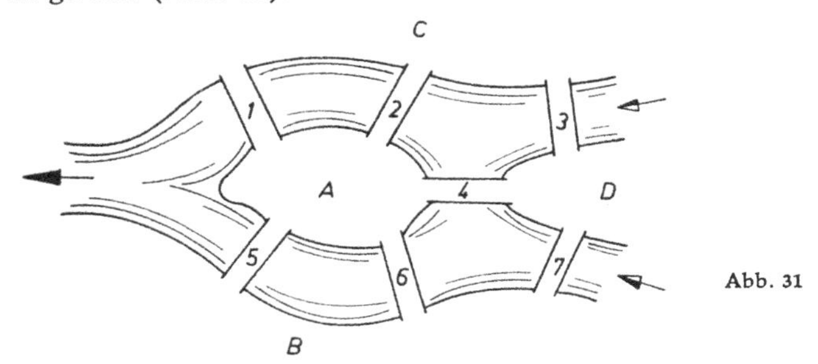

Abb. 31

Die Brücken verbinden eine Insel (*A*) mit dem linken und rechten Flußufer (*B* und *C*) und das Gebiet (*D*) zwischen den beiden Armen des Oberlaufs.

Wenn man der „Empfehlung" folgt und genau nach den „Voraussetzungen" fragt, *kann* einem deutlich werden, daß die spezielle Gestalt der Landgebiete *A, B, C* und *D* unwesentlich ist. Man kann sie durch Punkte ersetzen und

---

[155]) Die von *Weinacht* gegebenen „Prinzipien zur Lösung mathematischer Probleme" beziehen sich vorwiegend auf geometrische Probleme, die für eine Eigentätigkeit der Schüler besonders geeignet sind. Der moderne Unterricht gibt aber diesen Fragestellungen nicht mehr viel Raum.

[156]) Denk a. a. O.

die Brücken durch Strecken oder Kurven, die die Punkte *A, B, C* und *D* verbinden (Abb. 32).

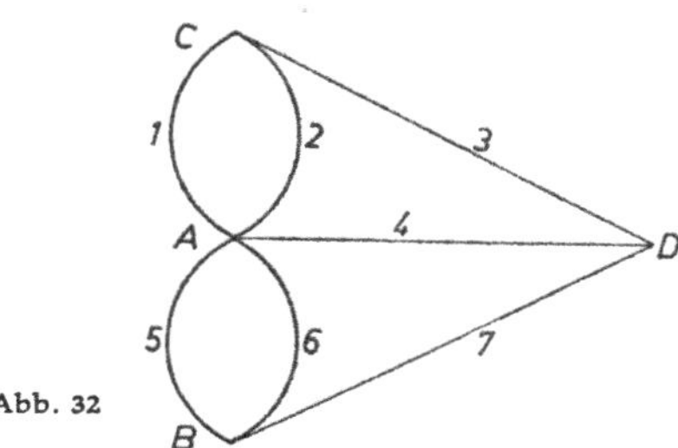

Abb. 32

Ist es möglich, die Figur der Abb. 32 von einem der Punkte A, B, C oder D aus in einem Zug zu durchlaufen?

Wenn der Schüler bis zu dieser Formulierung des (von *Euler* gelösten) Problems gekommen ist, kann er auch noch auf die *Euler*sche Antwort kommen: Es geht *nicht*, weil von jedem der Punkte *A, B, C* und *D* eine ungerade Anzahl von Wegen ausgehen.

In diesem Fall gelang die Lösung der gestellten Aufgabe durch eine neue Formulierung, die das Wesentliche an der Aufgabenstellung besser deutlich machte. Nicht immer kommt man so einfach zum Ziel.

Polya gibt als ein Beispiel der heuristischen Lenkung eine Diskussion des isoperimetrischen Problems [157]) in eingekleideter Form [158]):

> In jenen sagenhaften Pionierzeiten, als Land im Überfluß vorhanden, sonst aber alles sehr knapp war, hatte ein Mann im mittleren Westen der Vereinigten Staaten hunderte von Morgen flachen Graslandes, aber nur 100 m Stacheldraht. Mit diesem Draht wollte er ein Stück seines Landes einzäunen. Er dachte an verschiedene Flächenformen und fragte sich, wie groß die eingezäunte Fläche sein werde.

Die Schüler werden aufgefordert, geeignete Flächenformen vorzuschlagen. Man notiert die genannten Flächen und der zu dem gegebenen Umfang gehörende Inhalt wird berechnet. Die vorläufige „Lösung" ist dann eine Tabelle, die vom Kreis (795 qm), über das reguläre Sechseck, Halbkreis, Quadrat usw. bis zu einem Rechteck mit den Seiten 40 und 10 führt.

„Habt Ihr dazu Fragen?"

---

[157]) Vgl. dazu S. 56 ff.

[158]) Der Mathematikunterricht 10, 1, 1964, S. 81.

Der Lehrer soll nun „durch behutsam provozierende Fragen" u. a. zu folgen= den Feststellungen gelangen:

> Die Tabelle deutet darauf hin, daß von allen umfangsgleichen ebenen Figuren der Kreis den größten Flächeninhalt hat. Sie legt weiterhin nahe, daß von allen umfangsgleichen Vierecken das Quadrat den größten Flächen= inhalt hat, . . . , daß von allen Vielecken mit gegebener Seitenzahl und von gegebenem Umfang das regelmäßige n=Eck den größten Flächeninhalt hat.

Wir halten es für durchaus möglich, daß dieses der Eigentätigkeit der Schüler gesetzte Ziel erreicht wird. Aber es ist unwahrscheinlich, daß die Schüler so einen einwandfreien *Beweis* für die isoperimetrische Eigenschaft des Kreises herausfinden. Es ist nicht einmal anzunehmen, daß sie (ohne sehr wesentliche Nachhilfe) das *Steiner*sche Viergelenkverfahren (S. 57 ff.) neu entdecken.

Damit wird klar, daß alle heuristischen Hilfen immer nur zu relativ leicht er= reichbaren Zielen führen können. Der Rat, genau auf die „Voraussetzung" und die „Behauptung" zu sehen, eine Figur zu zeichnen und nach ähnlichen, bereits gelösten Aufgaben Ausschau zu halten, wird im allgemeinen nur dazu führen, daß der Schüler solche Aufgaben zu erledigen lernt, die den be= reits behandelten verwandt sind.

Kann man erwarten, daß ein Schüler etwas (für ihn!) völlig Neues heraus= findet? Und gibt es heuristische Empfehlungen, die eine solche echte Eigen= tätigkeit fördern könnten?

Denken wir etwa an die bekannte Anekdote vom siebenjährigen *Gauß*, der bei einer Routine=Aufgabe in der Schule die Summenformel für $\sum_{1}^{n} \nu$ heraus= fand.

Man wird einwenden, daß wir die gestellten Fragen mit diesem Hinweis schon beantwortet haben. *Gauß* war eben ein Genie, und unsere Schüler sind es (mit verschwindenden Ausnahmen) nicht. Der mit den Realitäten ver= traute Lehrer wird deshalb zufrieden sein, wenn er die Klasse so weit fördern kann, daß sie „Ähnliches" mit Erfolg angreift und nicht vor jeder Text= aufgabe resigniert: „Das haben wir noch nicht gehabt!"

2. Erziehung zur Selbsttätigkeit?

Wir meinen: Damit ist das Letzte zu den hier gestellten Fragen noch nicht gesagt. Die Schule muß heute – davon war schon in anderem Zusammen= hang die Rede – ein neues Verhältnis zu den Anwendungen gewinnen. Die Möglichkeit, mathematische Strukturen zu verwenden, ist in unseren Tagen (und erst recht in der Zukunft!) so vielfältig, daß man darauf verzichten muß, im Schulunterricht auf einzelne Verfahren vorzubereiten. Was die *Schule* leisten kann, ist die Ausbildung der Fähigkeit, mathematische Strukturen im Bereich der Physik und der Technik, aber auch der Biologie und der Wirtschaft zu erkennen und ihre Gesetzlichkeiten nutzbringend zur Lösung praktischer Probleme anzuwenden. Dazu bedarf es aber der schöpferischen Phantasie und der unbefangenen Bereitschaft, an neue Fragestellungen mit neuen Methoden heranzugehen. Wenn in der Schule aber immer nur *gelernt* wird, wenn nur nach dem gefragt wird, was man „gehabt" hat, kann solche freie geistige Arbeit nicht gedeihen.

Wem der Hinweis auf die praktische Bedeutung der Mathematik nicht genehm ist, der kann natürlich auch aus den Bedürfnissen der rein mathematischen Forschung die Forderung ableiten, daß der Schüler zu *eigenem Denken* anzuregen sei.

Aber kann man solche Eigentätigkeit überhaupt fördern? Liegt es nicht gerade im Wesen des Schöpferischen, daß Einmaliges gedacht wird? Man kann zu korrektem Arbeiten anregen, kann Analogieschlüsse nahelegen, aber man kann nicht durch heuristische Empfehlungen Genies schaffen.

Darum soll es auch nicht gehen. Es erscheint aber notwendig, daß den *Schülern (in Schulen und Hochschulen) gelegentlich solche Aufgaben gestellt werden, bei denen die üblichen Ratschläge der Heuristiker gerade nicht anwendbar sind,* bei denen also der Rückgriff auf das schon Gehabte (oder gar das eben Durchgenommene) entfällt. Es sollen keine Probleme sein, bei denen nur ein wirklich genialer Einfall helfen kann (den unter Millionen höchstens einer haben könnte).

Aus der Lösung solcher Aufgaben kann man im allgemeinen keine Regeln zur Lösung anderer Probleme gewinnen; aber der erfolgreiche Umgang mit diesen Fragestellungen kann den Mut wecken, auch andere Probleme durch eigenes Denken zu lösen. Solch fröhlicher Optimismus ist eine wichtige (wohl notwendige, aber nicht immer hinreichende) Voraussetzung zu eigener Forschungsarbeit.

Wir geben einige Beispiele zunächst solcher Aufgaben, die ohne Aufwand von mathematischem Kalkül [159]) zu lösen sind. Sie können dazu dienen, die Bereitschaft zu eigenem Denken zu wecken [160]).

---

[159]) Nur bei Aufgabe [3] wird elementares Rechnen verlangt.

[160]) Wir sind zwar davon überzeugt, daß alle Leser dieses Buches die hier notierten Aufgaben lösen können. Nur *für sehr eilige Leser* geben wir am Schluß des Kapitels die Lösungen.

3. Aufgaben

[1] Parkettierung

Abb. 33a zeigt ein System von $36 - 2 = 34$ Quadraten. Kann man dieses Quadratnetz durch 17 „Parkettstäbe" von der Form 33b zudecken?

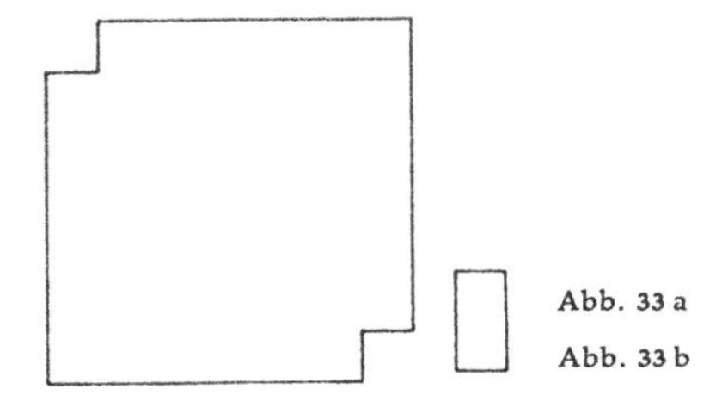

Abb. 33 a

Abb. 33 b

[2] Das Orakel

In einem Tempel sitzen drei Götter: der Gott der Wahrheit, der Gott der Lüge und der Gott der Diplomatie. Der Gott der Wahrheit lügt nie, der der Lüge immer. Der Gott der Diplomatie sagt manchmal die Wahrheit, und manchmal lügt er.

Zu diesem Tempel kommen die Gläubigen mit ihren Fragen. Die Priester des Tempels nur wissen, welcher von den Dreien der Gott der W., der der L. und der der D. ist.

Sokrates kommt in den Tempel und stellt drei Fragen an die Götter, die so nebeneinander sitzen:

A B C

Er fragt den Gott A: Wer sitzt neben dir? Antwort: „Der Gott der Wahrheit."

Er fragt B: Wer bist du? „Der Gott der Diplomatie."

Er fragt C: Welcher Gott sitzt neben dir? „ Der Gott der Lüge."

Welcher Gott ist A, B, C?

[3] Verteilungsaufgabe

Ein in der Wüste Hungernder wird von zwei Wanderern A und B gefunden. A hat fünf Brote, B drei. Sie teilen ihren Vorrat mit dem Hungernden zu gleichen Teilen. Dieser gibt ihnen beim Abschied („Für das, was Ihr mir gabt!" 8 Goldstücke. Wie sind sie zu verteilen. A fordert: 5 : 3. B schlägt vor: 4 : 4. Sie gehen zum Kadi. Wie entscheidet er?

[4] Am Kreuzweg

Sokrates steht am Kreuzweg. Ein Weg führt nach Athen, einer nach Sparta. Er weiß nicht welcher. An der Kreuzung stehen zwei Brüder, von denen einer immer lügt, einer immer die Wahrheit sagt. Beide wissen über die Wege Bescheid.

S. stellt e i n e Frage an einen der Brüder und weiß dann Bescheid.

Was fragt er?

[5] Die Weingläser

Von zwei gleichartigen Weingläsern ist eines mit Weißwein, das andere gleich hoch mit Rotwein gefüllt. Man entnehme dem Weißweinglas einen Teelöffel voll und mische ihn in den Rotwein. Dann nehme man aus dem Gemisch einen Teelöffel voll zurück. Ist jetzt in dem Weißweinglas mehr Rotwein als in dem Rotweinglas Weißwein? Oder ist es umgekehrt? Oder ist in jedem Glas gleich viel von der „fremden" Substanz?

Wenn ich Autor eines Schulbuches wäre, würde ich solche Probleme unter die Aufgabensammlung verstreuen [161]). Ohne System. Es muß doch schön sein und kann auch den Unterricht beleben, wenn man mitten unter den vielen Beispielen (Schulbücher haben immer viele Beispiele der gleichen Art; muß das sein?) über quadratische Gleichungen *Sokrates am Scheidewege* vorfindet. Zugegeben: Diese Aufgaben passen nicht ins System. Aber gerade darin scheint mir ihr Wert zu liegen. Der Schüler hat zunächst keine Ahnung, welches „Verfahren" er anwenden soll. Und er wird (vielleicht!) herausfinden, daß er durch Nachdenken (durchprüfen aller Möglichkeiten in der Orakelaufgabe z. B.) zum Ziel kommt.

Natürlich ist es zweckmäßig, wenn auch solche Aufgaben gestellt werden, die ein gewisses Maß an Umgang mit dem mathematischen Kalkül erfordern. Sie sollten aber nicht (oder wenigstens nicht nur) als unmittelbare „Anwendungen" eines bestimmten Verfahrens auftreten. Man verstreue sie unter die Probleme der „Oberstufe". Wir wollen auch dafür einige Beispiele geben.

[6] Die harmonische Reihe

Die Reihe

$$1 + \tfrac{1}{2} + \tfrac{1}{3} + \tfrac{1}{4} + \dots$$

ist bekanntlich divergent. Ihre Teilsummen

$$= 1 + \tfrac{1}{2} + \tfrac{1}{3} + \dots + \tfrac{1}{n}$$

---

[161]) Durch andere Drucktypen vom übrigen Text abgesetzt.

überschreiten alle Grenzen. Welches ist die kleinste ganze Zahl m, für die (für irgendein $n > 1$) $s_n = m$ ganz ist?

[7] Die abessinische Bauernmethode

Die Multiplikation natürlicher Zahlen $a \cdot b$ (Beispiel: $21 \cdot 13$) kann nach einem sehr alten Verfahren [162]) so erledigt werden:

Man dividiere a fortgesetzt durch 2 (unter Vernachlässigung des Restes!) und schreibe die Teiler (bis zur Zahl 1) untereinander; daneben notiere man das Doppelte, Vierfache usw. des 2. Faktors. In unserem Beispiel:

$$\begin{array}{rr} 21 & 13 \\ 10 & 26 \\ 5 & 52 \\ 2 & 104 \\ 1 & \underline{208} \\ & 273 \end{array} \qquad \text{bzw. umgekehrt:} \quad \begin{array}{rr} 13 & 21 \\ 6 & 42 \\ 3 & 84 \\ 1 & \underline{168} \\ & 273 \end{array} \qquad (1)$$

„Gerade Zahlen bringen Unglück" (sagen die abessinischen Bauern). Also streiche man alle die Zeilen, in denen in der 1. Spalte eine gerade Zahl steht. Addiert man die verbleibenden Zahlen der 2. Spalte, so erhält man $a \cdot b$.

In unserem Beispiel wäre die Zeile mit 10 und 2 zu streichen. Man addiert also $13 + 52 + 208 = 273$.

Warum führt das Verfahren zu richtigen Ergebnissen?

[8] Wägungsaufgabe

Gegeben seien 100 Säcke mit Fünfmarkstücken, die je 5 g wiegen. Einer der Säcke enthält nur falsche Stücke, die je 4 g wiegen. Vorhanden ist eine auf 1 g genau wiegende Waage. Wie kann man durch e i n e Wägung feststellen, in welchem Sack das fasche Geld steckt?

Wir widerstehen der Versuchung, noch weitere Aufgaben dieser Art mitzuteilen. Es gibt ja mancherlei Literatur über solche „Logeleien" [163]).

---

[162]) Es wird manchmal als „abessinische", dann wieder als russische Bauernmethode bezeichnet.

[163]) Als „Logeleien" brachte die „Zeit" längere Zeit hindurch Aufgaben dieser Art von „Zweistein". Dort waren auch die hier unter den Nrn. [1] und [5] notierten Probleme veröffentlicht; sie sind aber schon länger bekannt. An weiterer Literatur nennen wir noch *R. Sprague* (Aufg. [6]) und *Wylie* (Aufg. [2] und [4]).
Nach Abschluß des Manuskripts erschien die Schrift von *Gardner*. Die durch mündliche Überlieferung bekannten Aufgaben 4 und 8 finden sich auch dort.

Man kann durch die Beschäftigung mit Aufgaben der hier genannten Art natürlich keine mathematischen Genies heranbilden. Wohl aber kann man erreichen, daß der Schüler mit fröhlicher Unbefangenheit an ihm unbekannte Probleme herangeht und den Versuch macht, gelegentlich eigene Wege zu gehen. Vielleicht kann man dem jungen Forscher noch einige Erfahrungen mitgeben, die die Literatur über Heuristik (soweit wir sehen) nicht verzeichnet.

Es soll begnadete Mathematiker gegeben haben, die sich einen Tag lang vergebens mit einer Frage herumschlugen und dann nachts im Traum die Lösung sahen. Solche freundlichen Traumerlebnisse kann man nicht herbeizaubern. Wohl aber wird jeder Forscher gelegentlich die Erfahrung machen, daß ihm die Lösung eines Problems unversehens einfällt, um die er sich tagelang vergebens bemüht hat: Nach einer gut durchschlafenen Nacht, bei einem geruhsamen Spaziergang. Man sollte den Anfängern in der Forschung von solchen tröstlichen Erfahrungen berichten, damit sie den Mut finden, sich von dem Grübeln über ein Problem loszureißen, das man „mit Gewalt" nicht lösen kann.

4. Lösungen

[1] Nein. Zur Begründung denke man sich die Quadrate des Netzes (etwa rechts oben beginnend) nach der Art eines Schachbretts abwechselnd schwarz und weiß gefärbt. Es gibt dann 18 schwarze, aber nur 16 weiße Felder (die beiden abgeschnittenen Felder links oben und rechts unten hätten die Farbe weiß bekommen!) Färbt man den „Parkettstab" Abb. 32b entsprechend schwarz-weiß, so ist klar, daß man mit 17 solchen Stäben niemals die Figur auslegen kann: Man hätte dann ja 17 schwarze und 17 weiße Felder.

[2] *B* ist nicht Gott der Wahrheit (sonst würde er es sagen). *A* auch nicht (sonst wäre seine Aussage falsch). Also: *C* ist der Gott der Wahrheit. Nach seiner Aussage ist *B* der Gott der Lüge (er hat ja auch gelogen) und *A* dann der Gott der Diplomatie.

[3] Jeder ißt $2\frac{2}{3}$ Brote. *A* gibt also $\frac{7}{3}$, *B* nur $\frac{1}{3}$ Brot ab. Deshalb ist die gerechte Verteilung 7 : 1.

[4] „Würde Ihr Herr Bruder die Frage bejahen, daß dieser Weg nach Athen führt?" Lautet die Antwort ja, so ist das der Weg nach Sparta. Denn: Hat er den Lügner gefragt, so würde dieser ja die richtige Antwort des Wahrheitsbruders falsch widergeben. Hat er den *W*-Bruder gefragt, so würde der die (falsche!) Antwort des Bruders richtig wiedergeben. In jedem Fall . . .

Wir geben noch eine andere Lösung. Man fragt: „Hätten Sie gestern gesagt, daß dieser Weg nach Athen führt?" Bei einem „ja" ist es der Weg nach Athen, bei einem „nein" der nach Sparta.

[5] Man denke sich nach der Panscherei den „Fremdstoff" aus jedem Glas entfernt (und etwa in einem Likörglas aufbewahrt). Nehmen wir an, im W=Glas wäre mehr R=Wein als umgekehrt. Dann hätte das dem W=Glas zu=geordnete Likörglas einen größeren Inhalt als das andere, und umgekehrt wäre der Spiegel der Flüssigkeit im W=Glas (nach Entnahme) niedriger als im R=Glas. Gießt man jetzt den Rotwein zurück ins R=Glas und entsprechend den Weißwein ins W=Glas, so müßte im W=Glas mehr Flüssigkeit sein als im R=Glas. Da aber die Mengen zu Anfang gleich waren, ist das ein Wider=spruch. Entsprechend führt die entgegengesetzte Annahme auf einen Wider=spruch. Also sind die Fremdmengen gleich.

[6] Es gibt keine solche Zahl m. – Es sei 2^k die höchste Potenz von 2, die in der Folge $1, 2, 3, \ldots, n$ vorkommt. Addiert man jetzt die Brüche der Teil=summe s_n, so erhält man einen Bruch, der das kleinste gemeinsame Viel=fache N der Zahlen $1, 2, 3, \ldots, n$ zum Nenner hat. Er enthält den Prim=faktor 2 genau k mal. Alle beim Erweitern von $1, \frac{1}{2}, \frac{1}{3}, \frac{1}{4}, \ldots$ auf den Haupt=nenner N entstehenden Zähler sind dann gerade bis auf einen: Der Bruch $\frac{1}{2^n}$ erhält beim Erweitern einen *ungeraden* Zähler. Im Zähler von s_n steht also eine *ungerade* Zahl. Der Nenner ist *gerade*, und dieser Bruch kann nie eine ganze Zahl darstellen.

[7] Man schreibe die Zahl a im Dualsystem

$$a = \delta_0 \cdot 2^0 + \delta_1 \cdot 2^1 + \ldots + \delta_n \cdot 2^n. \qquad (2)$$

Die Ziffern δv sind dabei 0 oder 1. Für $a \cdot b$ hat man dann

$$a \cdot b = \delta_0 \cdot b + \delta_1 \cdot 2\,b + \delta_2 \cdot 4\,b + \ldots + \delta_n \cdot 2^n b.$$

Das ist eine Summe von der Form, wie sie in der 2. Spalte von (1) steht. Es ist nur zu zeigen, daß δv genau dann 0 ist, wenn in der 1. Spalte von (1) eine gerade Zahl steht. Diese Zahlen der 1. Spalte sind a, $a_1 = \left[\frac{a}{2}\right]$, $a_2 = \left[\frac{a_1}{2}\right]$ usf. [164]). Nun ist doch wegen (2)

$$a_1 = \left[\frac{a}{2}\right] = \delta_1 \cdot 2^0 + \delta_2 \cdot 2^1 + \ldots + \delta_n \cdot 2^{n-1}.$$

a_1 ist also genau dann gerade, wenn $\delta_1 = 0$ ist. Das Entsprechende gilt für $a_2, a_3 \ldots$

---

[164]) Die Definition von $[x]$ steht auf S. 80.

[8] Die Säcke seien numeriert. Man entnimmt dem Sack mit der Nummer n genau n Münzen. Insgesamt also

$$\frac{1}{2} \cdot 100 \cdot 101 = 50 \cdot 101 = 5050.$$

Wären sie alle echt, so hätten sie das Gewicht 25 250 g. Aus dem Sack mit der Nummer m sind aber m falsche entnommen, die m g weniger wiegen. Aus dem wirklichen Gewicht w der Münzen hat man dann

$$25\,250 - w = m,$$

die Nummer des Sackes mit dem Falschgeld.

IX. Logische Schulung

Ich bin in der Tat so optimistisch zu glauben, daß auch auf Gymnasien die Arithmetik streng gelehrt werden kann; denn bisher gibt der betreffende Unterricht eigentlich nur ein ausgezeichnetes Beispiel davon, mit welcher Leichtigkeit man die Schüler betrügen kann, sobald man den Mut hat, auf den Gebrauch der Logik zu verzichten. *R. Dedekind*[165])

1. Vorübungen

Wenn vom Bildungswert des mathematischen Unterrichts die Rede ist, spricht man stets auch von der logischen Schulung durch die Disziplin des mathematischen Beweisens.

In einer Zeit, in der die formale Logik schon an vielen Stellen Eingang gefunden hat, in der überall wissenschaftliche Strenge im Beweisen verlangt wird, dürfte – hoffentlich – die von *Dedekind* beklagte Neigung, die Schüler zu „betrügen", ausgestorben sein.

Durch die Benutzung der formalen Logik haben wir heute die Möglichkeit, die Gesetze des formalen Schließens durch axiomatisch fundierte Verfahren zu deduzieren. Aber ist es richtig, diesen Formalismus auch schon im Gymnasium zu betreiben? Der eifrige junge Lehrer wird sich gegen die Vorwürfe von *Wittenberg* verteidigen müssen, der offenbar [166]) die formale Logik für einen der schlimmsten Fremdkörper im Schulunterricht hält. Wir werden auf diesen Einwand noch eingehen (vgl. S. 139).

Auf jeden Fall wird man die Einführung abstrakter Verfahren angemessen vorbereiten. Wir wollen die Mahnung von *Felix Klein* beherzigen:

> Wissenschaftlich unterrichten kann nur heißen, den Menschen dahin bringen, daß er wissenschaftlich denkt, keineswegs aber, ihm von Anfang an mit einer kalten, wissenschaftlich aufgeputzten Systematik ins Gesicht springen [167]).

Die mathematische Logik ist entwickelt worden als eine Formalsprache, die präziser ist als jede Umgangssprache. Um die Notwendigkeit einer solchen Formalisierung einzusehen, muß man sich zunächst um Klarheit und Ge=

---

[165]) 1878 in einem Brief an *H. Weber* – Ges. Math. Werke, Bd. III, S. 485.

[166]) Vgl. das Zitat auf S. 118.

[167]) *F. Klein:* Elementarmathematik vom höheren Standpunkt aus. Berlin 1933, S. 289.

nauigkeit in der Benutzung der Muttersprache bemühen. Dazu ist schon im geometrischen Anfangsunterricht Gelegenheit gegeben.

In einem modernen Lehrbuch wird, wie üblich, das Parallelogramm als Viereck mit parallelen Gegenseiten erklärt. An Stelle einer formalen Definition von Quadrat und Rechteck findet sich das folgende Schema:

Einteilung der Parallelogramme

	Gleichseitig	Ungleichseitig
Rechtwinklig	Quadrat	Rechteck
Schiefwinklig	Raute	Parallelogramm

Nach diesem Schema müßte man annehmen, daß nur schiefwinklig-ungleichseitige Parallelogramme wirklich Parallelogramme sind. Und zum Wesen des Rechtecks gehört offenbar, daß die Seiten ungleich sind. Ein Quadrat wäre danach kein Rechteck. Da aber das Ganze eine „Einteilung der Parallelogramme" sein soll, müßte man wenigstens für die schiefwinklig-ungleichseitigen Parallelogramme eine Sonderbezeichnung einführen, etwa: Rhomboid. Dann hätte man folgendes Schema:

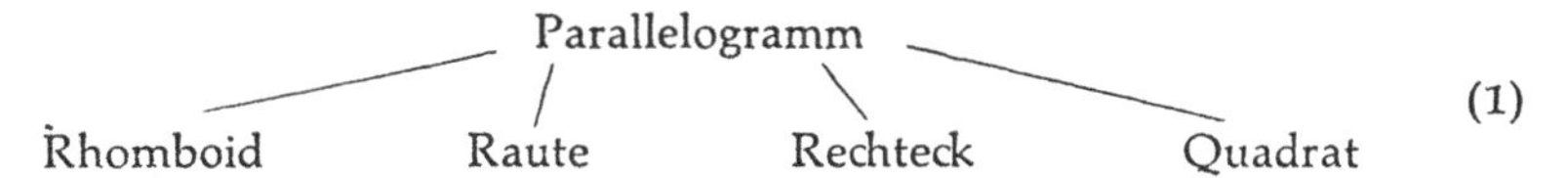

Die in der 2. Zeile von (1) stehenden Vierecke sind dann Spezialfälle von Parallelogrammen, und diese 4 Begriffe schließen sich gegenseitig aus: Ein Quadrat ist danach weder eine Raute noch ein Rechteck.

Eine solche Begriffsbildung ist möglich. Aber sie ist nicht sehr zweckmäßig. In diesem Fall wäre der folgende Satz falsch:

Ein Parallelogramm mit gleich langen Diagonalen ist ein Rechteck.

Es kann ja auch ein Quadrat sein. Und die Aussage über Parallelogramme mit senkrechten Diagonalen müßte man so formulieren:

Ein Parallelogramm mit senkrechten Diagonalen ist eine Raute oder ein Quadrat.

Das ist sehr unbequem, und deshalb sollte man lieber so erklären:

Ein gleichseitiges Parallelogramm heißt eine Raute.

Ein Parallelogramm mit rechten Winkeln heißt ein Rechteck.

Das Quadrat ist dann ein Parallelogramm, das *zugleich* Rechteck und Raute ist. An Stelle von (1) tritt dann das Schema

Man kann den Zusammenhang der Begriffe auch durch ein graphisches Schema deuten und daran den Begriff des Durchschnitts verdeutlichen (Abb. 34).

An dieser Stelle kann man dem Schüler klar machen, daß der Mathematiker eine gewisse Freiheit im Definieren hat. Die zum Schema (1) gehörenden Definitionen (z. B.: Ein Rechteck ist ein Parallelogramm mit rechten Winkeln und ungleichen Seitenpaaren) sind ja nicht „falsch". Sie sind nur unzweckmäßig. *Fehler* treten erst dann auf, wenn man inkonsequent in den Aussagen über die verschiedenen Parallelogramme ist und sich nicht an die einmal gegebenen Definitionen hält.

Abb. 34

Abb. 35

Es ist nützlich, aus anderen Bereichen Ketten von „Oberbegriffen" beizubringen, z. B.: Dackel – Hund – Säugetier – Tier – Lebewesen. Man kann die Beziehung des Enthaltenseins für Begriffe dann anschaulich durch geeignete Punktmengen darstellen (Abb. 35).

Bei dieser Veranschaulichung des Enthaltenseins bei beliebigen Mengen durch die entsprechende Relation für Punktmengen wird eine Betrachtungsweise vorbereitet, die später für die verbandstheoretische Deutung der Aussagenlogik wichtig ist.

Zur Vorbereitung der Aussagenlogik gehört auch der Unterricht über gewisse Grundbegriffe der Mengenlehre: Durchschnitt, Vereinigungsmenge, Komplementärmenge.

Ein Punkt P gehört zum Durchschnitt ($A \cap B$) der Punktmengen A und B, wenn die Aussage

X gehört zu A u n d *X gehört zu B*

wahr ist. P gehört zur Vereinigungsmenge ($A \cup B$) der Punktmengen A und B, wenn mindestens eine der Aussagen

X gehört zu A o d e r *X gehört zu B*

wahr ist (Abb. 36a und b).

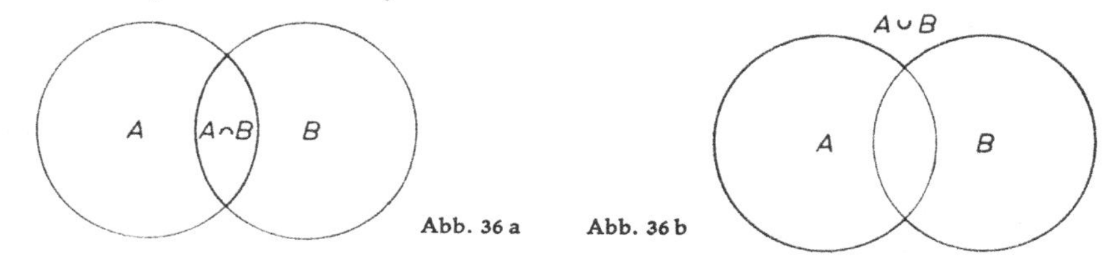

Abb. 36 a Abb. 36 b

Die hier benutzte Sprechweise legt eine Formalisierung der bei der Definition benutzten Aussagen nahe. Bevor man das tut, sollte man auf die Vieldeutigkeit des Wortes „oder" in der Umgangssprache hinweisen. Wir haben hier „oder" im Sinne des lateinischen „vel" gebraucht. Es steht aber auch für aut – aut; Dieser Gebrauch des Wortes liegt vor, wenn der Lehrer etwa droht: „Sei still, *oder* du wirst bestraft!"

Hier ist der Fall ausgeschlossen, daß der Schüler still ist und er doch bestraft wird: aut – aut. Wenn ein Punkt aber zur Menge A und zur Menge B (also Durchschnitt $A \cap B$) gehört, dann gehört er natürlich auch zur Vereinigungsmenge $A \cup B$, denn wir haben in unserer Definition das „oder" nicht exklusiv gemeint.

2. Beweisverfahren

Erfahrungsgemäß haben Anfänger Schwierigkeiten, die Definition der Implikation $A \to B$ zu verstehen. Man stößt sich daran, daß eine falsche Aussage A jede wahre Aussage B implizieren soll. Selbst in einem Lehrbuch der formalen Logik wird die Zweckmäßigkeit der üblichen Definition von $A \to B$ in Frage gestellt [168]).

Es erscheint deshalb zweckmäßig, daß die Gesetze der formalen Logik erst dann eingeführt werden, wenn der Schüler einige Erfahrungen in der Technik des Beweisens hat.

[168]) *P. Rosenbloom:* The elements of mathematical logic. New York 1950, S. 54.

Er sollte z. B. den indirekten Beweis kennen. Dieses Verfahren wird schon beim Beweis für die Tatsache benutzt, daß das Quadrat einer rationalen Zahl niemals gleich 2 ist. Dies ist das Schema des indirekten Beweises:

Wenn A, so B.
B ist falsch. (3)
A ist falsch.

Später kann man (3) so formalisieren [169]:

$$[(A \rightarrow B) \wedge \overline{B}] \rightarrow \overline{A}. \tag{4}$$

Kann man aber auch so schließen:

Wenn A, so B.
B ist wahr. (5)
A ist wahr?

Dieses Schema (5) wird gelegentlich als Beweisverfahren benutzt. Wir geben ein Beispiel. Es soll die Schwarzsche Ungleichung (für reelle Zahlen x_ν, y_ν) in ihrer einfachsten Form bewiesen werden:

$$\left(\sum_1^2 x_\nu y_\nu\right)^2 \leqq \sum_1^2 x_\nu^2 \cdot \sum_1^2 y_\nu^2. \tag{6}$$

Aus (6) folgt

$$2 x_1 y_1 x_2 y_2 + x_1^2 y_1^2 + x_2^2 y_2^2 \leqq x_1^2 y_1^2 + x_2^2 y_2^2 + x_1^2 y_2^2 + x_2^2 y_1^2 \tag{7}$$

und daraus

$$(x_1 y_2 - x_2 y_1)^2 \geqq 0. \tag{8}$$

(8) ist offenbar richtig, und daraus wird gelegentlich geschlossen, daß auch (6) stimmen muß.

Dieser Schluß ist aber verfehlt. Aus einer *falschen* Aussage kann durchaus eine *wahre* deduziert werden. Wir geben ein einfaches Beispiel: Es sei $1 = 2$ vorausgesetzt. Dann ist auch $2 = 1$, und durch Addition der beiden Gleichungen gewinnt man

$$\begin{array}{l} 1 = 2 \\ \underline{2 = 1} \\ 3 = 3 \end{array}$$

also eine richtige Aussage [170]. Das Schema (5) ist daher falsch. Nun ist in

---

[169]) $\overline{A}$ heißt non A, vgl. S. 39.

[170]) Vgl. dazu *Steiner* in: Logische Probleme im Mathematikunterricht II, S. 79 ff.

unserem Beispiel die Aussage (6) gewiß richtig. Man kann sie nur nicht auf diese Weise begründen. *Man muß die Reihenfolge der Schlüsse umkehren.* (8) ist richtig, und daraus folgt (7) und daraus wieder (6).

Nicht in jedem Fall ist eine solche Umkehrung der Schlußkette möglich! Man kann aber den Schluß von der zu beweisenden Relation auf eine als richtig zu erkennende Gleichung als *heuristisches Prinzip* benutzen. Aus (6) folgt durch einfache Rechnung die gewiß richtige Gleichung (8) Kann man die Schlußreihe auch umgekehrt durchlaufen? Wenn es gelingt (wie in diesem Fall), hat man in der umgekehrten Schlußkette einen einwandfreien Beweis. Wir haben uns bei den untersuchten Beweisübungen um eine möglichst knappe Formulierung der Sätze bemüht, um das Wesentliche besser herauszustellen. Dabei haben wir ganze Aussagen zu einem Buchstaben [A bzw. B in (3) und (5)] zusammengefaßt. Es liegt nahe, dieses Verfahren zu „legalisieren“ und logische Beziehungen zwischen Aussagen zu „logischen Formeln“ mit „Aussagevariablen“ zu konzentrieren. Wir meinen: Durch eine solche Formalisierung wird die Untersuchung logischer Fragen nicht erschwert, sondern wesentlich erleichtert.

Man denke an die Bedeutung der Formalisierung in der Algebra. Vor wenigen Jahrhunderten behandelte man solche Probleme in der Umgangssprache („Ich denke mir eine Zahl, ist minder denn zehn ...“). Die Erledigung solcher Aufgaben ohne den algebraischen Formalismus erscheint Schülern heute recht umständlich.

Weshalb soll man also die Sprache der Logik nicht formalisieren? Die Einwände von *Wittenberg* [171]) sind nicht recht zu verstehen. Sie erinnern an die Haltung konservativer Volksschullehrer, die sich gegen die Einführung der elementaren Algebra wehren und knifflige Zinsaufgaben lieber durch einen (für die Schüler dieser Klassen) komplizierten Dreisatz behandeln.

Damit ist freilich die Frage noch nicht entschieden, wie weit man im Gymnasium in der Behandlung der formalen Logik gehen kann. Nimmt man auch den Prädikatenkalkül dazu? Und für welches Axiomensystem soll man sich entscheiden? Zu diesen Fragen wollen wir noch Stellung nehmen.

Stellen wir zunächst noch dies heraus: Keine der Umgangssprachen hat die Präzision ihrer Ausdrucksmittel wie die mathematische Formalsprache. Mit Recht stellt *Reichenbach* [172]) die Abneigung der „intelligenten Studenten“ gegen den üblichen Grammatikunterricht in den Colleges fest. Er hofft, daß die Ergebnisse der symbolischen Logik eines Tages „in Form einer moder=

---

[171]) Vgl. S. 118.

[172]) *Reichenbach:* Elements of symbolic logic. New York 1952, S. 255.

nisierten Grammatik ihren Weg in die Elementarschulen finden werden". Fangen wir zunächst damit an, die symbolische (oder „formale", „mathematische") Logik in den Mathematikunterricht unserer Gymnasien einzuführen!

3. Einführung der Formalisierung

Es gibt mancherlei Darstellungen der formalen Logik [173]), und wir dürfen deshalb die Grundtatsachen über die *Boole*sche Algebra der „Wahrheitswerte" hier als bekannt voraussetzen. Wir wollen uns darauf beschränken, einige didaktische Anmerkungen zur Einführung dieses Gebietes im Schulunterricht zu geben und die formale Logik in die allgemeine Strukturlehre einzuordnen. Es wird für die Schüler eine Hilfe für das Verständnis der logischen Verknüpfungen sein, wenn sie ihm durch elektrische Schaltungen verdeutlicht werden.

Abb. 37 zeigt einen durch einen Schalter a unterbrochenen Draht. An seinen Enden möge eine elektrische Spannung liegen. Dann fließt durch den Draht genau dann Strom, wenn die Aussage

A: Der Schalter a ist geschlossen

Abb. 37

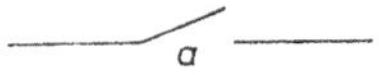

wahr ist. Entsprechend möge zu einem zweiten Schalter b die Aussage

B: Der Schalter b ist geschlossen

gehören.

Abb. 38a zeigt die „Hintereinanderschaltung" der Schalter a und b. Durch unseren Draht fließt genau dann Strom, wenn die logische Summe $A \wedge B$ wahr ist. Abb. 38a kann also als Veranschaulichung der *Disjunktion* $A \wedge B$ gelten. Entsprechend ist Abb. 38b das Bild der *Konjunktion* $A \vee B$: Durch den Draht fließt dann und nur dann Strom, wenn mindestens einer der Schalter A bzw. B geschlossen ist, wenn also das logische Produkt $A \vee B$ wahr ist.

Abb. 38a

Abb. 38b

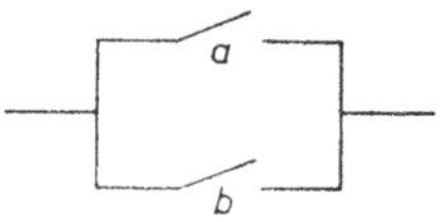

Wir können diese Schaltungen benutzen, um kompliziertere logische Formeln zu veranschaulichen. Dabei gilt die Verabredung, daß die mit dem

[173]) Eine erste Einführung gibt das Kap. IX meiner „Wandlungen des mathematischen Denkens". Ausführlicher ist *G. Harbeck:* Einführung in die formale Logik. Außerdem verweisen wir auf die Literaturverzeichnisse der genannten Schriften.

gleichen Buchstaben bezeichneten Schalter in einem Schaltbild immer gleich behandelt werden müssen; sie sind beide offen *oder* beide geschlossen (hier: aut–aut!).

Nehmen wir als ein Beispiel das *distributive Gesetz*

$$A \wedge (B \vee C) \longleftrightarrow (A \wedge B) \vee (A \wedge C). \quad (9)$$

(9) besagt: Die links und rechts vom Zeichen $\longleftrightarrow$ stehenden Aussagen haben immer den gleichen Wahrheitswert. Abb. 39a veranschaulicht nun die linke, 39b die rechte Seite von (9).

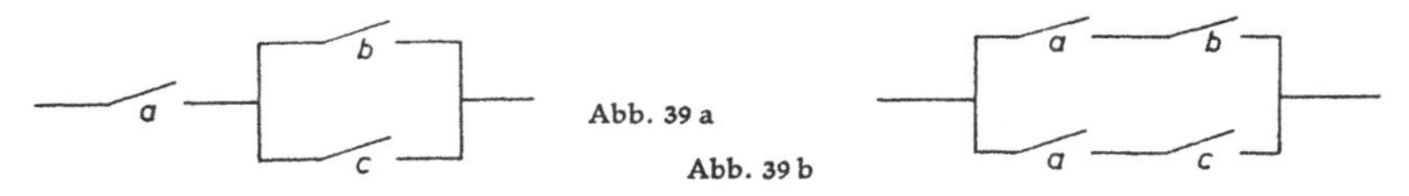

Abb. 39 a

Abb. 39 b

Man erkennt sofort: Durch die Schaltung 39a fließt genau dann Strom, wenn das auch für die Schaltung 39b gilt. Die Aussage (9) hat den Charakter einer Tautologie. Das kann (und soll!) man natürlich auch durch die Tabelle der Wahrheitswerte [174]) nachweisen.

Das Schaltbild der Abb. 40 symbolisiert die Tautologie

$$A \vee (A \wedge B) \longleftrightarrow A. \quad (10)$$

Man erkennt sofort: Durch die Schaltung fließt genau dann Strom, wenn der Schalter a geschlossen ist. Dem entspricht die Aussage: $A \vee (A \wedge B)$ hat denselben Wahrheitswert wie A.

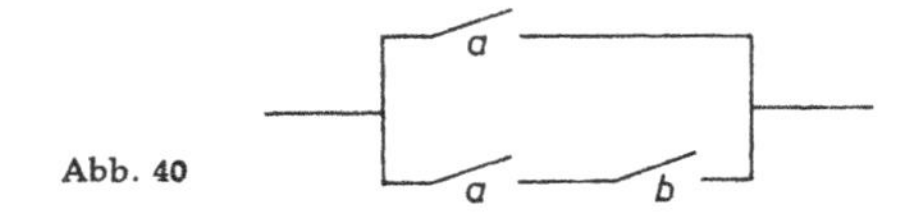

Abb. 40

Wenn man die Darstellung logischer Formeln durch Schaltbilder weiter treiben will, muß man einen „negativen" Schalter $\bar{a}$ einführen; er ist genau dann offen, wenn a geschlossen ist. Das kann man immer durch eine geeignete mechanische Kuppelung der Schalter a und $\bar{a}$ erreichen. Auf diese Weise gelingt die Darstellung der Implikationen $A \rightarrow B$, die ja durch $\bar{A} \vee B$ ersetzt werden kann.

Aber wohin soll die Reise gehen? Bis zu welchem Ziel soll man die Aussagenlogik in der Schule entwickeln? Es gibt mancherlei Axiomatisierungen dieser Disziplin. Ein recht bemerkenswertes Axiomensystem stammt von

---

[174]) Vgl. z. B. *Meschkowski:* Wandlungen des mathematischen Denkens, S. 64 ff.

Hilbert[175]). Es hat den Vorteil, daß an diesem System Beweise für die Unabhängigkeit der Axiome und für die Widerspruchsfreiheit des Systems leicht geführt werden können. „Leicht": das ist diesmal vom akademischen Standpunkt aus gesehen. Wir halten es nicht für zweckmäßig, dieses System in der Schule zu behandeln. Dagegen spricht schon die Tatsache, daß das letzte der Hilbertschen Axiome so kompliziert ist, daß ein Anfänger schwer einsieht, daß gerade diese Formel den Charakter eines Axioms haben soll. Wir möchten vorschlagen, die Aussagenlogik in die *Verbandstheorie* einzubauen. Dafür sprechen einleuchtende Gründe. Die Schule hat vor, einfache mathematische „Strukturen" zum Gegenstand ihres Unterrichts zu machen. Welche Strukturen kommen da in Frage? Jeder Lehrer denkt da zuerst an die Gruppentheorie, die seit den Tagen *Felix Kleins* den Schulmathematikern vertraut ist. Es ist aber nützlich, weitere einfache Strukturen einzuführen, weil nur so die neue Denkweise der formalistischen Mathematik verdeutlicht werden kann. Hier bietet sich vor allem die Verbandstheorie an. Sie ist weit eher als etwa die Theorie der topologischen Räume für den Schulunterricht geeignet. Es gibt bekanntlich[176]) mehrere elementare „Realisierungen" der Verbandsaxiome[177]): Die Mengengeometrie, die projektive Geometrie, die elementare Zahlentheorie[178]) und die Aussagenlogik.

Es ist schon deshalb empfehlenswert, die Aussagenlogik hier einzugliedern, weil man auf diese Weise ein neues wichtiges Anwendungsgebiet der Verbandsaxiome gewinnt. In der Aussagenlogik werden die üblichen Zeichen $\cup$ und $\cap$ der Verbandstheorie durch $\vee$ und $\wedge$ ersetzt; an die Stelle des Gleichheitszeichens tritt das Symbol $\longleftrightarrow$, das ja auch für eine Äquivalenzrelation steht. Man hat dann die Axiome

$$\begin{array}{ll} (A_1)\ A \wedge B \longleftrightarrow B \wedge A, & (A_4)\ (A \vee B) \vee C \longleftrightarrow A \vee (B \vee C), \\ (A_2)\ A \vee B \longleftrightarrow B \vee A, & (A_5)\ A \wedge (A \vee B) \longleftrightarrow A, \\ (A_3)\ (A \wedge B) \wedge (\longleftrightarrow A \wedge (B \wedge C), & (A_6)\ A \vee (A \wedge B) \longleftrightarrow A, \end{array} \qquad (11)$$

Mit Hilfe der Wahrheitstafeln findet man leicht heraus, daß die Formeln (11) alle Tautologien sind. Natürlich kann man sie auch durch Schaltbilder verdeutlichen. Für das Axiom (A_6) ist das ja schon durch die Abb. 40 geschehen.

4. Prädikatenkalkül in der Schule?

Es ist zu fragen, ob der Unterricht im Gymnasium wesentlich über diese Einordnung der Aussagenlogik hinausgehen kann. Insbesondere muß ge=

---

175) *Meschkowski* a. a. O. S. 73.
176) a. a. O. S. 93.
177) a. a. O. S. 93.
178) a. a. O. S. 94 f.

prüft werden, ob auch die *Prädikatenlogik* schon in der Schule behandelt werden soll. Es gibt mancherlei Versuche, auch diesen Bereich der formalen Logik „schulreif" zu machen [179]). Wir fragen uns, welches Ziel damit erreicht werden soll. Für die Aussagenlogik konnten wir das klar erkennen: Wir erreichten damit eine Präzision unserer Aussagen und gewannen einen neuen Anwendungsbereich der allgemeinen Verbandstheorie.

Die Prädikatenlogik ist ein unerläßliches Hilfsmittel zur Formalisierung der Arithmetik [180]). Die Schule kann kaum die Absicht haben, dieses für den Anfänger schwierige Gebiet der Grundlagenforschung in den Gymnasialunterricht hineinzunehmen. Soll man wenigstens eine Axiomatik der Prädikatenlogik versuchen? Wir glauben nicht, daß das zweckmäßig ist und schlagen vor: Die Schule sollte sich darauf beschränken, die wichtigsten Symbole des Prädikatenkalküls mitzuteilen, das All- und Seinszeichen z. B. Auf diese Weise wird es möglich, viele mathematische Sätze aus der Umgangssprache in eine knappe Formalsprache zu übersetzen.

Wenn man z. B. verabredet, daß das Prädikat $P\,(\;)$ bedeutet: „. . . ist eine Primzahl", so kann man die berühmte Goldbachsche Vermutung [181]) so formalisieren [182]):

$$\bigwedge_n \bigvee_p \bigvee_q [P\,(p) \wedge P\,(q) \wedge 2\,n = p + q].$$

Die Definition des Begriffs „Teilmenge" sieht dann so aus:

$$\bigwedge_x [x \in T \rightarrow x \in M] \longleftrightarrow T \subset M.$$

Wir meinen also: Man sollte den Prädikatenkalkül als eine zweckmäßige mathematische „Kurzsprache" benutzen, ohne eine axiomatische Fundierung zu versuchen.

---

[179]) Wir nennen als Beispiel die Schrift von *G. Harbeck.*

[180]) Siehe z. B. *Kleene:* Introduction to Metamathematics.

[181]) In der Umgangssprache: Jede gerade Zahl (>2) ist als Summe von zwei Primzahlen darstellbar.

[182]) Leider ist die Bezeichnung gerade der logischen Symbole in der Literatur nicht einheitlich. Statt $\bigwedge_n$ findet sich auch $(\forall\, n)$ oder (n) usf.

X. Mathematik und Sprache

In der Analysis nennt man einer Linie a unbestimmtes Stück x, das andere nicht y wie im gemeinen Leben, sondern a–x. Daher hat die mathematische Sprache so große Vorzüge vor der gemeinen.
Lichtenberg [183])

1. Der Informationsgehalt

Wenn man die Summanden eines Polynoms von der Form

$$P(x_1, x_2, \dots, x_k) = \Sigma A x_1^{\alpha_1} x_2^{\alpha_2} \dots x_k^{\alpha_k} \tag{1}$$

ordnen will, kann man z. B. das *lexikographische Verfahren* benutzen. Dabei achtet man zuerst auf den Exponenten von x_1 und rangiert $\mathrm{I} = A x_1^{\alpha_1} x_2^{\alpha_2} \dots x_k^{\alpha_k}$ vor $\mathrm{II} = B x_1^{\beta_1} x_2^{\beta_2} \dots x_k^{\beta_k}$, wenn $\alpha_1 > \beta_1$ ist. Haben zwei Summanden den *gleichen* Exponenten $\alpha_1 = \beta_1$, so entscheidet der Exponent von x_2 die Ordnung; $\mathrm{III} = C x_1^{\alpha_1} x_2^{\alpha_2} \dots x_k^{\beta_k}$ steht vor $\mathrm{IV} = D \cdot x_1^{\alpha_1} x_2^{\beta_2} \dots x_k^{\beta_k}$, wenn $\alpha_2 > \beta_2$ ist. Bei gleichen Exponenten x_1 und x_2 wird die Ordnung entsprechend durch den Exponenten von x_3 bestimmt, usf. Man kann aber auch zunächst nach der *Dimension* der Summanden vorordnen. Die Dimension d von $A x_1^{\alpha_1} x_2^{\alpha_2} \dots x_k^{\alpha_k}$ ist definiert durch

$$d = \alpha_1 + \alpha_2 + \dots + \alpha_k.$$

Die *Waring-Gauß*sche Ordnung ist dann durch folgende Vorschrift gegeben: Die Summanden von (1) werden zunächst nach ihrer *Dimension* geordnet. Bei gleicher Dimension steht ein Summand A vor einem Summanden B, wenn er bei der lexikographischen Ordnung vor B steht.

Nach dieser Vorschrift ist z. B. das Polynom

$$2 x_1^4 x_2 x_3 x_4 + 3 x_1^4 x_3 + x_1 x_2^4 x_3^{10} - 4 x_2^3 x_3^8$$

lexikographisch geordnet; will man es nach Waring-Gauß ordnen, so muß man schreiben

$$x_1 x_2^4 x_3^{10} - 4 x_2^3 x_3^8 + 2 x_1^4 x_2 x_3 x_4 + 3 x_1^4 x_3.$$

Man wird uns nicht vorwerfen, daß wir bei der Beschreibung der beiden Ordnungen besonders weitschweifend verfahren seien. Es geht aber noch kürzer:

Bei der lexikographischen (bzw. Waring-Gaußschen) Ordnung der Poly-

---

[183]) Gedankenbücher, Frankfurt 1963, S. 14.

nome (1) steht $I = A \cdot x_1^{\alpha_1} x_2^{\alpha_2} \ldots x_k^{\alpha_k}$ *vor* $II = B x_1^{\beta_1} x_2^{\beta_2} \ldots x_k^{\beta_k}$, *wenn die erste nicht verschwindende Differenz*

$$\alpha_1 - \beta_1, \alpha_2 - \beta_2, \ldots, \alpha_k - \beta_k \tag{2}$$

bzw.

$$\begin{matrix} (\alpha_1 + \alpha_2 + \ldots + \alpha_k) - (\beta_1 + \beta_2 + \ldots + \beta_k), \\ \alpha_1 - \beta_1, \ldots, \alpha_k - \beta_k \end{matrix} \tag{2'}$$

positiv ist.

Diese Definitionen geben ein schönes Beispiel für die vom Mathematiker immer wieder geübte Kunst, mit wenig Worten viel zu sagen.

Daß die Formalsprache des Mathematikers sehr konzentrierte Information darstellt, wird einem sofort deutlich, wenn man einmal den Versuch unternimmt, die Aussage einer einfachen Differentialgleichung wie

$$y''(x) - 2xy'(x) + 2\alpha \cdot y(x) = 0$$

ohne Symbole in die Umgangssprache zu übertragen.

Unsere Bemerkungen über die Ordnung von Polynomen machen aber klar, daß der Mathematiker zu konzentrierter Aussage auch dann fähig ist, wenn er die Umgangssprache benutzt.

Deshalb gibt der mathematische Unterricht eine gute Möglichkeit, die Präzision des Ausdrucks zu schulen: Alles Wesentliche muß gesagt werden, aber man soll dafür kein Wort mehr verwenden, als nötig ist. Es gibt mancherlei Gelegenheiten im mathematischen Unterricht, solche Disziplin der Sprache zu üben. Wir nennen als ein Beispiel die Beschreibung von Dreieckskonstruktionen.

Betrachten wir die Aufgaben

> Ein Dreieck zu zeichnen aus [184]) $c = 7{,}5$ cm, $\beta = 57°$, $s_a = 8{,}2$ cm.

Es könnte sein, daß ein Schüler die folgende „Beschreibung" der Konstruktion liefert:

> Man zeichne $AB = c$ und trage an c den Winkel β an. Dann nehme man den Zirkel und zeichne um A einen Kreis, der den freien Schenkel von β in D schneidet. Man verdopple nun DB, und $\triangle ABC$ ist das verlangte.

Es ist nützlich, die sprachlichen Unzulänglichkeiten dieser Darstellung durch eine Zeichnung (Abb. 41) zu verdeutlichen.

---

[184]) Die „Mittellinie" s_a verbindet A mit der Mitte der gegenüberliegenden Seite BC.

Der Winkel β wird an AB angetragen, es wird aber nicht gesagt, in welchem Punkt. Warum nicht in A? Oder in P? Dann wird ein Kreis um A gezeichnet. Es ist nicht nötig zu sagen, daß man dazu den Zirkel nimmt. Aber man

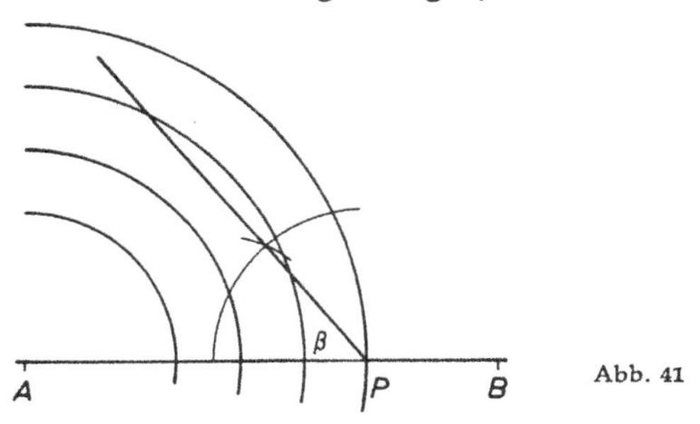

Abb. 41

muß doch angeben, welchen Radius dieser Kreis haben soll. Schließlich ist auch die Aussage „man verdopple DB" nicht eindeutig, und es ist nicht gesagt, welcher Punkt C heißt.

Wenn der Schüler lernt, durch solche Beschreibung von Konstruktionen sich knapp, aber präzis auszudrücken, so ist damit ein wichtiger Beitrag zur Schulung seines Stils geleistet. In der modernen industriellen Gesellschaft gibt es mancherlei Darstellungsformen, die Kürze und Genauigkeit des Ausdrucks verlangen: Protokolle über wissenschaftliche Versuche, Berichte über politische Vereinbarungen usw. Der Deutsch-Unterricht in unseren Schulen zeigt anscheinend nur wenig Neigung, diese in unserer Zeit so wichtigen Stilformen zu üben. Der Germanist hat es mit der Geschichte der Sprache zu tun, ihn interessiert die Dichtung, und er ist deshalb oft versucht, die Schüler in ihren Aufsätzen zur Analyse einer Dichtung oder gar zu eigenen poetischen Versuchen („Herbststimmung im Park") anzuregen. Die anderen, für Wissenschaft, Politik und Wirtschaft bedeutsamen Stilformen werden (von manchen Lehrern) weniger wichtig genommen. Hier hat der mathematische (und der naturwissenschaftliche) Unterricht die wichtige Aufgabe, die Sprachdisziplin des Schülers zu fördern.

Wir sprachen eingangs von der „konzentrierten Information" durch die Aussagen der mathematischen Formalsprache. Es ist der Erwähnung wert, daß eine der jüngsten Disziplinen der angewandten Mathematik sich mit der exakten Bestimmung von „Informationsgehalten" in Kunst- und Umgangssprachen befaßt. Eine Einführung in die mathematischen Grundlagen der Informationstheorie findet man in der „Wahrscheinlichkeitsrechnung" von *A. Renyi*, einen Bericht über die Anwendung dieser Theorie auf die verschiedensten Bereiche der Naturwissenschaften und der Philologie in den

Aufsätzen des von *H. Frank* herausgegebenen Sammelbandes „Kybernetik – Brücke zwischen den Wissenschaften".

2. Die Bedeutung des Wortes in den exakten Wissenschaften

Mit dem Hinweis auf den hohen „Informationsgehalt" der naturwissenschaftlichen Aussagen ist der Unterschied im Sprachgebrauch der Natur- und Geisteswissenschaften [185]) noch nicht hinreichend beschrieben.

Bei einem Staatsexamen in Mathematik wurde der Kandidat in der Theorie der Filter geprüft. Es war ausführlich die Rede von Filtern, Filter-Basen und Bourbaki-Filtern. Der Vorsitzende der Kommission, ein Altphilologe, konnte natürlich nicht folgen, aber er hatte doch gewisse Assoziationen, wenn von „Filtern" die Rede war, und er fragte den Prüfling, warum denn die Dinge, von denen hier gesprochen wurde, ausgerechnet „Filter" hießen. Der Student war ahnungslos. Er hatte sich diese Frage nie gestellt. Er wußte, daß eine Menge von Mengen unter gewissen Voraussetzungen Filter hieß; er kannte die Eigenschaften dieser „Filter", aber er brachte sie nicht in Beziehung zum Kaffeefilter oder zum Filter eines Wasserwerks. Der prüfende Professor war allerdings in der Lage, die gewünschte Aufklärung zu geben, und so konnten der Prüfling und der Vorsitzende in diesem Examen etwas dazulernen.

Ein Geisteswissenschaftler mag es barbarisch finden, daß der Student der Mathematik nie nach dem Sinn des Fachausdruckes in seiner Wissenschaft gefragt hat. Vom Standpunkt der modernen formalistischen Mathematik her ist die Haltung des jungen Mannes durchaus berechtigt. Es ist unmöglich, aus dem Wort „Filter" auf das Wesen dieses mathematischen Begriffs zu schließen. Der Begriff wird durch die in jedem Lehrbuch der Topologie oder der Verbandstheorie gegebene Definition hinreichend geklärt. Diese Erklärung ist klar und unmißverständlich, und man braucht nicht den Bezug auf anschauliche Modelle („Kaffeefilter"), um sich verständlich zu machen. Der Name ist Schall und Rauch. Man könnte statt „Filter" auch „Regenschirm" oder „Gießkanne" sagen, wenn nur die Definition klar ist. Natürlich hat die als „Filter" bezeichnete Menge tatsächlich etwas mit dem Kaffeefilter gemeinsam (und kaum mit einem Regenschirm), aber diese Gemein-

---

[185]) Bei der üblichen Einteilung der Wissenschaften gehört die Mathematik zu den Naturwissenschaften. Man kann dagegen natürlich einwenden, daß sie doch durchaus den Charakter einer „Geisteswissenschaft" habe. Wir wollen uns an die übliche Terminologie (und an die Einteilung der Fakultäten) halten, um auf einfache Weise zusammenfassen zu können. Wir benutzen auch die Bezeichnung „exakte Wissenschaften" für die mathematischen Naturwissenschaften, ohne mit dieser Formulierung behaupten zu wollen, andere Wissenschaften seien nicht „exakt".

samkeit ist unwesentlich. Man kann sie herausstellen, aber man darf an dieser Deutung nicht das Verständnis der Begriffe aufhängen. Dieser Sachverhalt wird besonders deutlich, wenn man mathematische Begriffe in fremde Sprachen übersetzt. „Verband" heißt auf englisch „lattice". Wenn man aber in einem normalen Wörterbuch nach der Bedeutung des Wortes „lattice" sucht, so findet man etwa „Gitterwerk". Übersetzt man umgekehrt „Verband" nach einem Taschenwörterbuch ins Englische, so findet man verschiedene Möglichkeiten, nur nicht den mathematischen Begriff „lattice". Trotzdem versteht der englische Mathematiker unter „lattice" dasselbe wie der deutsche unter „Verband". Ein Verband ist eine Menge von Objekten, die durch zwei Verknüpfungen nach wohlbestimmten Axiomen verbunden werden können. Hier liegt eine Verknüpfung vor, die der Deutsche „Verband", der Engländer „Lattice", Gitterwerk, nennt. Irgendeine Eigenschaft des Gebildes gibt den Namen. Maßgebend ist aber nicht der vieldeutige Name der Umgangssprache, sondern die Festlegung durch die fundierenden Axiome, und die behalten ihren Sinn auch bei der Übersetzung in eine Fremdsprache.

Im Bereich der Geisteswissenschaften kommt es häufig vor, daß grundlegende Aussagen aus der philosophischen Analyse von Worten der Umgangssprache gewonnen werden. Man versucht, aus einem Verständnis des Wortes zu einer gültigen Sinndeutung zu kommen.

Betrachten wir als ein Beispiel die Art, wie *F. K. Schumann* in seinem Referat „Mythos und Technik" [186]) die Brücke zwischen Antike und Gegenwart schlägt. Die übliche Auffassung, die Technik sei „methodisch angewandtes Mittel zur Erfüllung menschlicher Lebensbedürfnisse", hält Schumann zwar nicht für unrichtig, aber sie betrifft doch (nach Heidegger) nicht das Wesen der Technik.

> Die Frage des Wesens hat es nicht mit Richtigkeiten, sondern mit der Wahrheit einer Sache zu tun. Zum Wahren der Technik führt erst der ursprunghafte griechische Gedanke, daß alle Technik ein Hervorbringen, ein Ans=Licht=bringen eines bisher noch nicht Hevor=gebrachten ist. Als solches Hervorbringen hat Technik es zutiefst mit der Wahrheit des Daseins zu tun. Denn alle Wahrheit (ἀ – λήϑεια) ist ein aus der Verborgenheit „Ent=borgenes". Technik ist also eine bestimmte Haltung von Menschsein überhaupt, das wesenhaft ἀληϑεύειν, „Ent=bergen" ist. Ehe wir nun fragen, was für eine besondere Weise des Ent=bergens in der Technik vorliegt, verweilen wir einen Augenblick bei diesem Gedankeneinsatz, der bereits ein Ergebnis darstellt. Er bedeutet ja von vornherein, daß Technik nicht als ein mehr oder weniger Zufälliges, als ein Mittel zur Befriedigung kontingent

[186]) a. a. O. S. 14 ff.

auftretender Bedürfnisse verstanden werden darf. Die Technik hat es wesenhaft nicht mit solchen Bedürfnissen des Lebens zu tun, vielmehr geht es auch in ihr um die Unumgänglichkeit der Wahrheit. „Die Technik west in dem Bereich, wo ... Wahrheit geschieht."

Wir sehen davon ab, daß dem Naturwissenschaftler die Sicherheit, mit der hier von der „Wahrheit" gesprochen wird, suspekt ist. Interessant ist hier die Relation

Technik – Wahrheit – Mythos.

Durch philosophische Analyse des griechischen Wortes für Wahrheit wird hier eine Gemeinsamkeit hergestellt zwischen Technik und Mythos. Technik hat es mit dem Ent=Bergen zu tun, und (so erfahren wir weiter) der Mythos auch: „Im Mythos werden die Grundstrukturen des Seienden in seinem Sein gestalthaft ergriffen und ‚entborgen'."

Daraus deduziert der Theologe *Schumann* das Recht, den Techniker unserer Tage auf den Prometheus=Mythos hinzuweisen. Wer sich mit Feuer be=schäftigt, begibt sich „in den Bereich des Wagnisses, ja des Frevels hinein".

Wir wollen uns versagen, auf die hier zur Diskussion gestellte Frage ein=zugehen und nach der Legitimation des Mythos zu fragen [187]). Uns inter=essiert der Versuch, durch Analyse des Wortes ἀλήθεια das Wesen der Wahrheit der Technik *und* des Mythos zu deuten. Es ist doch mit Händen zu greifen, daß man durch diese Art von Philologie alles und nichts beweisen kann.

Ein anderes Beispiel! *A. Zastrau* [188]) weist zur Interpretation des Begriffs *Bildung* auf die sprachliche Form dieses Wortes hin:

> In der deutschen Sprache sind alle sogenannten Hauptwörter auf „=ung" Abstrakta, die eben mithilfe dieser bedeutsamen Endsilbe unmittelbar aus Zeitwörtern geschaffen wurden. Der ursprünglich verbale Charakter haftet ihnen noch immer an. Er wohnt ihnen inne. Bei einigem Sprachgefühl kann man ihn bis auf den heutigen Tag durchaus verspüren. Dieser verbale Charakter ist ursprünglich aktiv. Er ist aktivisch. Mehr noch: Er ist präsen=tisch. Die Merkmale des Anwesenden, des Gegenwärtigen, des im Kerne Tätigen werden als wesenseigentümlich in dem Gesamthorizont solcher nominalen Ausdrücke erfaßt.

---

[187]) In der Diskussion wurde mit Recht gefragt (a. a. O. S. 9, Fußnote), ob es denn ein Kriterium dafür gebe, „welche mythischen Erzählungen in diesem Sinne als wahrheitshaltig und welche nur als Erzeugnisse fabulierender Phantasie anzusprechen seien".

[188]) in *Wissenschaft und Bildung*, S. 49 ff.

...
> Obwohl wir semasiologisch unser Wort „Bildung" erst der sprachlichen Schöpferkraft Goethes verdanken, gelten alle angedeuteten Aspekte und Momente, völlig entsprechend den Wörtern auf „-ung" allgemein, auch und sogar ganz besonders für dieses. Goethe hat mit seinem Worte „Bildung" die verborgensten Quellschichten tiefursprünglichen Sprachvermögens erreicht und dabei in dichtester Weise Sinn- wie Sprecheinheit Gestalt werden lassen. Gemeintes und Gesagtes sind in den Impulsen der sprachlischen Schöpfertat so eng aufeinander bezogen, daß man mit der geistig-seelischen Intention zugleich alle maßgeblichen Züge der begrifflichen Definition zu erfassen vermag.
>
> Man ist daher berechtigt, in dem Worte „Bildung" den selbstverständlich auch für Goethe primär verbalen Charakter, und zwar durchaus als wesentlich aktiv, aktivisch, präsentisch zu vernehmen. „Bildung", als Wort ebensowohl wie als Begriff genommen, ist der Ausdruck eines Vorgangs, nicht eines Zustands und somit die sprachliche Figur für einen urmenschlichen Wesensakt.

Wir sind in diesem Fall geneigt, dem philologisch Interpretierenden voll zuzustimmen: Hier ist wirklich Wichtiges über das Wesen der Bildung gesagt. Trotzdem bleibt die Frage offen, ob denn die Motivierung solcher Aussagen vom Wort her legitim sei.

Man könnte doch auch so schließen: Was der zweiten Silbe recht ist, ist der ersten billig. Bildung hat etwas mit „Bild" oder auch mit „Bilden" zu tun. Von hier aus könnte man das Recht des Pädagogen deduzieren, den Menschen nach einem „Bild", einem „Vorbild" zu prägen.

Und welche Möglichkeiten bietet das Wort „Erziehung"! Man kann es ins Englische übersetzen und darauf hinweisen, daß „education" etwas mit „Herausführen" zu tun hat. Der Pädagoge hat dann die noble Aufgabe, den Schüler aus irgend einem dunklen Gefängnis herauszuführen in eine lichtvoll-freundliche Welt. Etwas schwieriger ist der Umgang mit dem deutschen Wort. „Erziehung": da steckt doch „ziehen" darin, und das weckt doch einige unfreundliche Assoziationen.

Besonders empfindlich reagieren Vertreter der exakten Wissenschaften, wenn präzis definierte Begriffe der Naturwissenschaften vom Wort her „bildlich" gedeutet und damit einfach mißbraucht werden. Wozu hat doch die *Einsteinsche Relativitätstheorie* herhalten müssen! Man hängte sich an das Wort „relativ" und meinte, eine Gemeinsamkeit mit den Ideen des großen Forschers hergestellt zu haben, wenn man dies oder das für „relativ" erklärte. Kürzlich hat *P. B. Medawar* gegen *Teilhard de Chardin* schwere Vorwürfe erhoben. Er sei [189]) „vor dem Vorwurf der Unehrlichkeit nur dadurch

[189]) in Club Voltaire I, S. 31 ff.

zu retten, daß man ihm zugute hält, er habe, ehe er andere betrog, große Mühe aufgewendet, sich selbst zu betrügen". Diese „Betrugsversuche" sieht *Medawar* u. a. in dem Umgang mit der physikalischen Fachsprache. *Teilhard de Chardin* will zwar sein Werk nicht als metaphysische Studie verstanden wissen, sondern „einzig und allein als naturwissenschaftliche Arbeit". Doch er braucht (so *Medawar*) „Wörter wie Energie, Spannung, Gewalt, Trieb-kraft und Dimension zwar bildlich, versteht sie aber so, als ob sie noch das Gewicht wissenschaftlicher Termini besäßen".

Wir haben hier nicht zu urteilen, ob die Vorwürfe gegen *Chardin* zu Recht bestehen. Das muß aber festgehalten werden: Man mißbraucht den Respekt, den alle Welt dem präzisen Sprachgebrauch der exakten Wissenschaften ent-gegenbringt, wenn man Begriffe der Physik oder der Mathematik im „all-gemeinen" Sinne benutzt und dann so tut, als ob die mit diesen Termins gewonnenen Aussagen Ergebnisse exakter Forschung wären [190]).

Eine weitere Möglichkeit zur Verunklärung des wissenschaftlichen Gesprächs liegt in der Tatsache begründet, daß die Begriffe unseres Denkens im Laufe der Jahrhunderte in vielen Fällen eine Wandlung erfahren. Auch die exakten Wissenschaften sind gegen solche Möglichkeiten nicht gefeit. So versteht der moderne Mathematiker (der die Mathematik als die „Wissenschaft von den formalen Systemen" deutet) unter einem *Axiom* etwas wesentlich anderes als der antike Denker oder der Forscher des 19. Jahrhunderts. *P. Mittel-staedt* [191]) hat kürzlich darauf hingewiesen, daß durch die Ergebnisse der Quantentheorie sich das Verständnis vom Wesen der Natur selbst grund-legend gewandelt hat. Wir sprechen auch heute noch von den „Natur-wissenschaften" wie in den Tagen Galileis, wir rechnen aber nicht mehr mit der Möglichkeit, die Natur absolut unabhängig vom forschenden Menschen zu beschreiben. Wir sprechen – ein weiteres Beispiel – auch heute gelegent-lich vom naturwissenschaftlichen *Weltbild*, wir wissen aber, daß wir uns ein *Bild* des Atoms im klassischen Verständnis des Wortes *nicht* machen können.

Es ist aber charakteristisch für die um Präzision der Aussagen bemühten exakten Wissenschaften, daß dieser Sachverhalt immer wieder deutlich aus-

---

[190]) Es ist natürlich gar nicht zu vermeiden, daß Begriffe wie Dimension, Energie, Integration, Funktion auch außerhalb des in den exakten Wissenschaften fest-gelegten Sprachgebrauchs verwandt werden. (Vgl. unsere Überschrift von Kap. III!) Es kommt nur darauf an, daß der hier geschilderte Mißbrauch aus-geschlossen ist.

[191]) *P. Mittelstaedt:* Der Begriff der Natur in der modernen Physik. In „Natur und Geist", eine Auswahl von Sendungen des Saarländischen Rundfunks. Frankfurt a. M. 1964.

gesprochen wird. Ein Student der Mathematik erfährt heute [192]), daß die moderne Mathematik aus guten Gründen ein anderes Verständnis vom Wesen der Axiome hat als etwa *Platon*.

Wenn man aber das Wesen der Dinge vom Verständnis des *Wortes* her gewinnen will, läuft man Gefahr, solche Wandlungen der Begriffsbildungen nicht wichtig zu nehmen. Das gilt besonders für die Existenzphilosophie und die auf ihre Methoden zurückgreifende Theologie. Vor allem finden wir in der Theologie oft die Neigung, Änderungen im Verständnis der Begriffe zu übersehen. Man benutzt die Formeln und Symbole der alten Kirche, deutet sie aber ganz anders als etwa die buchstabengläubigen Theologen der Orthodoxie. Es ist durchaus verständlich, daß sich das theologische Denken wandelt wie das anderer Disziplinen auch. Schlimm ist nur, daß man diese Änderung totschweigen oder gar leugnen will. Man legt Wert auf die „Unwandelbarkeit" der wesentlichen theologischen Aussagen.

Fassen wir zusammen: In den mathematischen Wissenschaften ist es üblich, die benutzten Begriffe zu definieren (soweit es sich nicht um undefinierbare „Grundbegriffe" handelt, vgl. Kap. IV!). Mit einer möglichst kleinen Anzahl von Wörtern der Umgangssprache gelingt die Festlegung der Begriffe dabei so, daß Mißverständnisse praktisch ausgeschlossen sind. Bei der Übersetzung in fremde Sprachen ist nicht die Übertragung des Ausdruckes maßgebend, sondern die der Definition. In den mit philologischen Methoden arbeitenden Disziplinen legt man dem den Begriff bezeichnenden Wort größere Bedeutung bei. Es wird oft versucht, den Sinn eines Begriffes durch philologische Analyse (in der einen oder anderen Umgangssprache) zu deuten. Dieses Verfahren der „Sinndeutung" ist vieldeutig und gibt Anlaß zu Mißverständnissen.

Man kann einiges zur Rechtfertigung dieses philologischen Verfahrens anführen: Außerhalb der mathematischen Wissenschaften ist eine präzise Definition nicht immer möglich. Das wurde hier schon bei der Diskussion des Begriffes „Bildung" deutlich. Und schließlich steckt in der menschlichen Sprache nicht nur Torheit und Mißverstehen, sondern auch uralte Weisheit, die freizulegen das Recht des Forschers ist. Zugegeben. Aber die Möglichkeiten der Fehldeutung und des Mißverstehens sind zahlreich. Deshalb sollte man aus der Not keine Tugend machen und diese Gefahren des Mißverstehens erkennen. Es fällt bei der Lektüre von Facharbeiten der Philosophen, der Pädagogen und Theologen immer wieder auf, wie rasch man dabei ist, den Gesprächspartner zu verketzern oder ihm doch Irrtümer und Mißverständnisse nachzusagen. Man sollte die hier bestehenden Schwierigkeiten der Kommunikation in Rechnung stellen.

---

[192]) Vgl. z. B. *Meschkowski:* Einführung in die moderne Mathematik.

3. Wider die babylonische Sprachverwirrung

Vor einigen Jahren hat zwischen dem Theologen *Bultmann* und dem Philo=sophen *Jaspers* eine auch in der Form heftige [193]) Auseinandersetzung [194]) stattgefunden, die bei Theologen und Existentialisten sehr wichtig genom=men wurde. Die Vertreter der exakten Wissenschaften haben diesen Streit kaum zur Kenntnis genommen. Wenn es aber geschah, standen sie (soweit uns bekannt ist) auf Seiten *Bultmanns* und verteidigten ihn gegen die hefti=gen Attacken des Philosophen [195]).

Da es bei diesem Gespräch auch um die Möglichkeiten einer wissenschaft=lichen Sprache ging, wollen wir hier kurz darüber berichten.

Bultmann geht von der Tatsache aus, daß die Bibel die Sprache des mytho=logischen Weltbildes spricht. Da dieses dreistufige Weltbild (Himmel, Erde, Hölle) nicht mehr das unsere ist, will *Bultmann* die Aussagen der Kirche „entmythologisieren". Er will nicht einfach (wie es manche liberale Theolo=gen vorhatten) alle mythologischen Elemente einfach *entfernen;* er will sie „existential" interpretieren. Er will also den theologischen Gehalt dieser Aussagen dem Menschen des 20. Jahrhunderts nahe bringen, dem die „mythologische Rede" selbst nichts mehr sagt.

Man wird verstehen, daß die theologische Orthodoxie gegen *Bultmann* zu Felde zog. Aber woher kommt es, daß der Existentialist *Jaspers Bultmann* so heftig attackierte? Man versteht es zunächst nicht und liest seinen Aufsatz ein zweites Mal. *Jaspers* ist beileibe nicht orthodox. Er gibt zu: Ein Leichnam kann nicht wieder aus dem Grabe steigen. Was ihn so in Zorn bringt, ist die Abwertung des Mythos, den er im *Bultmann*schen Programm erkennt. Für den Existenzphilosophen ist die mythologische Redeweise eine notwendige Form der Kommunikation, und er meint auf diese Art der Aussage nicht ver=zichten zu können, wenn es um die großen Menschheitsfragen geht.

Wie man den Mythos ins Gespräch bringen kann, zeigt der oben (S. 148) zitierte Vortrag von *Schumann.* Den modernen Technikern wird die Prome=theus=Sage erzählt mit dem (durch philologische Interpretation gestützten) Anspruch, daß diese Geschichte auch für unsere Zeit bedeutsam sei. Jaspers

---

[193]) Heftig sind vor allem die Ausfälle von *Jaspers. Bultmann* hat sehr zurück=haltend geantwortet.

[194]) Veröffentlicht in Kerygma und Mythos, ein Gespräch. Hrsg. von *H. Bartsch.* Hamburg=Volksdorf 1952–57, Bd. 1–3.

[195]) Siehe z. B. *Reidemeister:* Die Unsachlichkeit der Existenzphilosophie mit einem Aufsatz über *Bultmann,* und *H. Meschkowski:* Das Christentum im Jahrhundert der Naturwissenschaften, Kap. XI. Vgl. auch das Zitat von *Weiz=säcker* auf S. 154!

findet in der Bibel eine Fülle von Mythen, die er gern zur „Daseinserhellung" nutzbar machen möchte. Die Absicht zu entmythologisieren ist ihm deshalb ärgerlich, weil sie den Versuch darstellt, die antiquierte Form der mythologischen Rede durch eine unserer Zeit gemäße Aussageform zu ersetzen.

Damit wird aber eine Sprachform diskreditiert, auf die der Existenzphilosoph nicht verzichten will.

C. F. von Weizsäcker sagt zu dieser Frage der mythologischen Rede [196]:

> Wir haben auf die Mythen der Wissenschaft ja nicht verzichtet, weil sie Wissenschaft, sondern weil sie Mythen sind. Ich glaube allerdings, daß die Antwort auf die Fragen, vor die wir damit gestellt sind, im Raum der Religion liegt. Aber diese Antwort wird uns nichts mehr nützen, wenn sie in der Sprache des Mythos formuliert ist. Die großen Gleichnisse genügen uns nicht mehr. Entschiedener als frühere Zeiten müssen wir nach der Sache selbst fragen.

Es ist nicht schwer zu begründen, warum uns Antworten in der Sprache des Mythos „nichts mehr nützen". Wir sprachen schon von den Möglichkeiten der Verunklärung und des Mißverstehens, die durch die philologische „Deutung" von Worten gegeben sind. Diese ärgerlichen Möglichkeiten werden vervielfacht, wenn man biblische oder antike Mythen in wissenschaftliche Argumentationen einbauen kann. Welche Rechtfertigung gibt es eigentlich dafür, den Technikern gerade den Prometheus-Mythos zu erzählen? Wer in der Mythologie bewandert ist, dürfte sicher auch irgendeine antike Sage finden, die sich so interpretieren läßt: Sich durch niemanden und nichts von der gesetzten Zielrichtung abbringen lassen!

Wir haben bei *Jaspers* keine andere Rechtfertigung zur Anführung von Mythen gefunden als die: Sie sind „ergreifend". Wir haben keine Einwände dagegen, daß sich jemand durch die Aussage einer Dichtung oder eines Mythos „ergreifen" läßt. Unser Dasein würde langweilig, wenn es das nicht gäbe. Aber man sollte doch die philosophische Predigt hart gegen wissenschaftliche Aussagen abgrenzen.

Und ein bißchen Skepsis gegen „ergreifende" Reden ist (zwanzig Jahre nach dem Ende des dritten Reiches!) angebracht. Vergessen wir nicht:

Man kann auch das schlechtweg Verkehrte in sehr ergreifenden Bildern weitergeben. Und wer sagt uns denn, daß eine mythologische Aussage über Gott oder die Welt mehr wert ist als etwa frühe mythologische Erklärungsversuche für Blitz und Donner (die doch auch wohl Jaspers nicht mehr übernehmen will!)?

---

[196]) „Die Geschichte der Natur", Göttingen 1956, S. 51.

K. Reidemeister sagt von der Redeweise der Existentialisten [197]:

> Die Aussageweise drückt dem Ausgesagten den Stempel des Eigentümers auf und entzieht die Aussage durch die je eigene Prägung der Beurteilung nach allgemeinen Regeln, z. B. nach den Regeln der Logik. Ja selbst die Worte werden so in die verdichtete Anschauung eingestampft, daß sie wie Steine in einem Mosaik sinnlos werden, wenn man sie herauslösen wollte. Nun, das ist die Sprache im Dienst der existenziellen Evokation, für welche Bildhaftigkeit wichtiger ist als Verständlichkeit und Schwerverständlichkeit ein Merkmal der Echtheit ist.
>
> ...
>
> An Mythos und Magie fehlt es der Zeit nicht; es fehlt an Urteil und Substanz, weil die Kommunikation unterbunden ist. Der einzige Gegenstand, der der Auflösung widerstanden hat, ist die positive Wirklichkeit, und die Verneinung des Positivismus scheint die einzige Aussage zu sein, die sich noch allgemeiner Anerkennung erfreut. So kann man mit einigem Recht behaupten, daß die Kommunikation in der Existenzphilosophie nur durch den Positivismus gerettet wird.

Es besteht die Gefahr, daß diese Sprechweise „die Kommunikation der Denkenden untereinander mit Vernichtung bedroht".

In der Tat: Das Verfahren der philologischen Deutung des „Wortes", weit stärker aber noch der Gebrauch der mythologischen Rede kann zu einer babylonischen Verwirrung der Sprache und damit zu einer Isolierung der Sprechenden führen. Unter diesen Umständen ist die Forderung nicht überflüssig, man möge durch Präzision der Begriffsbildungen und durch Schlichtheit des Ausdrucks versuchen, der Sprachverwirrung zu wehren.

Wir meinen: Die Beschäftigung mit den exakten Wissenschaften ist geeignet, die sprachliche Zucht auch in der Umgangssprache zu fördern. Die Schriften des Hamburger Philosophen *C. F. von Weizsäcker* sind – um nur ein Beispiel zu nennen – von einer wohltuenden Klarheit des Ausdrucks, die auf seine Herkunft von der Physik deutet. Sie sind leichter zu lesen (und dabei gehaltvoller) als die mancher Existentialisten.

Es ist kein Zufall, daß die OEEC [198] versucht hat, gerade auf dem Gebiet des *mathematischen* Unterrichts eine Verständigung zwischen den Völkern zu erreichen. Die mathematischen Begriffsbildungen sind so präzis, daß eine Übertragung in eine andere Sprache ohne Substanzverlust möglich ist. Das Unternehmen Bourbaki (Kap. VII) begann deshalb auf internationaler Basis, und heute haben wir in Westeuropa viele Gemeinsamkeiten im mathema=

---

[197]) In „Die Unsachlichkeit der Existenzphilosophie", S. 14.

[198]) Vgl. dazu die Schrift „New Thinking in School Mathematics".

tischen Schulunterricht. Neuerdings hat man für die Studenten der Mathematik ein „Europäisches Studienbuch" geschaffen. Das ist eine Art Paß für solche Studierende der Mathematik, die an Hochschulen verschiedener Länder studieren wollen. Die einzelnen Studiengebiete sind am Ende des Buches in englischer und französischer Sprache notiert, und die Professoren können nach dieser Vorlage die erworbenen Kenntnisse bescheinigen. Die Orientierung auf die Bourbaki-Strukturen macht eine Verständigung zwischen den Professoren verschiedener Länder leicht.

Natürlich liegt die leichte Verständigungsmöglichkeit über Fragen der Mathematik an dem formalen Charakter dieser Wissenschaft. Aber man darf doch hoffen, daß die Disziplin der mathematischen Sprache auch die Kommunikation über solche Fragen erleichtert, die nicht in den Zuständigkeitsbereich der exakten Wissenschaften fallen. Wir berichteten bereits (S. 34) über den Versuch *Reichenbachs*, in der schwierigen Frage der „Realgeltung" der Geometrie eine Übereinstimmung der Forscher durch präzise Formulierung der Aussagen zu erreichen. Wir erinnern an die sehr klaren und kaum widerlegbaren Aussagen von *Stegmüller* [199]) über das Verhältnis der Wissenschaft zur Metaphysik. Es ist möglich, daß sich in den nächsten Jahrzehnten die Gemeinsamkeit der Aussagen aller Wissenschaftler über den Bereich der reinen Mathematik und der experimentellen Physik hinaus ausweiten läßt. Die Präzisierung der Umgangssprache ist eine notwendige (vielleicht nie hinreichende) Voraussetzung dafür.

4. Die Stellung der Mathematik in unserer Kultur

Man sagt immer wieder, daß die Kunst einer Epoche ein Ausdruck für ihre Denk- und Lebensweise sei. Es scheint, daß dieser Satz nur bedingt richtig ist. Jedenfalls hat man unser Jahrhundert das Zeitalter der Naturwissenschaften genannt, und doch scheint die Kunst unserer Zeit vom Geist der exakten Wissenschaften, von ihrem Bemühen um Klarheit und Schlichtheit des Ausdrucks, kaum beeinflußt.

Man hat darauf hingewiesen, daß gewisse abstrakte Malereien moderner Künstler eine auffallende Ähnlichkeit mit den Röntgenaufnahmen von Beugungsversuchen haben.

Kann man daraus auf eine untergründige Gemeinsamkeit zwischen Kunst und Wissenschaft schließen? Das scheint uns gewagt. Es gibt doch eine solche Fülle von eigenwilligen Formen in der modernen Malerei, daß eine Ähnlichkeit mit dem Foto eines Beugungsversuchs reiner Zufall sein kann.

---

[199]) Metaphysik, Wissenschaft, Skepsis, S. 51 ff.

Eher schon könnte man in der Fülle bizarrer Schöpfungen der modernen Kunst ein Gegenstück zu den fremdartigen Erfahrungen sehen, die der Forscher beim Eindringen in die Welt des Atoms machen muß.

Jedenfalls scheint die zeitgenössische *Dichtung* wenig vom Geist des naturwissenschaftlichen Jahrhunderts beeinflußt zu sein. Es ist nicht leicht, in die Welt des Forschers einzudringen, aber der Wissenschaftler ist doch bemüht, durch Klarheit der Sprache und Einfachheit der Begriffsbildungen den Zugang zu seiner Welt zu erleichtern. In der zeitgenössischen Dichtung scheint die Tendenz vorzuherrschen, das Einfache durch eine dunkle Sprache kompliziert zu machen. Stilbrüche gelten als ein Ausweis von Originalität.

Natürlich ist es möglich, diese Erscheinungen aus den politischen und menschlichen Erfahrungen der letzten 30 Jahre zu deuten. Aber unter anderem beweist doch dieser Tatbestand auch, daß der Geist der exakten Wissenschaften unsere Dichter noch nicht beeinflußt hat. Sonst müßte doch schlichte Klarheit der Aussagen unabdingbare Voraussetzung für die künstlerische Geltung sein.

Wir wollen uns nicht über die Poeten beklagen. Ihre Art bestätigt nur, daß die mathematische Denkweise auch den meisten gebildeten Menschen unserer Zeit noch fremd ist. Kultur: Das ist Theater, Musik, Dichtung, Bildende Kunst. Man weiß, daß wir im Jahrhundert der Naturwissenschaften leben und interessiert sich vielleicht auch für einen Bericht über Forschungsergebnisse der Physik (wenn er populär genug geschrieben ist). Aber die Naturwissenschaften bleiben doch eine „Geheimwissenschaft“, die man den Spezialisten überlassen kann. Die Bildung des Menschen erfolgt durch das Wort: Durch die Kunst des Wortes und durch die philologischen Disziplinen [200]).

Die exakten Wissenschaften sind unserer Epoche aber mehr schuldig als nur die Grundlagen für die unvermeidliche Technisierung unseres Lebens. Wir brauchen neue Formen des Unterrichts, damit die Bildungsmöglichkeiten der Mathematik und der Naturwissenschaften sich auswirken können.

---

[200]) Der Verband der Gymnasiallehrer heißte heute noch *Philologenverband*.

XI. Mathematische Begabung

Es verdient angemerkt zu werden, daß Hr. Gauß jetzt in seinem 18ten Jahre steht, und sich hier in Braunschweig mit eben so glücklichem Erfolg der Philosophie und der classi= schen Litteratur als der höhern Mathematik gewidmet hat.

Den 18. April 96 — *E. A. W. Zimmermann, Prof.* [201])

1. Mathematik eine „Geheimwissenschaft"?

Wenn ein Akademiker in einer Mußestunde im Lesesaal der Bibliothek nach einer Fachzeitschrift eines ihm fremden Gebietes greift, so kann er dabei recht unterschiedliche Erfahrungen machen. Wenn er sich für Geschichte, für Soziologie, Philosophie oder Pädagogik interessiert, so kann es wohl vor= kommen, daß er einzelne Wendungen nicht versteht und mit Bezügen auf andere Veröffentlichungen nichts anzufangen weiß, aber im allgemeinen wird er doch erkennen, worum es geht. Er kann natürlich nicht beurteilen, ob der Historiker die Quellenschriften sachgemäß interpretiert, er durch= schaut vielleicht auch nicht, welche Ideologien hinter den Ausführungen der Philosophen und Pädagogen stehen, aber er begreift doch, was der Gegen= stand der Abhandlung ist und welche Thesen der Autor vertritt.

Anders ist es, wenn sich unser Leser an das Regal der mathematischen Fach= zeitschriften verirrt. Wenn er niemals zu einer mathematisch=naturwissen= schaftlichen Fakultät gehört hat, werden ihm die Abhandlungen der Mathe= matischen Annalen völlig unverständlich bleiben, selbst wenn er sich auf Artikel beschränkt, die in seiner Muttersprache geschrieben sind und nur solche Symbole benutzen, die ihm von der Schule her vertraut sind.

Diese Tatsache hat der Mathematik den Ruf einer „Geheimwissenschaft" eingetragen. Man weiß, daß man auf die Mathematik nicht verzichten kann in unserem industriellen Zeitalter, aber man überläßt den Umgang mit dieser unheimlichen Disziplin gern den „Spezialisten", die – offenbar – eine be= sondere Begabung für diese Wissenschaft haben.

Gelegentlich spricht ein Geisteswissenschaftler mit Bedauern davon, daß ihm das Verständnis für die mathematischen und physikalischen Probleme versagt sei. Es kommt aber auch in unserem Jahrhundert der Naturwissen=

---

[201]) Zusatz von *Gaußens* Mathematiklehrer vom Braunschweiger Collegium Caro= linum zu einer Notiz im *Intelligenzblatt der allgemeinen Literatur=Zeitung* (Jena) vom 1. Juni 1796, die das Erscheinen des *Disquisitiones arithmeticae* ankündigt.

schaften noch allzu oft vor, daß Vertreter des klassischen Denkens sich ihrer Unwissenheit auf dem Gebiet der exakten Wissenschaften rühmen. Keinem Menschen würde es einfallen, Unsicherheit auf dem Gebiet der Sprache bewußt herauszustellen, aber mit einer 5 in Mathematik (oder Physik) im Abitur kann man sich in guter Gesellschaft brüsten.

Daß solche hochmütigen Vertreter eines traditionellen Denkens *Platon* und *Kant* schlecht gelesen haben, wollen wir hier nur am Rande erwähnen [202]). Uns interessiert jetzt die hinter einer solchen Denkweise stehende Überzeugung, daß die mathematische Begabung eben eine besondere Disposition einer gewissen Menschengruppe sei, der man getrost den Umgang mit dieser schon *Goethe* unheimlichen Disziplin [203]) überlassen solle.

Unser technisches Zeitalter braucht in steigendem Maße Wissenschaftler und Praktiker, die sich in der Wissenschaft von den „formalen Systemen" auskennen. Haben wir genug Gymnasiasten, die mathematische „Begabung" mitbringen? In vielen Universitäten sind die Seminare in der philosophischen Fakultät hoffnungslos überfüllt; auch bei den Naturwissenschaften drängen sich die Hörer, aber es sind noch längst nicht genug, um den Bedarf der Technik und der Wissenschaft in den nächsten Jahren zu decken. Das Ergebnis ist ein akuter Mangel an Lehrern für die naturwissenschaftlichen Fächer.

Die Frage nach dem Wesen der Begabung für die exakten Wissenschaften wird damit zu einem wichtigen volkswirtschaftlichen Problem. Hat es einen Sinn, eine größere Zahl von Schülern zur Beschäftigung mit der Mathematik und den Naturwissenschaften zu ermuntern? Oder muß man fürchten, daß nur eine beschränkte Anzahl von Menschen eine Disposition für mathematischen Formalismus und experimentelle Arbeit mitbringt?

2. Begabungstypen

Fragen wir zunächst den Psychologen!

Aber wem sollen wir hier folgen? Wollen wir uns die Typenlehre *Sprangers* zu eigen machen, die ein Ergebnis „einfühlenden Verstehens" ist? Oder wollen wir modernen empirischen Verfahren den Vorzug geben?

Ein naheliegender Weg ist ja die statistische Auswertung von Schulzeugnissen. Sind gute Noten in der Mathematik mit entsprechenden Noten in

---

[202]) Vgl. dazu Kap. I!

[203]) Siehe dazu *Meschkowski:* Goethes Stellung zur Mathematik. Humanismus und Technik VIII 3, 1963, S. 110–114.

anderen Fächern gekoppelt, oder gibt es häufig Divergenzen? *K. Strunz* zieht aus Untersuchungen dieser Art den Schluß [204]):

> Eine Grenzziehung für die vorkommenden Varietäten der Begabung läßt sich ... kaum befriedigend durchführen, wenn man von den Schulnoten ausgeht.

In der Regel haben wir eine gute Entsprechung zwischen den Leistungen in den verschiedenen Fächern, und wenn Abweichungen auftreten, so ist noch nicht ausgemacht, daß hier *konstitutionelle Unterschiede* vorliegen. *K. Strunz* weist mit Recht darauf hin, daß dieselbe Leistung [205])

> auf sehr verschiedene Weise zustande kommen kann, also *psychologisch mehrdeutig* ist. Bei dem einen ergibt sich manche gute Leistung vor allem dadurch, daß er über ein gutes unmittelbares Gedächtnis verfügt ... Ein anderer verarbeitet das Dargebotene viel eingehender rein intellektuell ... Oder: der eine schafft mit Ausdauer und Fleiß, was dem andern mühelos zufällt.

Es kommt hinzu, daß die Leistungen vieler Schüler keineswegs durch die ganze Schulzeit konstant sind. *Strunz* berichtet von umfassenden statistischen Untersuchungen in Baden-Württemberg, die das erneut nachgewiesen haben. Auch diese Bemerkung spricht gegen eine vorschnelle Aufteilung der Schüler in „Begabungstypen". Wir meinen: Für die Mathematik ist mit diesen Feststellungen noch gar nicht das Wichtigste gesagt. Sie unterscheidet sich doch von den philologischen Disziplinen durch die strenge Bindung von Begriffen und Symbolen. Nehmen wir an, daß ein Student der Germanistik aus irgendeinem Grunde eine Vorlesung über *Rilkes* Lyrik versäumt. Wenn er beim nächstenmal wieder anwesend ist, wird er im allgemeinen trotz seines Fehlens die Interpretation eines neuen *Rilke*-Gedichtes verstehen können. Wenn dagegen ein Mathematiker einmal der Vorlesung fernbleibt, so muß er damit rechnen, daß in dieser Stunde eine Fülle neuer Begriffe definiert, neuer Sätze bewiesen wurden. Es kann ihm geschehen (wenn er sich nicht vorher die Nachschrift eines Kommilitonen durchsieht), daß er einfach nicht mehr folgen kann.

Das bedeutet nicht, daß die Mathematik „schwieriger" ist als andere Wissenschaften; sie hat einen anderen Aufbau. Damit hängt es natürlich auch zusammen, daß mathematische Fachzeitschriften für den nicht Eingeweihten so unverständlich sind: Man kann in einer Arbeit in den „Annalen" nicht alle Begriffsbildungen wiederholen, die dem Fachmann vertraut sind. Wer darüber nicht Bescheid weiß, muß sich eben in der Buchliteratur über jene Be-

---

[204]) *K. Strunz:* Begabungstypen und höhere Schule, S. 19.

[205]) a. a. O. S. 13.

griffe informieren, die hier vorausgesetzt sind. Wenn man das tut, verschwinden die Unklarheiten.

Was geschieht nun, wenn ein Student Versäumtes *nicht* nacharbeitet, wenn ein Schüler in den Unterrichtsstunden über die Fundamente der Algebra andere Dinge interessanter findet als die Formel für $(a + b)^2$? Es wird sich später herausstellen, daß er auch in der höheren Mathematik in der Oberstufe nicht folgen kann. Das liegt nicht unbedingt daran, daß sein Gehirn nicht disponiert sei für die Probleme der Infinitesimalrechnung. Es hat seinen Grund einfach darin, daß er zu oft im Unterricht geschlafen hat. Wir wollen nicht darüber rechten, ob er selbst oder die vielleicht unzulängliche Form des Unterrichts daran schuld ist. Tatsache ist, daß auch erhöhte Aufmerksamkeit in der Oberstufe die „Sünden der Jugend" nicht so leicht ausgleichen kann. Natürlich: Wenn der Schüler den Grund für sein Versagen erkennt, wenn man ihm auf irgend eine Weise hilft, die Versäumnisse auszugleichen, dann kann es geschehen, daß ein bisher enttäuschter und von seiner Unfähigkeit überzeugter Schüler ein guter Mitarbeiter wird. Es gibt freilich auch noch andere, tiefer liegende Gründe für ein Versagen in der Mathematik, das Mangel an Begabung vortäuschen kann. *Fritz Künkel* deutet in seiner „Arbeit am Charakter" das Entstehen von Denkhemmungen [206]:

> Ein sechsjähriges Kind, das von der Mutter her ein klein wenig verzärtelt ist, wird von einem anderen Erwachsenen (einerlei, ob Vater, Onkel oder Lehrer) vor eine Rechenaufgabe gestellt. Es soll drei Bleisoldaten unter zwei Kinder verteilen. Es gibt den einen Soldaten dem einen Kinde und den zweiten dem anderen. Den dritten, der übrigbleibt, behält es zunächst ratlos in der Hand. – Nun hängt alles davon ab, wie der Erwachsene seinerseits sich verhält. Hat er auch nur die geringste Neigung, sich über seine Mitmenschen zu erheben, und wäre es auch nur durch einen noch so leisen Anflug von Spott, so wird das Kind in seiner Miene lesen, daß er sich selbst als den Überlegenen betrachtet. Es wird dann seine eigene Ratlosigkeit als Niederlage erleben, und da es gegen Niederlagen genau in dem Maße empfindlich ist, in dem es vorher schon verzärtelt oder verschüchtert wurde, so wird es nicht mehr den Mut aufbringen, sich weiterhin für seine Leistung verantwortlich zu fühlen. Es wird sich innerlich von der Rechenaufgabe abwenden und alles weiter dem Erwachsenen überlassen. Die äußere Formel für diesen Rückzug des Kindes lautet meist: „Ich kann nicht", oder „es geht nicht", oder „das haben wir noch nicht gelernt."
>
> Der innere Vorgang, der sich in diesem Augenblick vollzieht, ist eine Entmutigung, eine Verringerung der kindlichen Lebendigkeit, eine Einschränkung der produktiven Möglichkeiten. Am besten aber läßt sich diese Entmutigung beschreiben als das Auftreten einer neuen Leitlinie. Und in

---

[206]) A. a. O. S. 51.

> unserem Falle würde die Leitlinie heißen „Ich kann nicht rechnen." – In Zukunft wird das Kind allen Rechenaufgaben mutlos, lustlos und mit einem deutlichen Mangel an Selbstvertrauen gegenübertreten: Es wird sich im Rechnen als unbegabt erweisen.

Noch deutlicher wird *Künkel* in seiner „Jugendcharakterkunde" [207]). Ein schlechter Rechner ist nach *Künkel* „auch ein schlechter Entdeckungsreisender, ein schlechter Anführer und überhaupt ein mutloser Mensch".

> Was wir gewöhnlich als „mangelhafte Begabung im Rechnen" bezeichnen, ist in Wirklichkeit meist nur ein zu kurzer Spannungsbogen, und das heißt Mangel an Mut, Mangel an Sachlichkeit und darum auch Mangel an innerer Lebendigkeit und Geistesgegenwart. Nur in ganz wenigen Fällen hängt das Nichtrechnenkönnen mit einem körperlichen Fehler zusammen. Dann handelt es sich um den sogenannten Schwachsinn, der aber nicht nur das Rechnen, sondern jedes logische Denken aufs stärkste behindert.

Auch *Strunz* erkennt an, daß es die von *F. Künkel* aufgewiesenen leistungshemmenden „Dressate" gibt [208]). Aber er will trotzdem nicht darauf verzichten, Begabungstypen herauszustellen. Allerdings will er zunächst den traditionellen Begabungsbegriff „psychologisch aufhellen" [209]). Er gesteht zu, daß man den „Umweltfaktoren" einen viel größeren Einfluß auf Erfolg oder Mißerfolg in der Schularbeit zusprechen muß, als das früher geschah. Immerhin will *Strunz* mit anderen modernen Psychologen in einer „dynamischen Leistungstheorie" Begabungstypen unterscheiden. Er folgt dabei *E. Kretschmer* und spricht von schizothymen, zyklothymen und viskösen Menschen. Im Idealfall entspricht dem Begabungstypus ein ganz bestimmter Körperbau: Zum schizothymen Typus gehört der leptosome Körperbau, zum zyklothymen der pyknische.

> Sein Denken ist wirklichkeitsnah, es ist weiter ausgesprochen situationsangepaßt und aufs Praktische gerichtet. Alles übersteigerte Theoretische ist dem zyklothymen Denker fremd . . .
>
> Negativ wirken sich diese Merkmale der praktisch-lebensnahen Intelligenz in solchen Eigenschaften aus wie: Mangel an logischer Konsequenz, Abneigung gegen alle bohrende und systematische Denkarbeit.

In der Mathematik wird also der zyklothyme Mensch weniger Erfolg haben als der schizothyme, der besonders leistungsfähig sein soll in allen jenen Be-

---

[207]) a. a. O. S. 39.

[208]) Vgl. den Artikel von *Strunz* in „Der mathematische Unterricht für die sechs- bis fünfzehnjährige Jugend in der Bundesrepublik Deutschland", Göttingen 1958.

[209]) Vgl. zum Folgenden *Strunz:* Begabungstypen und höhere Schule, S. 14 ff.

reichen, „die ein klares, begriffsgenaues und *streng* folgerichtiges Denken, ein ausgesprochenes Regelbewußtsein fordern und auch besonders weit- gehende Abstraktionen verlangen".

Wir fragen: Wie soll man praktisch den Begabungstypus erkennen? Können wir im Sinne *Sprangers* „einfühlend verstehen", wie unsere Schüler zu klassifizieren sind, oder müssen wir versuchen, mit statistischen Methoden einen objektiven Grund für eine solche Einteilung zu schaffen? Moderne Psychologen neigen wohl dazu, den empirischen Methoden den Vorzug zu geben.

Wenn es aber nicht möglich ist, aus dem „objektiven" Befund der Schul- zeugnisse eine gesicherte „Typisierung" vorzunehmen, wie will man (wenn man sich nicht nur auf seine Intuition verlassen will) einen *objektiven* Grund für die Einteilung in die *Kretschmer*schen Typen finden? Die entsprechende Frage ist für die Nachweisung der *g*-, *V*- und *S*-Faktoren [210]) in der moder- nen Faktorenanalyse zu stellen.

Aber stellen wir diese Bedenken zurück. Der Nachweis bestimmter Be- gabungsfaktoren ist doch nur dann von praktischer Bedeutung, wenn diese Faktoren wirklich anlagebedingt sind und nicht vorwiegend als das Ergebnis eines bereits seit Jahren laufenden Bildungsprozesses zu deuten sind. Bei *Kretschmer* (der sich immer wieder auf den Körperbau bezieht) herrscht offenbar die Ansicht vor, daß seine „Typen" Produkte der Schöpfung sind. Die moderne Forschung ist weit zurückhaltender mit ihren Aussagen. *Strunz* berichtet [211]):

> Das Relief der Faktorenausprägung im Individuum weist im allgemeinen keine allzu großen Niveauunterschiede auf. Weiter hat man gefunden: Je jünger der Mensch ist, desto ausgeglichener ist dieses Relief, ganz un- abhängig davon, ob ein hoher oder ein geringer Ausprägungsgrad ge- geben ist.

Dieser letzte Satz scheint uns besonders bemerkenswert. Er bestätigt doch die Ansicht *Künkels,* daß – wenn nicht gerade allgemeiner Schwachsinn vor- liegt – schlechte Ergebnisse im Rechnen nicht Ausweis einer partiellen Unter- begabung sind, sondern auf „Mangel an Mut" deuten, oder durch Versagen (des Schülers oder Lehrers) im Unterricht zu interpretieren sind.

Ein erfahrener Schulmathematiker hat zur Frage der mathematischen Be- gabung die robuste These formuliert: *Es gibt nur zwei Arten von Menschen: Mathematiker und Idioten.*

---

[210]) *K. Strunz* a. a. O. S. 80.

[211]) a. a. O. S. 81.

Man würde diesen Satz total mißverstehen, wollte man aus ihm eine Beschimpfung der nicht mit der Mathematik Beschäftigten herauslesen. Dies ist gemeint: *Jeder, der über normale Geistesgaben verfügt, kann auch die „Wissenschaft von den formalen Systemen" verstehen.* Die Mathematik ist nicht eine Geheimwissenschaft für eine Gruppe von Menschen mit einer „Sonderbegabung".

Jeder Schüler also, der in den philologischen Fächern befriedigende oder gute Leistungen aufweist, kann auch in der Mathematik Ordentliches leisten. Und ein Abiturient, der sich einem geisteswissenschaftlichen Studium zuwendet, *könnte* auch in die mathematisch=naturwissenschaftliche Fakultät eintreten. Er wird sich nicht unbedingt als mathematisches Genie ausweisen und nicht gerade den Nobel=Preis für Physik gewinnen, aber er ist (bei angemessener Arbeit und nach Ausfüllung der Lücken in seinem Schulwissen) durchaus in der Lage, ein Diplom in der naturwissenschaftlichen Fakultät zu erreichen.

Wir wollen mit diesen Bemerkungen natürlich nicht der philosophischen Fakultät ihre Studenten abspenstig machen. Es gibt gewiß gute Gründe, sich für die Geisteswissenschaften zu entscheiden. Es ging uns nur darum, einem Vorurteil über die mathematische Begabung zu widersprechen.

Wir behaupten auch nicht, daß es gar keine anlagebedingten Unterschiede in der Disposition für die mathematischen Disziplinen gebe. Wahrscheinlich ist die Frage überhaupt nicht zu beantworten, wie weit Unterschiede in den Leistungen durch den Bildungsgang, wie weit sie durch Anlagen bedingt sind. Die Erfahrung legt jedenfalls nahe, schlechte Leistungen in der Mathematik (bei guten Leistungen in anderen Fächern) durch eine pädagogische Fehlentwicklung zu deuten.

Fehler kann man korrigieren. Jeder erfahrene Lehrer der Mathematik weiß von Schülern, die seit Jahren mit der Überzeugung durch die Schule gehen, daß die Mathematik nichts für sie sei, und die dann – bei einem Lehrerwechsel und einer Änderung der Unterrichtsmethode – die Schönheit der Mathematik und ihre eigene Disposition für das exakte Denken entdecken.

Wir erinnern an die die Bemerkungen von *Hans Blüher* über seinen Schulunterricht in der Mathematik (S. 23). Was hätte aus diesem offenbar für die Grundlagenfragen interessierten Schüler in einem modernen Unterricht werden können!

Vor kurzem hatte ich ein Gespräch mit einer jungen Dame, die Soziologie studieren wollte. Sie mußte dazu noch (außerhalb der Schule) die Reifeprüfung ablegen. Sie hatte überdurchschnittliche Leistungen in den Sprachen und im Deutsch aufzuweisen, aber ihre Unwissenheit auf dem Gebiet der

Mathematik war bodenlos. Sie fürchtete eine „6" und damit das Nicht=bestehen der Reifeprüfung.

Ein Gespräch mit dieser vielseitig interessierten Abiturientin ergab, daß sie durchaus Verständnis hatte für die Axiomatik der Mathematik und die dahinter stehenden philosophischen Fragen. Sie hatte bisher in der Mathe=matik den Umgang mit einigermaßen langweiligen Kalkülen gesehen. Es besteht kein Zweifel, daß sie die Qualifikation sogar für gute Leistungen in der Mathematik hatte. Im Augenblick ging es freilich nur darum, sie von der „6" auf eine „5" zu bringen. Das ist dann auch gelungen.

Bisher ging es bei der Frage nach der Begabung immer nur um die Fähigkeit, im Unterricht der Schule oder Hochschule Befriedigendes zu leisten. Wie steht es aber mit den schöpferischen Leistungen? Man ist geneigt, die Fähig=keit zu eigener Forschung auf dem Gebiet der Mathematik als einen Ausweis besonderer „Begabung" anzusehen. Aber *F. Künkel* bringt als Beispiel für einen „nicht entmutigten" Schüler den jungen *Gauß* mit seiner Addition der Zahlen von 1 bis 60 [212]). Er ist durchaus bereit, die Leistung des Sieben=jährigen als „genial" zu bezeichnen. Aber er hält es für möglich, daß jeder zu solcher Leistung fähig ist, wenn er nur genug Mut hat [213]):

> Wir erschrecken immer, wenn uns das Genie begegnet, und wir erschrecken sogar auch, wenn es sich in uns selber bemerkbar macht. Wir glauben ihm nicht. Wir halten es für unmöglich, oder wir machen es sofort unserer Eitelkeit dienstbar. Wir haben Angst vor der Sachlichkeit und ordnen sie sofort wieder unserer Ichhaftigkeit unter. – Wenn wir aber mehr und mehr lernen, mehr und mehr sachlich zu sein, schlicht und unbefangen die Auf=gaben anzusehen, so werden uns allenthalben die Antworten auf unsere Fragen klar und einfach sichtbar werden. Es ist nicht einzusehen, warum nicht jeder ein kleiner Gauß werden soll – vorausgesetzt nur, daß er den Mut nicht verliert.

Wir wollen die Frage offen lassen, ob alle Genialität nur als ein Ausweis für ungebrochenen Mut zu deuten ist. Aber daß die unbefangene Freude an geistiger Arbeit zu ungeahnten Leistungen führen kann, ist nicht zu be=streiten. Es ist schon oft bestätigt worden, daß die Überwindung von Hem=mungen und Minderwertigkeitsgefühlen unerwartete Erfolge in der wissen=schaftlichen Arbeit ermöglicht.

Hätte sich *Gauß* auch als Genie ausgewiesen, wenn er sich nicht der Mathe=matik, sondern den alten Sprachen oder der Philosophie zugewandt hätte? Sein Lehrer hat ihm ausdrücklich bestätigt, daß er als Schüler sich auch in

---

[212]) Vgl. S. 126. *Künkel* bringt den Hinweis auf Gauß in der „Jugendcharakter=kunde", S. 40.

[213]) *Künkel:* Jugendcharakterkunde, S. 41.

diesen Gebieten ausgezeichnet hatte[214]). Wir wissen von vielen Wissen=schaftlern anderer Disziplinen, daß sie sich in der Schule auch ernstlich für die Mathematik interessiert haben. Wären diese Männer auch hervor=ragende Vertreter der mathematischen Wissenschaft geworden, wenn sie sich bei Beginn ihres Studiums anders entschieden hätten?

Diese Fragen wird niemand mit Sicherheit beantworten können. Immerhin legen die Erfahrungen von Psychiatern wie *Fritz Künkel*, von Psychologen und Lehrern die Ansicht nahe, daß ein geistig normaler und nicht durch be=sondere pädagogische Fehlentwicklungen gehemmter Mensch sich in sehr verschiedenen Bereichen der Wissenschaft erfolgreich betätigen kann.

3. Überforderung?

Wir haben in dieser Schrift an mehreren Stellen den Vorschlag gemacht, am mathematischen Unterricht dies oder das zu ändern. Im allgemeinen ging es darum, irgendein Gebiet der Mathematik im Unterricht zu berücksichtigen, das bisher der Universität vorbehalten war, oder aber in anderen Bereichen der Schulmathematik mit größerer Strenge zu verfahren.

Es drängt sich die Frage auf, ob nicht das Ergebnis einer solchen Unterrichts=reform eine Überforderung für alle Schüler bedeuten muß, für die Begabten und erst recht für die – scheinbar! – Unbegabten. Da ohnehin in der Öffent=lichkeit darüber geklagt wird, daß unsere Gymnasien den Schülern das Leben zu schwer machen, wollen wir diese Frage nicht übergehen.

Natürlich kann man eine Behauptung, dies oder das sei einer Schulklasse „zumutbar" oder nicht, nur dann vernünftig begründen, wenn man den ganzen Lehrplan für den mathematischen Unterricht des fraglichen Schul=jahres zur Diskussion stellt, wenn man weiß, wie viele Unterrichtsstunden dem Fach zur Verfügung stehen usf. Die Diskussion von Lehrplänen für die einzelnen Schulklassen und Schularten kommt in dieser Schrift aus nahe=liegenden Gründen nicht in Frage. Einen dieser Gründe wollen wir nennen: Wir schreiben nicht für heute, sondern für morgen. Das soll nach der Lek=türe unserer Arbeit klar werden: Es muß sich einiges ändern in der Schule. Wir werden im letzten Kapitel auf die schulpolitischen Konsequenzen unserer Ansichten über die Bildungsmöglichkeiten der Mathematik eingehen. Seien wir Optimisten. Wenn sich wenigstens einiges davon in nicht zu ferner Zu=kunft realisieren läßt, hat die Schule Arbeitsmöglichkeiten, die wir heute noch nicht einplanen können.

Wir müssen uns also darauf beschränken, einige notwendigerweise recht allgemein gehaltene Bemerkungen zu machen zum Problem der „Überforde=

---

[214]) Vgl. dazu das Motto über diesem Kapitel!

rung". Das wollen wir zunächst gestehen: Wir glauben allerdings, daß man – auch bei den jetzt bestehenden Verhältnissen! – einiges mehr in der Schule (und auch in der Hochschule) erreichen könnte. Es wäre möglich, in den Gymnasien den Mathematikunterricht (in der Mittel= und Oberstufe) in wissenschaftlicher Strenge zu leiten, und man könnte (an den Universitäten) bei den Studenten das Verständnis wecken für die Grundlagenprobleme seiner Wissenschaft.

Die von der Sorge um die Überforderung der Schüler geplagten konserva= tiven Pädagogen können wir zunächst auf die Geschichte des mathemati= schen Unterrichts hinweisen (Kap. I). In den Tagen der Reformation galt das Multiplizieren und Dividieren mit ganzen Zahlen als ein für Studenten schwieriger Rechenprozeß. Im Anfang des 19. Jahrhunderts galt die analy= tische Geometrie und die Infinitesimalrechnung als ungeeignet für den Unterricht im Gymnasium. Als man sich dann doch zur Behandlung der Differentialrechnung in der Schule entschloß, verzichtete man auf die (zu schwierige!) saubere Fundierung dieser Disziplin. Inzwischen setzt sich die Ansicht durch, daß auch das korrekte Rechnen mit Grenzwerten Gegenstand der Schulmathematik sein kann. Wer will behaupten, daß man diese Ent= wicklung nicht fortsetzen kann bis zur Behandlung der Anfangsgründe der mathematischen Logik, der Verbandstheorie, der Axiomatik der Geometrie? Es ist interessant, daß die Psychologen heute im allgemeinen die Pädagogik „vom Kinde her" und die Beschränkung der Schularbeit auf das Spielerisch= Anschauliche ablehnen. So fragte kürzlich *O. W. Haseloff* [215]) in einem Referat,

> ob und in welcher Richtung Schule und Bildungswesen ihrer Aufgabe der institutionalisierten Information gerecht werden. Dabei geht es zunächst einfach um die Quantität der zu acquirierenden Information. Schon bei dieser Frage begegnen wir der bemerkenswerten Tatsache, daß in der Bundesrepublik bei objektiv wachsenden geistigen und sozialen Anforde= rungen an den Einzelnen die pädagogischen Vorstellungen vom zumut= baren Informationspotential für Volksschüler, Gymnasiasten und Studen= ten stetig bescheidener werden.

Haseloff hält diesen Eskapismus des pädagogischen Weg= und Zurück= schauens für „unangemessen" und „nach innen und außen gefährdend". Er= mutigend seien die „ersten gleichfalls zu beobachtenden Symptome einer realistischen Neuorientierung". Wir meinen, daß die Bourbaki=Bewegung unter den Schulmathematikern zu diesen „ermutigenden Zeichen" einer pädagogischen Neubesinnung gerechnet werden darf.

---

[215]) *O. W. Haseloff:* Kybernetik als soziale Tatsache, S. 30 ff.

Der Berliner Didaktiker *F. von Cube*[216]) hält es für möglich, daß begabte Schüler in Zukunft (bei einer Änderung in der Organisation des Schul= wesens!) schon mit 16 oder 17 Jahren die Reifeprüfung ablegen.

Solche für konservative Pädagogen ketzerischen Ansichten haben ihren Grund in Ergebnissen des modernen „Programmierten Unterrichts". Sie haben den Glauben an die üblichen Ansichten über Schulreife und Begabung erschüttert. *W. Schramm* berichtet darüber[217]):

> Ausgesprochen peinlich ist, daß einige, die diesen Glauben verloren hatten, in die Schule gingen und schlüssig bewiesen, daß viele jener Lehrmeinun= gen fromme Märchen sind. *Suppes* und *Page* konnten z. B. überaus diffizile mathematische Begriffe bereits in der Unterstufe lehren, und *Keislar* ge= lang es dort, den Tau als Phänomen der Molekularanziehung zu deuten: Die Schüler ziehen aus dieser Art des Unterrichts Freude und Gewinn. Da bekanntlich manche Kinder schon vor der Einschulung lesen können, hat man Lehrmittel ausgearbeitet, die dieses in die Schule mitgebrachte Wissen ordnen und darauf aufbauen lassen, und unterzieht sie jetzt ausgedehnten Versuchen. Die Schlußfolgerung aus diesen Projekten wäre noch vor zehn Jahren im Gelächter untergegangen. *Bruner* zog sie mit folgenden Worten: „Jedem Kind kann auf jeder Entwicklungsstufe jeder Lehrstoff mit gutem Erfolg und in altersgemäßer Form nahegebracht werden, ohne ihn zu ver= fälschen."

Ein wissenschaftlich qualifizierter und didaktisch fähiger Lehrer ist schon immer in der Lage gewesen, im Klassenunterricht weit über das in den Lehr= plänen gesteckte Ziel hinauszugehen, ohne daß die Schüler dabei versagten.

Vor kurzem hatten wir Gelegenheit, Tonbandaufnahmen von Unterrichts= stunden in der Anfangsklasse eines Hamburger Gymnasiums zu hören. Hier wurde von einem für die neuen Ideen aufgeschlossenen Lehrer der Versuch unternommen, die 10= und 11jährigen Schüler an eine strenge, axiomatisch fundierte Begründung des Rechnens mit natürlichen Zahlen heranzuführen. Es wurde dabei natürlich nicht doziert wie in einer akademischen Vorlesung. Wir hörten ein lebhaftes Unterrichtsgespräch, das von anschaulichen Proble= men ausging, das Beweisbedürfnis weckte und die ersten Versuche im Be= weisen wagte. Die lebhafte und fröhliche Beteiligung der Schüler machte deutlich, daß der Lehrer den Schülern nicht zu viel zugemutet hatte. Es be= stätigte sich hier eine Einsicht, die geschickte und um einen wissenschaftlich fundierten Unterricht bemühte Lehrer immer wieder gewinnen: Die für die weiterführenden Schulen überhaupt geeigneten Schüler können und wollen mehr leisten, als bedächtige, am Alten hängende Pädagogen vermuten.

---

[216]) *F. v. Cube:* Erziehung zur Rationalität.

[217]) Vgl. dazu *W. Schramm* S. 26.

In unserem Fall war der Lehrer an den Klassenunterricht (mit der üblichen großen Zahl von Schülern) gebunden. Wenn man zum Kursunterricht übergeht oder gar Lehrmaschinen benutzt, ergeben sich weitere Entwicklungsmöglichkeiten.

Wir werden auf die schulpolitischen Probleme, die hier gestellt sind, noch eingehen (Kap. XIII). An dieser Stelle genügt die Feststellung: Die traditionellen Auffassungen über die Grenzen des Schulunterrichts sind überholt, die sich an der Qualifikation des schwächsten Schülers orientierende Didaktik bedarf einer Überprüfung.

XII. Die „formalen Systeme" und der Mensch

Die Erkenntnis der Wahrheit ist herrlich, aber als Führerin ist sie so ohnmächtig, daß sie nicht einmal die Berechtigung und den Wert unseres Strebens nach Wahrheit zu begründen vermag. Hier stehen wir einfach den Grenzen der rationalen Erfassung der Welt gegenüber. *Einstein* [218])

1. Im Elfenbeinturm

Die moderne Mathematik steht in einem eigenartigen Verhältnis zu den Realitäten des Lebens. Es gibt immer mehr Gebiete der Wissenschaft, die sich ihrer Methoden bedienen. Sie dringt heute vor in solche Disziplinen, die früher rein geisteswissenschaftlich orientiert waren. Versuchen wir, die Ausweitung des Anwendungsfeldes der Mathematik zu überschauen!

Daß die Mathematik die legitime Sprache der *Physik* ist, steht seit langem fest; aber auch in anderen Fächern der Naturwissenschaft, in der *Chemie,* der *Biologie* und der *Medizin* arbeitet man bei gewissen Problemstellungen mit mathematischen Verfahren. Noch bedeutsamer scheint die Tatsache zu sein, daß auch die *Soziologen, Psychologen* und sogar einzelne *Pädagogen* durch die Benutzung mathematischer Methoden zu einer Präzision ihrer Aussagen kommen wollen.

Theodor Heuß berichtet, daß er im ersten Jahrzehnt dieses Jahrhunderts als junger Doktorand der Meinung war, daß man auf dem Gebiet der Statistik mit dem gesunden Menschenverstand und den vier Rechnungsarten auskommen könnte. Das erwies sich damals schon als Trugschluß, und heute bemühen sich die jungen Soziologen um ein Verständnis für die Wahrscheinlichkeitsrechnung und die Grundlehren der mathematischen Statistik, um später ihre Aussagen durch die Benutzung mathematischer Verfahren absichern zu können.

Von der Informationstheorie her gibt es einen Zugang zu der exakten Behandlung von Aufgaben des Lernens und Lehrens. Die Disziplin beschäftigt sich ja u. a. mit dem Problem, wie man mit möglichst wenig Symbolen ein Maximum von Information übermitteln kann. Diese Zielsetzung der Informationswissenschaft ist nicht nur für den Nachrichtentechniker bedeutsam, sie greift auch hinein in die Grundfragen des Lernens und Lehrens, wie kürzlich *Helmar Frank* in seinem Buch „Die kybernetischen Grundlagen der Pädagogik" entwickelt hat. Aber manche Wissenschaftler, die sich mit der

---

[218]) Zitiert nach E. *Hunger:* Die naturwissenschaftliche Erkenntnis I, II, III, Braunschweig 1955–58, II, S. 57.

Programmierung von Lernstoffen beschäftigen, sind auch auf dem Gebiet der Betriebsprüfung tätig. Wenn man die Weitergabe von Informationen (durch Ferngespräche, Schriftstücke usw.) in einem großen Betrieb durch ein Schema darstellt, so erhält man einen Graphen, der dem Wirtschaftsprüfer die Frage stellt, wie man durch eine sinnvolle Organisation den (durch mathematische Formeln erfaßbaren) Informationsfluß verbessern kann.

Diese Weltoffenheit unserer Wissenschaft schafft aber die Tatsache nicht beiseite, daß ihre Stärke gerade in der Isolierung liegt. Die absolute Sicherheit ihrer Aussagen gilt nur in ihrem „Elfenbeinturm". *Einstein* hat das einmal so ausgedrückt [219]):

> Insofern sich die Sätze der Mathematik auf die Wirklichkeit beziehen, sind sie nicht sicher, und insofern sie sicher sind, beziehen sie sich nicht auf die Wirklichkeit.

In der Tat: Die euklidische, die hyperbolische und die verschiedenen *Riemann*schen Geometrien sind formale Systeme wie andere auch. Man kann (unter gewissen Voraussetzungen) ihre Widerspruchsfreiheit beweisen. Aber mit dieser Feststellung ist noch nichts über die „Realgeltung" der Geometrie gesagt. Wenn man die (vernünftige) Verabredung trifft, daß als „Geraden" in der Geometrie unseres Weltenraumes die Lichtstrahlen gelten sollen, dann ist die Frage nach der „gültigen" Geometrie ein physikalisches Problem. Der Mathematiker liefert die formalen Systeme „auf Vorrat", und der Physiker entscheidet, welches er brauchen kann.

Aber diese Entscheidung ist so einfach nicht. *Einstein* hat schon Recht: Der Bezug auf die „Wirklichkeit" stellt Probleme, die nicht mit der Sicherheit gelöst werden können, die innerhalb der „formalen Systeme" selbst erreichbar ist. Es wurde schon gesagt (Kap. VI), daß in den modernen Anwendungsgebieten der Mathematik das Moment der Unsicherheit noch größer ist.

Völlig abwegig ist es, von der Mathematik her (nach dem Vorbild *Platons*) die Lösung metaphysischer Probleme zu versuchen. Im Bereich der Erfahrungswissenschaften besteht wenigstens im Prinzip immer die Möglichkeit, die Aussagen einer Theorie an der „Wirklichkeit" zu prüfen. Bei metaphysischen Deduktionen haben wir eine solche Möglichkeit der Korrektur nicht.

Wenn wir (mit *Stegmüller*) [220]) unter Metaphysik alles verstehen, „was Wissenschaft zu sein beansprucht, ohne Erfahrungswissenschaft oder Formalwissenschaft zu sein", dann sind nicht nur die großen Menschheitsfragen

---

[219]) In seinem Festvortrag am 27. Januar 1921 in der Preußischen Akademie der Wissenschaften.

[220]) Vgl. dazu *Stegmüller:* Metaphysik, Wissenschaft, Skepsis.

nach Gott, Freiheit und Unsterblichkeit metaphysischen Charakters. Auch die Frage nach der Realität der Atome und dem Wesen der mathematischen Objekte (Punkt, Gerade usw.) gehört nicht zur Erfahrungs= oder Formal=wissenschaft selbst, und deshalb haben auch die Physiker und Mathematiker diese Grenzfragen bewußt aus dem Bereich ihrer Facharbeit im engeren Sinne herausgeschoben.

Wir erinnern an das Motto über diesem Kapitel: *Einstein* weist darauf hin, daß man nicht einmal die Berechtigung des *Strebens nach der Wahrheit* als eine Einsicht der exakten Wissenschaften ausgeben kann.

Mit solcher wohlbegründeten Bescheidung entfallen alle Versuche, so etwas wie eine naturwissenschaftlich gesicherte „Weltanschauung" zu begründen. Der an den Grundlagenproblemen geschulte Forscher kennt die Grenzen, die exakten Verfahren gesetzt sind. *P. Jordan* spricht davon, daß es „außer den=jenigen Beobachtungen und Erlebnissen, die im System des Physikers ge=ordnet werden, noch ganz andere Erlebnismöglichkeiten gibt" [221]). Wir wer=den dazu gedrängt,

> die außerphysikalischen Erlebnisse in keiner Weise mehr zurückzustellen gegenüber demjenigen ganz schmalen Ausschnitt aus der Gesamtheit menschlicher Erlebnisse, welche sich auf die Meßinstrumente des physi=kalischen Laboratoriums oder der Sternwarte beziehen ...
>
> Das positivistische Streben nach einer klärenden Reinigung unseres wissen=schaftlichen Aussagensystems von metaphysischen, das Wesen und die Leistungsgrenzen des wissenschaftlichen Denkvermögens verkennenden Aussagen versetzt uns in um so größere Bereitschaft, daneben die Wichtig=keit anderer, außerwissenschaftlicher Ausdrucksmöglichkeiten anzu=erkennen.

Wegen der Bedeutung dieser Einsichten wollen wir noch einem von der Mathematik her kommenden Denker das Wort zu diesem Thema geben. *A. I. Wittenberg* sagt im „Weltanschaulichen Nachwort" [222]) seiner Schrift „Denken in Begriffen":

> Letzte und absolute Erkenntnis ist uns nicht zugänglich – verlangen wir so viel, so kann unsere Wertung unserer Erkenntnis nur eine skeptische sein; der tiefste Grund hierfür liegt nicht in einer Schwäche unseres Er=kenntnisvermögens, sondern bereits in der Tatsache, daß unsere begriff=lichen Mittel sich jeder absoluten Sicherung entziehen.
>
> Dies bedeutet nicht, daß wir einem Dasein der anarchischen Freiheit aus=geliefert wären. Wir erleben in unserem Dasein existentielle Bindungen –

---

[221]) *P. Jordan:* Die Physik des 20. Jahrhunderts, S. 133 f.

[222]) a. a. O. S. 359.

wie diejenige der objektiven Erfahrung, aber auch diejenigen der ethischen Zielsetzungen – die für uns zwingend sind, wenn wir sie auch nicht als Erkenntnisse zu werten vermögen. Tatsächlich steht uns eine Wertung derselben gar nicht zu: nur demutsvoll entgegennehmen; sie machen das Dasein aus, in dem wir uns vorfinden und aus dem wir nicht ausbrechen können.

Damit gelangen wir zu einer existentiellen Haltung, die man als diejenige einer erkenntnistheoretischen Demut bezeichnen kann: Nicht die Erkenntnis ist das Primäre in unserem Dasein, sondern das Erlebnis von Bindungen, die uns auferlegt, und von Aufgaben, die uns gestellt sind.

Es erscheint uns bedeutsam, daß solche Ansichten nicht in der Klage eines Geisteswissenschaftlers über den „Ungeist" des naturwissenschaftlichen Jahrhunderts stehen, sondern in Arbeiten von *Vertretern der naturwissenschaftlichen Fakultät.* Halten wir fest: *Der an den Grundlagenfragen seines Faches geschulte Forscher stellt keine „Totalitätsansprüche" für die Denkweise seiner Disziplin.*

Vor einiger Zeit hat *E. Wasmuth* [223]) in einer sorgenschweren Schrift über die Denkmaschinen die Befürchtung ausgesprochen, daß die Kybernetik „den Positivismus und Materialismus stärker als jede andere" Lehre fundiert. Der Verfasser übersieht offenbar, daß gerade die Theorie der „Denkmaschinen" auf Entscheidungsprobleme führt [224]), die Anlaß geben können zu einer kritischen Besinnung über die Grenzen der exakten Verfahren. Schon deshalb erfüllen diese Maschinen auch eine „humanistische" Aufgabe.

2. Die Verantwortung des Forschers

In den letzten Jahren ist viel gesprochen und geschrieben worden über die Verantwortung des Forschers für die Verwendung seiner Arbeit. Es gibt heute schon weltweite Organisationen, die das Gewissen der Techniker, der Physiker und Mathematiker ansprechen. Sie sollen sich dafür einsetzen, daß die Ergebnisse der modernen Forschung nur im Dienst der Humanität verwendet werden. *C. F. von Weizsäcker* hat einen „hippokratischen Eid" für die exakten Wissenschaften vorgeschlagen.

Wir haben zu fragen, ob und wie sich solche Postulate aus den Ergebnissen der Forschung selbst begründen lassen.

Können wir erwarten, daß die Menschen durch die Beschäftigung mit Mathematik und Physik nicht nur klüger, sondern auch *besser* werden? Es hat in der Tat Menschen gegeben, die das erwarteten. Im Fragment des *Euripides*

---

[223]) *E. Wasmuth:* Der Mensch und die Denkmaschine. Köln und Olten 1955.

[224]) Vgl. dazu Kap. VI!

(es wurde wahrscheinlich zur Verteidigung des Freidenkers *Anaxagoras* verfaßt) heißt es:

> Glücklich ist, wer Erkenntnis gewann vom erkundbaren Wesen der Dinge.
> Denn er trachtet nicht nach dem Leide der Menschen
> Noch sinnt er auf unrechte Taten.
> Wer überdenkt den nicht alternden Kosmos
> Wie er – unsterbliche Natur! – besteht eh und je,
> Erlieget nicht der Versuchung zu schändlichem Handeln.

Wir Heutigen können diesem schönen Lob der Forschung nicht uneingeschränkt zustimmen: Wir haben erlebt, daß man die Wissenschaft auch in den Dienst des Bösen stellen kann.

Wir müssen auch *G. Szczesny* widersprechen, wenn er in seiner „Zukunft des Unglaubens" [225]) eine Wertethik naturwissenschaftlich begründen will:

> Die alleinige Glaubwürdigkeit dessen, was einsehbar ist, führt notwendig zum Aufbau eines Wertsystems, das seine Maßstäbe aus der gegebenen Natur der Dinge und der Menschen ableitet.

Wie soll dieses „Wertsystem" fundiert werden? Man kann die Ethik nur dann „more geometrico" begründen, wenn man gewisse ethische Postulate an den Anfang setzt. Wir zitierten bereits *H. Poincaré* [226]): *Es führt kein Weg von dem, was ist, zu dem, was sein soll.* Dieser schlichte Satz dürfte kaum zu widerlegen sein. *Einstein* hat schon Recht: Man kann das Streben nach Wahrheit zur Maxime naturwissenschaftlicher Arbeit machen, aber man kann nicht einmal diese Haltung aus der Forschung selbst begründen. Wie sollte es gelingen, eine Wertethik zu fundieren? Um es einmal ganz hart zu formulieren: Eine Kettenreaktion, die das Leben auf diesem Planeten vernichtet, ist ein physikalischer Vorgang wie alle anderen auch. Der Physiker kann ihn (so lange er es kann!) *beschreiben.* Aber er kann nicht aus der Beobachtung der Natur oder aus mathematischen Formeln deduzieren, daß die Einleitung eines solchen Prozesses verwerflich sei.

Nun ist nicht zu bestreiten, daß eine solche Anzahl von Forschern – fast alle Männer mit bekannten Namen! – sich immer wieder leidenschaftlich für den Sieg der Humanität eingesetzt haben. Die ethische Verpflichtung des Wissenschaftlers wird als eine Selbstverständlichkeit hingenommen, und es wird nur die Frage gestellt, auf welche Weise sich solche Verpflichtungen am besten auswirken können. Es scheint uns nicht überflüssig zu sein, auf dieses hinzuweisen:

---

[225]) *G. Szczesny:* Die Zukunft des Unglaubens, München 1958, S. 185.

[226]) Vgl. S. 33!

Es gibt keine Möglichkeit, aus den Gesetzlichkeiten der exakten Wissen=schaften die ethischen Postulate zu deduzieren, die einen „hippokratischen Eid" der Forscher begründen könnten.

Wir haben nicht etwa die Absicht, gegen einen solchen Eid Stellung zu be=ziehen. Wir wollen nur einer Popularphilosophie widersprechen, die das Verantwortungsbewußtsein des Forschers oberflächlich deutet. Wundern wir uns zunächst einmal darüber, daß der im allgemeinen leidenschaftslos be=schreibende Forscher an dieser Stelle aus seiner Reserve heraustritt und Wertungen vollzieht, die nicht in die Zuständigkeit seiner Fachwissenschaft gehören.

Das macht deutlich, daß wir alle *aus Quellen leben, die wir nicht mit der Sprache der exakten Wissenschaften zureichend deuten können*. Wir können hinzufügen, daß das Leben auf diesem Planeten in den nächsten Jahrzehnten nur dann erträglich sein kann, wenn sich eine wachsende Gruppe von Menschen zu jenen ethischen Grundsätzen bekennt, die hinter den Äuße=rungen der führenden Forscher stehen. Die Tatsache, daß es offenbar eine Entwicklung zu einer solchen rational nicht begründbaren ethischen Ge=meinsamkeit von Menschen verschiedener Herkunft gibt, gehört zu den wenigen tröstlichen Rätseln unserer Zeit.

Mit dieser Bemerkung wollen wir die ethischen Fragen unseres Atomzeit=alters nicht in einen Bereich mystischen Dunkels abschieben, der durch ver=nünftige Überlegungen nicht erhellt werden kann. Allein die Frage, wie der Forscher an der politischen Verantwortung für die Ergebnisse seiner For=schung beteiligt werden kann, ist ernstlicher Überlegung wert.

Und niemand dürfte besser geeignet sein für eine solche Untersuchung als der Forscher selbst. Es ist ja *seine* Sache, um die es geht. Und der durch die exakten Wissenschaften geschulte Denker dürfte noch am besten fähig sein, bei der Lösung der hier anstehenden Fragen weiter zu helfen.

Aber bei allen solchen Überlegungen ist es nützlich zu wissen, daß wir uns in einem Bereich des Menschlichen bewegen, in dem nicht mehr more geo=metrico deduziert werden kann. Wir müssen deshalb damit rechnen, daß es bei der Diskussion solcher Fragen Meinungsverschiedenheiten gibt. Wer da=gegen seine Popularphilosophie mit naturwissenschaftlichen Methoden glaubt rechtfertigen zu können, steht in der Gefahr, unduldsam zu werden.

Albert Schweitzer gehört zu den großen Denkern unserer Zeit, der über die Fachwissenschaft hinaus zu einer „denkenden Wissenschaft" vordringen will, um etwas zu den großen Menschheitsfragen zu sagen.

In „Kultur und Ethik" heißt es [227]):

[227]) a. a. O. S. 58.

> Fortgeschrittenstes Wissen verträgt sich jetzt mit gedankenlosester Weltanschauung. Es behauptet, es nur mit Einzelfeststellungen zu tun zu haben, da nur bei diesen sachliche Wissenschaftlichkeit gewahrt sei. Die Zusammenfassung der Erkenntnisse und die Geltendmachung ihrer Konsequenzen für die Weltanschauung sei nicht seine Sache. Früher war jeder wissenschaftliche Mensch zugleich ein Denker, der in dem allgemeinen geistigen Leben seiner Generation etwas bedeutete. Unsere Zeit ist bei dem Vermögen angelangt, zwischen Wissenschaft und Denken scheiden zu können. Darum gibt es bei uns wohl noch Freiheit der Wissenschaft, aber fast keine denkende Wissenschaft mehr.

Ihm ist bekannt, daß es Grenzen für unser rationales Erkennen gibt, aber er will deshalb nicht resignieren [228]):

> Ich glaube der erste im abendländischen Denken zu sein, der dieses niederschmetternde Ergebnis des Erkennens anzuerkennen wagt und in bezug auf unser Wissen von der Welt absolut skeptisch ist, ohne damit zugleich auf Welt- und Lebensbejahung und Ethik zu verzichten. Resignation in bezug auf das Erkennen der Welt ist für mich nicht der rettungslose Fall in einen Skeptizismus, der uns wie ein steuerloses Wrack in dem Leben dahintreiben läßt. Ich sehe darin die Wahrhaftigkeitsleistung, die wir wagen müssen, um von da aus zu der wertvollen Weltanschauung, die uns vorschwebt, zu gelangen. Alle Weltanschauung, die nicht von der Resignation des Erkennens ausgeht, ist gekünstelt und erdichtet, denn sie beruht auf einer unzulässigen Deutung der Welt.

Man weiß, wie *Schweitzer* seine Ethik auf der „Ehrfurcht vor dem Leben" aufbaut. Es ist aber interessant zu bemerken, daß andere Forscher zu einer Fundierung der Ethik kommen, die mit der des Urwalddoktors nicht gut vereinbar ist. Wir denken hier an den „Versuch einer Antwort" auf die ethischen Fragen, die *Schrödinger* in seiner Schrift „Geist und Materie" gibt [229]).

Schrödinger deutet den „ethischen Imperativ" als einen Ausweis für die biologische Entwicklung des Menschen, und er rechnet mit einem heftigen Widerstand des „natürlichen" Menschen gegen die ethischen Postulate. *Schweitzer* dagegen glaubt, daß der Blick auf das Leben und Sprießen in der Natur notwendig zu jener Gesinnung der Ehrfurcht führen muß, die für seine Ethik grundlegend ist.

Dieses Beispiel zeigt, daß wir nicht mit einer Gemeinsamkeit der Auffassungen rechnen dürfen, wenn die Forscher den gesicherten Bereich der exakten Forschung verlassen. Wir haben schon darauf hingewiesen, daß *Schrödinger* sich dieser Tatsache immer bewußt ist. Vielleicht ist der Vertreter der exak-

---

[228]) a. a. O. S. 86–87.

[229]) S. 5 ff.

ten Wissenschaften gerade deshalb besonders geeignet, politische Verantwortung mitzutragen? Er kennt die Grenzen, die exakter Forschung gesetzt sind und könnte eher als andere geneigt sein, im Bereich der menschlichen Probleme den „Gegner“ gelten zu lassen.

3. Mathematik als Bildungsgrundlage

Im 19. Jahrhundert gab es Gymnasiallehrer, die die Mathematik zu den „technischen Fächern“ rechneten. Diese Haltung ist auch im „Jahrhundert der Naturwissenschaften“ noch nicht ganz ausgestorben. Natürlich, man weiß, daß man die Mathematik braucht zur Bewältigung unserer technischen Probleme. Man gesteht auch vielleicht noch zu, daß sie gut sei für die „logische Schulung“ und die Förderung der „räumlichen Anschauung“. Im übrigen ist aber die Bildung des Menschen die Aufgabe der philosophischen Disziplinen.

Wer so denkt, übersieht die Möglichkeiten, die in der ernsthaften Beschäftigung mit den formalen Systemen liegen.

Wir haben die Mathematik als „Bildungsgrundlage“ bezeichnet und meinen, daß die Gründe dafür deutlich geworden sind. Die Erziehung zur bedingungslosen Objektivität, die Disziplinierung der Sprache, die Einsicht in die Grenzen wissenschaftlicher Methoden und die Ausweitung der wissenschaftlich schöpferischen Phantasie: Das alles sind wichtige Elemente der Menschenbildung.

Es ist aber zu fragen, wie weit diese Bildungsmöglichkeiten der Mathematik eigentümlich sind. Sollte nicht auch die ernsthafte wissenschaftliche Arbeit in anderen Disziplinen ähnliche Einflüsse auf die Denkweise des Menschen ausüben?

Wir haben in dieser Schrift immer wieder die Gemeinsamkeiten zwischen Mathematik und Physik herausgestellt. Die Erziehung zur Objektivität, das Veto der Paradoxien gegen die unzulässige Verallgemeinerung, die Disziplin einer exakten Fachsprache: Das alles ist den exakten Wissenschaften gemeinsam. Ein bemerkenswerter Unterschied liegt in der Tatsache, daß die Wissenschaft von den formalen Systemen ohne den Bezug auf die Außenwelt auskommt. Die Mathematik ist deshalb (mit ihren Aussagen über Entscheidungsprobleme, z. B.) besonders geeignet für die erkenntniskritische Schulung, für die Frage nach den Möglichkeiten des reinen Denkens. Dafür hat die Physik mit den Bildungsmöglichkeiten aufzuwarten, die in der exakten manuellen Arbeit liegen. Wichtiger aber als solche Unterschiede ist die Gemeinsamkeit. Man kann die Beschäftigung mit den exakten Wissenschaften vergleichen mit einer Bildungsreise, die in unbekannte Kontinente führt.

Die Welt des Atoms ist dem wissenschaftlich nicht Geschulten ebenso fremd wie die verschiedenen nichteuklidischen Geometrien. Man lernt auf einer solchen Bildungsreise nicht nur die „Flora“ und „Fauna“ eines fernen Erdteils kennen, man wird ständig genötigt, die gewohnten Grundsätze des Denkens kritisch zu überprüfen.

Mit diesem Vergleich ist schon eine Antwort auf die Frage nach den Bildungsmöglichkeiten anderer Disziplinen gegeben. Jede Begegnung mit fremden Kulturen ist eine „Bildungsreise“, deshalb ist zu erwarten, daß auch im Sprachunterricht oder in der Geographie Erfahrungen möglich sind, die den Charakter von Paradoxien haben, die also unzulässigen Verallgemeinerungen wehren.

Ich entsinne mich, daß ich als Kind die Vorstellung hatte, daß die Übersetzung in eine fremde Sprache eine schematische Übertragung der Vokabeln aus der einen Sprache in die andere sei. Es überraschte mich sehr, als ich dann erfahren mußte, daß es so einfach nicht ist. Eine andere Sprache bedeutet ein anderes Verhältnis zur Wirklichkeit. Das wird schon an der Tatsache klar, daß etwa die französische Sprache mehr Möglichkeiten hat, die Vergangenheit zu beschreiben als die deutsche. Diese Einsicht wiederum legt die Folgerung nahe, daß alle menschliche Sprache nur eine sehr unvollkommene Wiedergabe des Wirklichen sein kann.

Ich breche ab. Meine Kollegen, die philologische Fächer vertreten, werden die Bildungsmöglichkeiten ihrer Disziplinen besser deuten können als ich. Natürlich hat jede saubere wissenschaftliche Arbeit ihre Bildungsmöglichkeit, und die Paradoxien wachsen nicht nur im Lande der Mathematiker. Man darf aber eine Eigenart der Wissenschaft von den „formalen Systemen“ darin sehen, daß in der Mathematik der wichtige Unterschied zwischen Paradoxien und Antinomien besser deutlich zu machen ist als in anderen Bereichen, die nicht über eine ausgebildete Formalsprache verfügen. Daß weiter das Verhältnis der exakten Wissenschaften zur Umgangssprache anders ist als in den philosophischen Disziplinen, wurde schon ausgeführt (Kap. X).

Um den tiefgreifenden Einfluß der exakten Wissenschaften auf unser Geistesleben zu verdeutlichen, wollen wir ein Gedankenexperiment wagen. Stellen wir uns vor, daß wir eine „Zeitmaschine“ hätten, eine Möglichkeit, uns in vergangene Epochen zurückzuversetzen. Wir benutzen sie, um dem ausgehenden 18. Jahrhundert einen Besuch zu machen. Führen wir eine demoskopische Befragung der Gebildeten Europas durch. Wir wollen wissen, wie sie über Gott und die Welt, über Politik, Kindererziehung, Religion und Moral denken. Wir werden aber auch nach gewissen Prinzipien der Mathematik und Physik fragen.

Das Ergebnis einer solchen Meinungsforschung würde gewiß herausstellen, daß die Zeitgenossen *Goethes* und *Schillers* in vielen Fragen anders dachten als wir heute. Aber immerhin: Es dürfte auch Gemeinsamkeiten geben. Wahrscheinlich gab es auch damals schon nicht wenige heimliche Demokraten und Anhänger einer „modernen" Pädagogik.

Aber wenn wir etwa fragen, ob sie das Kausalgesetz und den Satz von der Erhaltung der Substanz für eine notwendige Grundlage aller physikalischen Forschung hielten, dann sagen sie gewiß alle ja. Und wenn wir gar wissen wollen, was sie von einem Weltall hielten, das zwar unbegrenzt, aber nicht unendlich ist, und von einer Geometrie, in der die Sätze *Euklids* nicht gelten, dann werden sie wahrscheinlich am Verstand der Befrager zweifeln. Das bedeutet doch (um das Bild von der Bildungsreise wieder aufzunehmen), daß die Reise in die moderne Physik oder die Mathematik des 20. Jahrhunderts eine Wandlung des Denkens zur Folge haben muß, die tiefer greift als alle Erfahrungen, die sich etwa durch den Kontakt mit anderen Kulturen ergeben. Im mathematischen Unterricht in Schule und Hochschule vollzieht sich aber immer wieder dieses Umdenken von einer naiven Weltschau zu den Einsichten der modernen exakten Wissenschaft. Wir können damit rechnen, daß sich diese Wandlung des Denkens in den nächsten Jahrzehnten noch stärker auswirken wird, wenn immer mehr Menschen für technische Berufe geschult werden und wenn eine moderne Schule die Bildungsmöglichkeiten der exakten Wissenschaften besser ausschöpft.

Dieses Umdenken wird sich auch in anderen Bereichen unter Umständen in Formen vollziehen, die den Zusammenhang mit den exakten Wissenschaften nicht immer sofort erkennen lassen. Dafür ein Beispiel.

In der Theologie beider Konfessionen [230]) vollzieht sich ein Umdenken. Man macht Frieden mit den Naturwissenschaften. Es gibt keinen Kampf mehr gegen die Entwicklungslehre [231]), und man mutet dem Menschen unserer Zeit nicht mehr das Weltbild der Antike zu. Aber man sagt nicht, daß sich hier eine Wandlung des Denkens unter dem Einfluß der modernen Naturwissenschaften vollzieht. Man hat neue *theologische* Konzeptionen. Man sagt etwa, daß es nicht Sache der Theologie sein kann [232]), Aussagen über Naturwissenschaften zu machen. Es wird versucht, den *theologischen* Gehalt etwa der Schöpfungsgeschichte unabhängig von der Form, d. h. unabhängig von den Aussagen über das Weltbild herauszustellen.

---

[230]) In der evangelischen Theologie ist die Auswirkung stärker.

[231]) Ausnahmen bestätigen die Regel.

[232]) Vgl. z. B. das Vorwort von *K. Barth* zum 3. Band seiner „Dogmatik".

Die Tatsache, daß man dieses Umdenken (im Jahrhundert der Naturwissenschaften) theologisch motiviert, hat nun zur Folge, daß sich mehr ändert als nur die Aussage über das Weltbild. Hier liegt eine Fernwirkung des neuen naturwissenschaftlichen Denkens vor, die nicht sofort durchschaubar ist. Es wäre eine interessante kulturgeschichtliche Aufgabe: Die Auswirkungen des „exakten" Denkens in dieser Zeit.

Wir haben ein Kapitel dieser Schrift der Einsicht in die Grenzen wissenschaftlicher Verfahren gewidmet. Auch hier ist mit dem Einwand zu rechnen, daß solche Weisheiten nicht neu und jedenfalls nicht typisch für die mathematischen Wissenschaften seien. *Schillers* schönes Gedicht vom verschleierten Bild zu Sais nimmt gewisse Folgerungen aus der Grundlagenforschung vorweg; aber schon das Wort *Solons* (im Motto von Kap. VI) handelt vom „unsichtbaren Maß der Erkenntnis". Und wenn man noch weiter zurückgehen will, kann man *Konfuzius* zitieren [233]):

„Wissen, was man weiß, und wissen, was man nicht weiß, ist das Kennzeichen eines Wissenden."

Aber gerade dieses Wort unterstreicht doch die Bedeutung der modernen Einsichten. Es ist doch etwas anderes, ob man in allgemeingehaltenen Worten von den Grenzen menschlichen Wissens spricht (oder in dichterischen Visionen), oder ob man in einem exakten Beweis deduzieren kann, daß dieses oder jenes Problem (für ein wohlbestimmtes formales System) nicht entscheidbar ist.

In Summa: Viele Aussagen der modernen Grundlagenforschung sind schon aus uralter Spruchweisheit „bekannt". Sie erhalten aber für den Menschen des naturwissenschaftlichen Jahrhunderts neues Gewicht durch die Tatsache, daß sie heute als Folgerungen aus der wissenschaftlichen Arbeit unseres Jahrhunderts legitimiert werden.

Damit ist deutlich geworden, daß die Mathematik ein wichtiges Bildungselement unserer Zeit geworden ist. Und da das Feld der mathematischen Bildung gerade das Elementare ist, dürfen wir wohl die Bezeichnung *Bildungsgrundlage* wagen. Sie bedarf natürlich der Ergänzung durch die Erlebnisse der Kunst, durch die sprachliche Bildung, durch die Leibeserziehung.

Auf eine eigenartige *Paradoxie* möchten wir noch hinweisen:

Je solider das mathematische Fundament der Bildung ist, desto klarer wird, daß nicht alles in dieser Welt more geometrico verstanden werden kann.

Im 18. Jahrhundert, als die Anwendung der Mathematik auf die Physik erste große Triumphe feierte, gab es ein primitives Verständnis der Aufklärung

[233]) *Konfuzius*. Herausgegeben von *Lin Yutang* (1957), S. 30.

(nicht alles an der Aufklärung war primitiv!), das nur die mathematisch-physikalische Deutung der Welt gelten lassen wollte. Heute erleben wir Ähnliches bei den jüngsten Jüngern der exakten Wissenschaften [234]. Ein Forscher wie *Einstein* aber weiß, daß man nicht einmal das *Streben nach Wahrheit* durch die physikalische Erfahrung oder aus den Gesetzen der Mathematik motivieren kann [235].

Wir wollen unsere Zusammenfassung abschließen mit einer Bemerkung, die für die Bildungspolitik bedeutsam sein könnte. Bei Gesprächen im Berliner Hochschulrat über die Probleme der Lehrerbildung an der Universität ergab sich ein eigenartiger Unterschied in den Auffassungen der Philologen und der Mathematiker. Es ging um die Frage, ob sich in die Arbeit der Universität ein verkürztes Fachstudium für die Volksschullehrer einbauen ließe.

Die Philologen argumentierten so: Das ist schon deshalb ausgeschlossen, weil fünf bis sechs volle Semester im Sprachstudium der Vorbereitung dienen. Die Abiturienten bringen zu wenig Kenntnisse mit, und so muß die Universität erst in Sprachkursen, Proseminaren usw. die Voraussetzungen für eine wissenschaftliche Arbeit schaffen. Die Bildungsmöglichkeiten dieses Studiums kommen erst nach etwa 6 Semestern zum Zuge, und vorher ist auch nicht an eine Forschungsarbeit zu denken.

In der Mathematik ist es anders. Die Wissenschaft von den formalen Systemen läßt auch eine erfolgreiche Arbeit an einzelnen Strukturen zu. Man kann eine Einführung etwa in die Theorie der Gruppen, der Verbände, der Halbordnungen geben und ist dabei mitten in der „richtigen" Mathematik. Natürlich würde eine solche „Einführung" nicht an die Theorie der Differentialgleichungen oder die moderne Funktionsanalysis heranführen. Aber eine Einführung in die moderne Mathematik schließt doch alle Bildungsmöglichkeiten ein, die die Mathematik überhaupt zu bieten hat. Man kann Mathematik „en miniature" treiben [236].

Wir wollen hier nicht zur Frage der Lehrerbildung Stellung nehmen. Das ist ein weites Feld. Hier geht es nur um den bemerkenswerten Unterschied zwischen der Bildungsarbeit bei den Philologen und den Mathematikern. Wir halten ihn für bildungspolitisch bedeutsam (vgl. Kap. XIII!).

---

234) Man lese *Club Voltaire I.*

235) Vgl. S. 174!

236) Vgl. S. 115!

XIII. Bildungspolitische Konsequenzen

Nur eines kann wirklich helfen: Der Blick auf die Sachen und die ihnen innewohnenden Anforderungen. Sie bestimmen die Methoden, sie lassen erkennen, wer seinen Aufgaben gewachsen ist und wer nicht. Besser kein Latein als ein bißchen, besser keine Lektüre als nur erbauliche, besser kein Studium als ein halbes: das alles sind ebenso einfache wie realisierbare Grundsätze, denen die Fiktionen aufgeopfert werden müssen. *W. Killy* [237])

1. Die Grundschule von morgen

Bei manchen der in dieser Schrift gegebenen Anregungen für den mathematischen Unterricht liegt der Einwand nahe, daß sie nicht durchzuführen seien. Die Skeptiker können hinweisen auf die geringe Zahl der Stunden, die Überfüllung der Klassen usw. Die Antwort: Die Vorschläge gelten nicht (nur) für die Schule von heute, sondern für die von morgen. Natürlich weiß niemand, welche der vielen Reformpläne für die Schule realisiert werden. Vielleicht bleibt doch auf Jahrzehnte hinaus alles beim alten?

Das wäre schlimm. Wir wollen versuchen zu begründen, daß eine durchgreifende Reform unseres Bildungswesens eine staatspolitische Notwendigkeit ist.

Die Kinder, die in den nächsten Jahren zur Schule gehen, werden noch im 21. Jahrhundert berufstätig sein. Sie werden sich die Freizeit zu gestalten haben, die ihnen die automatisierte Industrie großzügig gewähren kann. Die Schule hat die Aufgabe, für den Beruf und – das ist mindestens ebenso wichtig! – für die Gestaltung des Lebens abseits vom Arbeitsplatz vorzubereiten. Wie wird sich das Leben im 21. Jahrhundert abspielen? Welche Forderungen ergeben sich aus den Bedürfnissen der Industrie von morgen für die Schule von heute? Man braucht nicht die Verfasser von utopischen Romanen um Antwort auf diese Fragen zu ersuchen. Gewisse für die Schule wichtige Einsichten sind heute bereits klar.

Die industrielle Gesellschaft hat sehr unterschiedliche Aufgaben zu vergeben. Reine Handarbeit wird immer nötig sein, aber sie ist in der Zukunft weniger gefragt als heute. Die voll automatisierte Fabrik braucht statt dessen Hilfskräfte, die die Kontrollampen überwachen. Sie brauchen weit geringere Fachkenntnisse zu haben als die Techniker, die einen Schaden im Produktionsgang beheben müssen. Ganz besondere Probleme stellt aber die Ausbildung

---

[237]) in „Bildungsfragen 1963", S. 30.

der Ingenieure, Physiker und Chemiker, die die Entwicklung neuer Planun=gen vorbereiten. Der Weg bis an die Front der Forschung ist immer weiter geworden, und so dauert heute die Ausbildung eines Diplom=Ingenieurs oder die eines promovierten Naturwissenschaftlers viel länger als vor einigen Jahrzehnten.

Unsere politische Zukunft hängt auch davon ab, ob wir genug Fachkräfte für die Wirtschaft ausbilden. Nehmen wir an, daß es in den nächsten Jahrzehn=ten zu keinem weltweiten Atomkrieg kommt, daß immer wieder mindestens im letzten Augenblick die Probleme zwischen den Weltmächten friedlich ge=löst werden. Damit sind doch die politischen und ideologischen Gegensätze nicht aus der Welt geschafft, und die Entscheidungen der jungen Völker werden nicht zuletzt durch die Wissenschaftler, Ingenieure und Lehrer be=stimmt sein, die die alten Großmächte ihnen stellen. Es ist also eine für die politische Zukunft höchst bedeutsame Frage, ob wir wieder den Anschluß an die Forschung finden, ob wir genug Ingenieure und Techniker ausbilden, mit denen wir den Entwicklungsländern helfen können.

Wenn ich mich an einem Sonnabendmorgen zur Arbeit an meinen Schreib=tisch setze, sehe ich auch viele Studenten der Chemie im Otto=Hahn=Bau der Freien Universität mit ihren Experimenten beschäftigt. Wenn man 12–15 Se=mester zur Durchführung des Studiums braucht, kann man sich nicht gut einen freien Sonnabend leisten. Wenn aber ein solcher Student am Sonn=abend ein Buch aus der Bibliothek haben will oder eine Angelegenheit in der Verwaltung erledigen möchte, hat er (meistens) keinen Erfolg: Für die An=gestellten der Universität und der Bibliotheken ist (im allgemeinen) der Sonnabend ebenso arbeitsfrei wie für die Angehörigen der meisten anderen Berufe.

An diesem simplen Beispiel wird klar, daß wir uns ernstlich Gedanken machen müssen über die Struktur des Bildungswesens in der modernen indu=striellen Gesellschaft. Die fortschreitende Automation schafft Arbeitszeitver=kürzungen für viele Berufe. Aber der Ausbau der Technik, die Behauptung im internationalen wirtschaftlichen Wettkampf fordert gebieterisch die ge=diegene Ausbildung von Ingenieuren, Physikern, Mathematikern und Che=mikern. Sie müssen über die jüngsten Ergebnisse der Forschung Bescheid wissen, wenn sie später selbst zu neuen Planungen fähig sein sollen. Das bedeutet aber, daß das Studium länger dauert, weil der Weg vom kleinen Einmaleins bis zur Theorie der modernen mathematischen Strukturen, bis zu den Ergebnissen der jüngsten physikalischen oder chemischen Forschung immer länger wird. Die Zeiten sind vorbei, in denen ein fähiger junger Mann mit 22 Jahren sein Doktor=Diplom in der Tasche haben konnte. Die Berufsausbildung dauert im Bereich der exakten Wissenschaften heute oft bis zum 30. Lebensjahr, und das Durchschnittsalter bei der Habilitation an den Universitäten oder Hochschulen liegt noch entsprechend höher. Das bedeutet, daß der Wissenschaftler in der industriellen Gesellschaft erhebliche Opfer bringen muß. Er verdient wohl ein paar Mark mehr als der weniger geschulte Facharbeiter, aber er hat eine viel längere Berufsausbildung, er muß in den besten Jahren seines Lebens auf die Annehmlichkeiten einer ausgedehnten Freizeit verzichten und kommt erst sehr spät zur Gründung einer Familie.

Unter diesen Umständen ist die Frage nicht abzuweisen, ob man durch einen Umbau in der Organisation unseres Bildungswesens hier einige Erleichterung schaffen kann. Dabei müssen wir auch die Grundschule in eine neue Planung einbeziehen, wenn wir nennenswerte Erfolge haben wollen.

Aus guten Gründen haben wir heute Sonderschulen für minderbegabte und schwer erziehbare Kinder. Es ist zu fragen, ob die Spitzenbegabungen nicht mindestens das gleiche Recht auf eine besondere Förderung haben. Die Schule verfährt nach dem „Geleitzugsystem": Der langsamste Dampfer bestimmt die Geschwindigkeit. Gewiß, wir haben für Sonderfälle unsere Hilfsschulen, aber die untere Grenze in einer normalen Grundschulklasse liegt immer noch tief genug, um eine angemessene Förderung der Begabten zu verhindern.

Die Ausgaben des Staates für einen Hilfsschüler sind wesentlich höher als die für einen „Normalschüler". *Sollte uns die Förderung der Begabten nicht mindestens genau so viel wert sein?* Wenn wir wieder den Anschluß an die Forschung gewinnen wollen, müssen wir verhindern, daß die künftigen Wissenschaftler beste Jahre ihrer Kindheit in Langeweile vertun.

Wir haben in dem Kapitel über die mathematische Begabung versucht nachzuweisen, daß *einseitige* Begabungen selten sind. Es ist aber nicht zu übersehen, daß es starke allgemeine („lineare") Unterschiede im Begabungsniveau gibt, die dem Lehrer in einer Grundschule das Leben schwer machen. Wenn er seiner pädagogischen Unterweisung folgt, richtet er sich nach dem schwächsten in der Klasse, und es ist gar nicht zu vermeiden, daß fähige Schüler sich dabei langweilen. Wir fürchten, daß manche Fehlentwicklungen begabter Kinder darauf zurückzuführen sind, daß sie vom Unterricht nicht angeregt wurden.

Es kommt hinzu, daß überholte pädagogische Prinzipien ohnehin oft der Erziehung zu ernsthafter Arbeit im Wege stehen. W. Killy sagt dazu [238]):

---

[238]) a. a. O. S. 21.

Die grundlegende Erkenntnis, daß nur Überforderung erziehe, nur die nächsthöhere Stufe nach oben führe, ist außer Kraft gesetzt worden. Jugendpsychologische Gesichtspunkte, methodologische Erwägungen sichern dem jungen Menschen eine Art widernatürlicher Schonung zu, deren Ungesundheit sich schon in der Nomenklatur ausdrückt – denn wie sollen Wortbildungen wie „kindgemäß" und „kindertümlich", die keinem gebildeten Wortschatz entnommen sein können, bildende Verfahren bezeichnen?

Wir möchten dazu anmerken, daß moderne Psychologen [239]) sich längst von dieser antiquierten pädagogischen Konzeption distanziert haben. Es ist freilich notwendig, daß die Ausbildner der Lehrer und die Schulverwaltungen sich diesen neuen Einsichten stellen.

Wenn man eine wirksame Förderung der Begabungen erreichen will, muß man auch noch gewisse politisch motivierte pädagogische Dogmen überwinden. Man hat 1918 die „Vorschule" der Gymnasien abgeschafft. Das waren „Standesschulen", die nur einer kleinen Schicht finanziell Privilegierter eine bessere Ausbildung ermöglichte. Aber damit ist doch die Tatsache nicht aus der Welt geschafft, daß offensichtlich einigermaßen überdurchschnittlich Begabte den Stoff der 4 Grundschuljahre in 3 Jahren bewältigen können. *Man gebe allen die gleiche Chance!* Die gleiche Chance; *das heißt nicht: Gleiche Bildung für alle.*

Warum auch? Die Aufgaben in der industriellen Gesellschaft sind sehr unterschiedlich. Wer auf das Aufleuchten einer Kontrollampe wartet, hat andere Aufgaben als ein leitender Ingenieur. Und ein Schüler, der trotz aller Bemühungen des Lehrers das elementare Rechnen nicht sicher lernt, hat kaum Aussichten, in die Planungsabteilung eines Werkes zu kommen.

Die Ausbildung eines promovierten Ingenieurs (oder eines Mathematikers, Chemikers) dauert aber heute bis zum 26. oder 28. Lebensjahr. Wenn es möglich ist, durch entsprechende Organisation des Schulwesens ein Jahr im Bereich der Grundschule einzusparen, so sollte man es tun. Der voll ausgebildete Akademiker bringt ohnehin der Gesellschaft Opfer, die man durch höhere Besoldung kaum ausgleichen kann [240]).

Wir können uns den Luxus nicht leisten, in der Grundschule Zeit zu vertun. Es wäre aber auch töricht, wollte man eine solche Begabtenförderung nur solchen Kindern zugänglich machen, deren Eltern sie bezahlen können. Mit Schulgeldfreiheit ist es nicht getan. Die Erfahrung lehrt, daß Eltern mit bescheidenem Einkommen im allgemeinen damit rechnen, daß ihre Kinder bald Geld verdienen. Wenn man die begabten Kinder solcher Eltern für eine

---

[239]) Vgl. dazu S. 167!

[240]) Vgl. dazu S. 183 f!

Gymnasialausbildung gewinnen will, muß man sie durch großzügige Erziehungsbeihilfen unterstützen. Das alles kostet Geld, viel Geld. Aber wenn man sich über die politische Bedeutung der Bildungsarbeit klar ist, muß man auch bereit sein, die Größenordnung unserer Ausgaben für Schulen und Hochschulen zu ändern. Es besteht kein vernünftiger Grund, für die Schulung der nächsten Generation weniger anzuwenden als für die Rüstung.

Es gibt mancherlei Möglichkeiten, die Grundschule für Begabte durch „Förderkurse" oder dergleichen zu kürzen. Vielleicht läßt sich das im Rahmen einer sechsjährigen Grundschule eher realisieren als in der vierjährigen.

Diese Einsparung eines Jahres sollte nach Möglichkeit für einen verhältnismäßig großen Kreis von Schülern erreicht werden; für alle diejenigen nämlich, die später einmal für ein Studium in Frage kommen. Natürlich ist das nicht immer schon in den ersten Grundschuljahren erkennbar. Es gibt „Spätentwickler", die erst mit 12 oder 14 Jahren ihre Eignung für eine weiterführende Ausbildung zeigen. Natürlich muß auch solchen Schülern die Gelegenheit zu einer ihnen gemäßen Entwicklung gegeben werden. Aber es wäre doch unsinnig, wollte man mit Rücksicht auf diese (verhältnismäßig wenigen) Schüler allen eindeutig Fähigen die Schulzeit ohne Notwendigkeit verlängern.

Es gibt einen sozialpädagogischen Grund, der gegen eine frühe Förderung von begabten Schülern ins Feld geführt wird. Man will die Standesunterschiede überbrücken und hofft, daß der Generaldirektor, der Forscher oder der Ministerialrat mehr Verständnis für den Arbeiter haben wird, wenn er in seinen frühen Schuljahren möglichst lange mit solchen Kindern in einer Klasse zusammensitzt, die *nicht* für eine wissenschaftliche Ausbildung qualifiziert sind. Wir meinen: das ist eine kostspielige Illusion. Man sollte alles, aber wirklich alles Vernünftige tun, um Standesdünkel und Bildungshochmut abzubauen. Aber die Blockierung einer sachgemäßen Ausbildung ist eine törichte Maßnahme; sie ist gewiß nicht geeignet, die vorgesehenen Wirkungen zu erzielen.

In den letzten Jahren haben sich in den politischen Zielen der sozialistischen Parteien Westeuropas bemerkenswerte Wandlungen vollzogen. Besonders in Deutschland haben sich die Sozialdemokraten so gründlich „verbürgerlicht", daß manche besorgte Kritiker der „offiziellen" Politik nach neuen Wegen suchen, um wirksam „Opposition" zu treiben. Erstaunlich ist, daß ausgerechnet auf dem Gebiet der Kulturpolitik sich „fortschrittliche" Ideen am Leben halten, die das wirklich nicht verdienen.

Wir haben hier nicht über Probleme der Innen- und Außenpolitik miteinander zu streiten. Aber daß die Kulturpolitik der „gleichen Bildung für alle" gerade mit Rücksicht auf die Zukunft „aller" verhängnisvoll ist, das müssen wir doch aussprechen. Und weil wir damit ein tabu angreifen, wollen wir uns nach Bundesgenossen umsehen. Geben wir einem gewiß nicht als „reaktionär" verdächtigen Forscher das Wort. Der durch seinen unbekümmerten Bekennermut ausgezeichnete *Lord Russell* sagt zu unserem Thema [241]):

> Eine Menge von unnützem Leid und Reibereien könnte klugen Kindern erspart bleiben, wenn sie nicht dazu gezwungen würden, in engster Gemeinschaft mit dummen Zeitgenossen zu leben. Man hat irgend eine Vorstellung, daß es eine gute Vorbereitung für das Leben ist, wenn man sich in der Jugend an all und jedem reibt. Das scheint mir Unsinn zu sein. Im späteren Leben läßt sich niemand mit all und jedem ein. Buchmacher müssen nicht mit Geistlichen leben und Geistliche nicht mit Buchmachern.

Bei einer guten Planung unseres Schulwesens könnte etwa vom 5. Schuljahr an für die dafür geeigneten Schüler ein wissenschaftlich fundierter mathematischer Unterricht einsetzen. Wissenschaftlich fundiert: Das bedeutet nicht, daß man die Schüler mit Beweisen belasten sollte, die sie noch nicht verstehen können. Es kann aber der Grund gelegt werden zu einem Verständnis der mathematischen Strukturenlehre. Die Grundstrukturen sind ja so einfach, daß bereits Zehnjährige ihre elementaren Gesetze durchschauen können. Dabei wird das „Beweisbedürfnis" geweckt, und der Weg wird frei für einen wissenschaftlich sauberen Unterricht.

Einen solchen mathematischen Anfangsunterricht kann nur ein Fachlehrer geben. Es ist natürlich nicht erforderlich, daß ein solcher Lehrer die moderne Funktionsanalysis beherrscht und partielle Differentialgleichungen lösen kann. Er muß aber (mindestens) Bescheid wissen über die Grundstrukturen, die für den Schulunterricht bedeutsam sind.

2. Das mathematische Gymnasium

Im 20. Jahrhundert haben sich die Grundlagen unseres Daseins verändert. Der Wissenschaftler wird geneigt sein, die Wandlung unseres Weltbildes und die Abkehr von überkommenen metaphysischen Vorstellungen für den wichtigsten Ausweis dieser Veränderung zu halten. Andere werden die Errungenschaften der Technik, vor allem die Nutzung der Atomenergie und die Versuche zur Weltraumfahrt als bedeutsame Zeichen einer neuen Zeit deuten.

Gegenüber dem Umsturz unseres Weltbildes, gegenüber den oft gewaltsamen Veränderungen in der politischen Ordnung erscheinen die Wandlungen in unserem Bildungswesen ausgesprochen bescheiden. Die Stundentafeln

---

[241]) Zitiert nach A. Wood: B. Russell. Thun–München 1957.

unserer Gymnasien z. B. haben sich im 20. Jahrhundert nur wenig verschoben[242]), und auch die Arbeitsweise unserer Universitäten ist nicht von Grund auf verändert worden. Man wird nicht verkennen, daß der pädagogische Stil unserer Schulen heute anders ist als vor dem ersten Weltkrieg, und an den Lebensformen unserer Hochschulen kann man die Tatsache demonstrieren, daß die soziologische Struktur unseres Volkes heute nicht mehr die gleiche ist wie 1914.

Aber werden diese bescheidenen Änderungen in unserem Bildungswesen der Tatsache gerecht, daß wir in einer sich rasch wandelnden Welt leben, daß das Humboldtsche Bildungsideal nicht mehr den Erfordernissen unserer modernen industriellen Gesellschaft gerecht wird?

Wir müssen leider mit der Tatsache rechnen, daß sich in unserem Schulwesen Neuerungen – wenn überhaupt! – nur gegen zähen Widerstand durchsetzen. Unsere Bildungspolitik ist beherrscht vom Parallelogramm der Kräfte. Gegen jede junge Kraft finden sich viele Gegenkomponenten zu einer Resultierenden zusammen, die kompensierend wirkt.

Vielleicht ist in Deutschland die (in den Ländern) zentralisierte Organisation unseres öffentlichen Schulwesens ein entscheidendes Hindernis für den Sieg neuer Ideen. Bei uns spielen die Privatschulen nur eine geringe Rolle, und eine Änderung in der Struktur der öffentlichen Schulen und Hochschulen ist ein gewichtiges Politikum der Landespolitik.

Vieles ließe sich erreichen, wenn wir nicht ein (innerhalb des einzelnen Bundeslandes) einheitlich verwaltetes und bis in die Personalpolitik hinein politisch geleitetes Schulwesen hätten. Man sollte deshalb für neue pädagogische und wissenschaftliche Ideen wenigstens in *Versuchsschulen* Raum schaffen. Es mag schon ein schwerer Entschluß sein, die Struktur *aller* Gymnasien eines Landes zu ändern. Auch ein reformfreudiger Kultusminister wird den Widerstand konservativer Kräfte in der Öffentlichkeit nicht so einfach überwinden können. Deshalb sollte man Freiheit schaffen für wohldurchdachte pädagogische Versuche.

Natürlich kann man auch mit der Ablehnung solcher Anregungen durch die Verfechter des Bestehenden rechnen: *Keine Experimente mit der Schule!* heißt dann das Feldgeschrei. Dazu ist zu sagen, daß es ein recht gefährliches „Experiment" ist, in einer sich rasch verändernden Gesellschaft das Bildungswesen auf den Stand von vorgestern festzulegen.

Es müßte wenigstens zu erreichen sein, daß in jedem Land *mindestens eine* Schule eingerichtet wird, in der neue pädagogische Ideen erprobt werden.

---

[242]) Vgl. dazu Kap. I.

Unser Vorschlag: *Man schaffe* (zunächst als Versuchsschule) *in jedem Bundesland ein „mathematisches Gymnasium"* [243]*), das diesen Namen verdient! Man gebe den exakten Wissenschaften im Atomzeitalter endlich die Chance in der Schule, die die alten Sprachen seit Jahrhunderten haben!*

Wir benutzen in diesem Relativsatz bewußt das Präsens, weil auch heute noch die humanistischen Gymnasien Privilegien genießen, die man den moderneren Schulformen nicht zugesteht.

Der viel diskutierte „Rahmenplan" [244]) sieht eine sechsjährige Grundschule (mit Förderungsmöglichkeiten) vor, regt aber außerdem die Einrichtung einer „Studienschule" an, die bereits im 5. Schuljahr einsetzt und die Traditionen des humanistischen Gymnasiums fortsetzt. Damit würde das Gymnasium alten Stils weiterhin die Möglichkeit haben, die besonders begabten Kinder vorzeitig aus der allgemeinen Grundschule herauszunehmen. Viele Eltern würden sich diesen Bildungsweg schon deshalb für ihre Kinder wünschen, weil sie auf diese Weise früher in eine „Auswahlschule" kommen. Wenn man mit einer solchen Auslese [245]) von Kindern rechnen kann, ist der „Nachweis" nicht schwer, daß die „humanistische" Bildung allgemein, selbst für technische Berufe, der durch die andern Schultypen vorzuziehen sei. Es kommt noch hinzu, daß solche Schulen erfahrungsgemäß besonders qualifizierte Lehrer erhalten. Die Kultusminister (meist selbst Absolventen humanistischer Schulen) sind oft geneigt, diese Schulen besonders zu fördern und ihnen auch notfalls besonders kleine Klassenfrequenzen zuzugestehen.

Auch die allgemeinen Formulierungen des „Rahmenplanes" lassen das Gewicht konservativen Denkens erkennen. Es heißt dort:

> Die höhere Schule dient heute – ebenso wie die Universität und andere Hochschulen – einem doppelten Auftrag: einerseits muß sie den ständig wachsenden Bedarf der modernen Zivilisation an qualifizierten Nachwuchskräften decken. Zum andern steht sie nach wie vor im Dienst ihres alten Bildungszieles: der Überlieferung der klassischen Gehalte unserer Kultur.

Hinter dieser Formulierung (und der Aufgabenstellung der „Studienschule"!)

---

[243]) Streiten wir nicht über den Namen. Man kann diese Schule auch „Naturwissenschaftliches Gymnasium" nennen.

[244]) Veröffentlicht z. B. im „Parlament" 1959, Nr. 20 vom 13. 5. 59.

[245]) Zur Zeit (1964) gibt es eine sechsjährige Grundschule nur in Westberlin. Trotzdem kann man auch in den Bundesländern von einer „Auslese" für die altsprachlichen Gymnasien sprechen, weil ein hoher Prozentsatz der Akademiker ihre Kinder „humanistisch" ausbilden läßt. Dadurch liegt die Leistungsfähigkeit dieser Schulen höher als die anderer Typen.

steckt doch offenbar die Auffassung, daß die mathematisch-naturwissenschaftlichen Fächer zwar der „zivilisatorischen Bedeutung" wegen wichtig sind, die eigentliche Bildungsarbeit aber in der Überlieferung der „klassischen Gehalte unserer Kultur" liegt [246]).

Dieses bei vielen Gebildeten heute noch lebendige Vorurteil kann nur dann gebrochen werden, wenn man in einem mathematischen Gymnasium (neuen Stils!) die Möglichkeit schafft, die Bildungselemente der exakten Wissenschaften voll zur Entfaltung zu bringen.

Zur Erreichung dieses Zieles muß den Naturwissenschaften und der Mathematik in diesen „Versuchsschulen" eine angemessene Weite des Betätigungsfeldes eingeräumt werden. Das humanistische Gymnasium widmete in seiner Blütezeit (vgl. Kap. I!) 50 Prozent der Unterrichtszeit in der Oberstufe den alten Sprachen. Die exakten Wissenschaften sollten (in den letzten Schuljahren) in der neuen Schule ein ähnliches Gewicht haben [247]). Wir wollen uns schon deshalb nicht auf eine bestimmte Stundenzahl festlegen, weil wir (nach amerikanischem Vorbild) mindestens für die Oberstufe eine Auflösung des Klassenunterrichts nach dem Kurssystem für zweckmäßig halten.

Natürlich muß der Unterricht in der Muttersprache, in Kunst, Musik und Leibeserziehung an unserer Versuchsschule einen angemessenen Platz haben. Auf Latein sollte man verzichten. Killy hat schon Recht [248]): „Besser kein Latein als ein bißchen." Die Erziehung zu logischer Zucht wird ja durch den Unterricht in formaler Logik erfolgen. Die Beschäftigung mit den lebenden Sprachen dient einem relativ bescheidenen Ziel: Der spätere Forscher sollte Facharbeiten in den wichtigen Fremdsprachen lesen und womöglich einem Referat eines ausländischen Kollegen folgen können. Dazu gehören (bei der international verständlichen Fachsprache) verhältnismäßig bescheidene Kenntnisse.

Aber mit der Verlagerung der Gewichte für die einzelnen Fächer ist es nicht getan. Entscheidend ist, daß an der neuen Schule die Bildungselemente der

---

[246]) Diese Stelle aus der Veröffentlichung des „Rahmenplanes" und den folgenden Satz haben wir schon im Vorwort zur 2. Auflage der *Wandlungen des mathematischen Denkens* veröffentlicht. Herr *v. Weizsäcker*, einer der Mitarbeiter am „Rahmenplan" versicherte mir in einem Brief, daß die Autoren dieses Planes vom Bildungswert der Naturwissenschaften durchaus überzeugt seien. Ich registriere diese Mitteilung gern an dieser Stelle, muß aber gestehen, daß damit meine Bedenken gegen diesen Plan nicht ausgeräumt sind. Es bleibt doch die Tatsache, daß man dem humanistischen Gymnasium eine Sonderstellung einräumen will, die man dem naturwissenschaftlichen Zug versagt.

[247]) In den jetzt existierenden naturwissenschaftlichen Zweigen gehören etwa 30 % den exakten Wissenschaften.

[248]) Vgl. das Motto dieses Kapitels.

exakten Wissenschaften wirklich zum Zuge kommen. Der Unterricht muß also wissenschaftlich sauber sein, er soll aber auch über den Umgang mit Kalkülen und Experimenten hinführen zu jenen bildungswichtigen Einsichten, von denen in dieser Schrift immer wieder die Rede war. Nur wenn dieses Ziel erreicht wird, erfüllt das „mathematische Gymnasium" seine humanistische Aufgabe, nur dann ist die Abkehr von dem alten Ideal der „allgemeinen Bildung" zu verantworten. Wenn das erreicht wird, haben wir ein Gymnasium, in dem der Geist der platonischen Akademie lebendig wird. Dort beschäftigte man sich ja nicht mit den (damals) alten Sprachen, sondern mit Mathematik, Philosophie, Musik und Astronomie.

Zur Erreichung dieses Zieles braucht man geeignete Lehrer. Wahrscheinlich gibt es noch nicht genug, um alle vorhandenen naturwissenschaftlichen Gymnasien von heute auf morgen auf die hier geforderte Arbeitsweise umzustellen. Aber das steht ja auch gar nicht zur Diskussion. Es ist keine Frage, daß es genug erfahrene und an einer solchen Aufgabe interessierte Lehrer gibt, um zunächst in jedem Bundesland *eine* Versuchsschule einzurichten.

Es könnte gut sein, daß solche Schulen sich zu „Eliteschulen" neuen Typs entwickeln. Wir halten das für einen Gewinn. Die Berufung der Lehrer an solche für die weitere Entwicklung unseres Schulwesens bedeutsamen Schulen sollte nicht einfach durch untergeordnete Organe der Verwaltung erfolgen. Der Schulleiter müßte mindestens ein Mitspracherecht haben, und es wäre gut, würde man auch die zuständigen Universitätslehrer hören.

Wir rechnen damit, daß auch die Besetzung der nicht naturwissenschaftlichen Fächer an einer solchen Schule durch gute Lehrer nicht schwierig wäre. Ein vernünftiger Unterricht in den Naturwissenschaften gibt ja den Blick frei für andere Bereiche des Menschlichen. Es ist deshalb damit zu rechnen, daß auch die Lehrer für Deutsch, Geschichte, Kunst usw. an einem mathematischen Gymnasium dankbare Schüler haben werden.

Ein guter Fachunterricht setzt eine entsprechende Vorbereitung des Lehrers voraus; man sollte deshalb einem an der Oberstufe tätigen Lehrer nicht mehr als 16–18 Wochenstunden aufbürden [249]). Man muß ihm Gelegenheit zu seiner wissenschaftlichen Weiterbildung geben und die Bibliotheken der Schulen gut ausstatten [250]). Schließlich sollte man wissenschaftliche und

[249]) So ist es etwa in Frankreich.

[250]) Zur Zeit (1964) hat ein Gymnasium in Berlin für die Lehrerbibliothek im Jahr ~ 600 DM zur Verfügung. Etwa die Hälfte dieser Summe wird im allgemeinen für den Kauf einiger weniger Zeitschriften verwandt. Das bedeutet (bei der Verteilung der Restsumme auf die einzelnen Fächer), daß man im Jahr *ein* (nicht zu teures!) Buch für die Mathematik anschaffen kann, wenn man sich nicht auf den Erwerb von „Taschenbüchern" beschränkt.

pädagogische Leistungen entsprechend honorieren. Man kann nicht immer nur auf den „Idealismus" des Lehrers rechnen [251]).

Man berichtet immer wieder, daß die Entscheidung für den naturwissenschaftlichen Zweig einer Schule heute im allgemeinen negativ zu deuten ist: Der Schüler wählt diesen Typ, weil er (oder sein Vater) meint, daß es leichter sei, mit zwei fremden Sprachen fertig zu werden als mit drei. Der Erfolg ist, daß sich heute im naturwissenschaftlichen Gymnasium vorwiegend die schwächer begabten oder weniger arbeitswilligen Schüler zusammenfinden. Das sollte anders werden. An den hier vorgeschlagenen mathematisch-naturwissenschaftlichen Gymnasien soll so ernsthaft gearbeitet werden, daß sich niemand mehr aus Bequemlichkeit für diesen Typ entscheidet.

Wenn erst einmal genug Schulen dieser neuen Art arbeiten, ist eine Entlastung des gesamten Studienganges für einen Physiker (Mathematiker, Ingenieur) möglich. Wir haben jetzt vielfache Überschneidungen zwischen der Schularbeit und den Anfängervorlesungen an den Hochschulen. Ich selbst konnte im Jahre 1927 zu meiner Überraschung feststellen, daß mir der Inhalt der Physik-Vorlesung von Walther Nernst weitgehend vom Schulunterricht her vertraut war.

In der Mathematik war es anders. Wir hatten zwar schon in der Prima eifrig differenziert, aber die Definition der Grundbegriffe war damals in der Schule doch recht fragwürdig, und so brachte die „Epsilontik" der Anfängervorlesung von Erhard Schmidt viel Neues.

Wenn sich die hier vorgeschlagene Arbeitsweise in den mathematischen Gymnasien durchsetzt, wird man die naturwissenschaftlichen und auch die mathematischen Anfängervorlesungen an den Universitäten umgestalten können. Man kann etwa – nach den Ideen des Bourbaki-Kreises – die Analysis für topologische Vektorräume begründen, da ja die Differentiation und Integration mit Funktionen einer reellen Veränderlichen von der Schule her vertraut ist.

Wir halten es durchaus für möglich, daß fähige und einigermaßen fleißige Schüler im mathematischen Gymnasium (mit „Kurssystem", geringen Schülerzahlen in den Übungen usw.) ein weiteres Jahr einsparen, ohne sich zu überarbeiten, ohne auch auf die Annehmlichkeiten des Schülerdaseins (Sport, Wanderungen, Kunst und Musik) zu verzichten. Man könnte dann das Reifezeugnis mit 17 oder 18 Jahren erhalten, obwohl die Schule (nach

[251]) Natürlich wäre es richtig, für die Lehrer aller Schulgattungen ähnliche Forderungen zu stellen. Da das gewiß nicht realisierbar ist, sollte man mit der Förderung von „Versuchsschulen" (verschiedener Art) anfangen.

den hier entwickelten Plänen) einen Teil jenes Unterrichts übernimmt, der zur Zeit noch zum Aufgabenbereich der Hochschulen gehört.

Ich weiß: Skeptiker werden das für Utopien halten. Solche Zweifler unterschätzen die Möglichkeiten, die einem wissenschaftlich geschulten und didaktisch fähigen Lehrer (bei angemessenen Arbeitsverhältnissen!) gegeben sind. Man erlebt es jetzt bei den Bourbaki-Experimenten in den Schulen immer wieder: Die älteren Herren halten vieles für „unmöglich", was einem mutigen Lehrer ohne Schwierigkeiten mit interessierten Schülern gelingt. Im übrigen gelten unsere Aussagen (das sei nochmals betont) unter der Voraussetzung, daß die hier geforderten Entlastungen der (geeignet vorgebildeten) Lehrer realisiert werden.

Wir haben bisher ausschließlich vom *mathematischen* Gymnasium gesprochen. Wir meinen allerdings, daß mehr Schüler als bisher diesen Zug der Oberschule besuchen sollten, weil in immer mehr Berufen mathematische und naturwissenschaftliche Kenntnisse gebraucht werden. Aber natürlich sind auch weiterhin neu- und altsprachliche Gymnasien erforderlich. Und es ist nur konsequent, wenn man diesen Schulen ebenfalls ein entsprechendes Gewicht der charakteristischen Fächer zugesteht. In einem neusprachlichen Gymnasium hat der Sprachunterricht natürlich noch ganz andere Aufgaben als an einer mathematischen Schule, und die exakten Wissenschaften müssen entsprechend zurücktreten. Ob auch hier die Einrichtung von Versuchsschulen zur Erprobung neuer Verfahren angebracht ist, müssen die Fachleute entscheiden.

Dem humanistischen Gymnasium möchten wir wünschen, daß ihm mehr Zeit für den altsprachlichen Unterricht zugestanden wird. Die gegenwärtige Lage scheint ganz unbefriedigend zu sein. Killy stellt fest [252]), daß das Große Latinum heute „für Leistungen attestiert wird, welche damals kaum zur Versetzung nach Tertia gelangt hätten" [253]).

---

252) Bildungsfragen 1963, S. 15.

253) Über dem Kapitel VI dieser Schrift steht als Motto ein Wort von *Solon*, das ich in der Arbeit des Theologen *F. K. Schumann* über „Mythos und Technik" fand. Dort war eine Übersetzung nicht beigegeben. Offenbar sind für den Autor Leute ohne humanistische Bildung keine Gesprächspartner. Da ich selbst zu diesen unglücklichen Wesen gehöre, wandte ich mich an besser gebildete Freunde mit der Bitte um Übersetzung. Es waren durchweg Akademiker, einige Absolventen sehr berühmter Gymnasien. Sie fragten alle nach einem Wörterbuch und waren nicht in der Lage, den Sinn dieses Spruches ohne eine solche Hilfe herauszufinden. Erst einem Theologen (Ordinarius für Neutestamentliche Theologie) gelang es einigermaßen; eine richtige Übersetzung erhielt ich aber erst nach einigen Tagen schriftlich.
Es scheint also, daß der Autor die Leistungen der Gymnasien überschätzte.

Das kann durch einen Blick auf die Stundentafeln leicht erklärt werden. In unserer Zeit hat man Kompromisse gemacht. Auch das alte Gymnasium wollte nicht ganz an den Naturwissenschaften vorbeigehen. Der Erfolg ist, daß die „Humanisten" nun die alten Sprachen nicht mehr beherrschen, in den exakten Wissenschaften aber auch nur unzureichend unterwiesen sind.

Es hilft nichts: Das Ideal der „allgemeinen Bildung" müssen wir heute auf= geben. Wer sich für die alten Sprachen entscheidet, der kann zwar *über das Wesen* der Mathematik unterrichtet werden (das ist schon deshalb zu emp= fehlen, weil er sonst Platon und die Pythagoreer nicht verstehen kann), man kann ihm auch *einen Überblick* verschaffen über die Fragestellungen der modernen Naturwissenschaften, aber eben nur einen Überblick. Wenn er sich den alten Sprachen verschreibt, kann er nicht auch noch eingehende Kenntnisse in den Naturwissenschaften mitbekommen.

Er kann dann Theologe oder Philologe werden. Wenn er sich später doch noch für einen naturwissenschaftlichen Beruf entscheidet, muß er einiges nacharbeiten. Das gilt natürlich auch für die Abiturienten der neusprach= lichen Schulen. Man sollte deshalb die Schüler bei der Entscheidung für den einen oder andern Typ des Gymnasiums gut beraten. *In der Regel* sollte die Wahl der Schule dem späteren Berufsziel entsprechen. Bei Vierzehnjährigen dürfte im allgemeinen wenigstens die Richtung des Interesses erkennbar sein.

Wenn sich später ein philologisch vorgebildeter Schüler doch noch für ein Studium in der naturwissenschaftlichen Fakultät (oder an einer Technischen Hochschule) entscheidet, müßte er in einem Vorkursus die fehlenden Schul= kenntnisse ergänzen. Da das Gymnasium (nach den hier entwickelten Vorschlägen) im Regelfall ein oder gar zwei Jahre einsparen kann, ist eine Ergänzung der Schulausbildung (im Ausnahmefall) so unerträglich nicht.

3. Bildungsprobleme der Hochschulen

Im 19. Jahrhundert geschah es gar nicht so selten, daß ein Gymnasialprofes= sor einen Ruf an eine Universität erhielt. Heute, im Zeitalter des Spezialisten= tums, ist das fast ausgeschlossen. Immerhin gab es aber in den ersten Jahrzehnten unseres Jahrhunderts viele promovierte Gymnasiallehrer, die ge= legentlich eine Arbeit in den Annalen ihrer Disziplin veröffentlichten. Heute haben wir in den naturwissenschaftlichen Fächern kaum noch jüngere promo= vierte Studienräte. Es zeichnen sich im Studiengang an den Universitäten drei Arten der Ausbildung ab: Wer promoviert, erstrebt eine Dozentur oder doch einen Platz in einem Forschungslaboratorium der Industrie. Die mitt= lere Gruppe stellen die Diplomanden, die (den Anforderungen nach) dritte Gruppe die künftigen Lehrer. Es ist zu fürchten, daß dieses Verfahren sich als negative Auslese für die Schule auswirkt.

Es kommt hinzu, daß die Vorlesungen und Übungen weitgehend auf die Interessen der beiden ersten Gruppen eingestellt sind. Nur wenige Universitätsprofessoren sehen die besonderen Probleme der Lehrerbildung. Das ist schon deshalb eine unerträgliche Entwicklung, weil ja die Universitäten selbst ein Interesse an einem gut arbeitenden Gymnasium haben müssen. Es genügt aber nicht, über die schlechten Vorkenntnisse der jüngsten Semester zu klagen. Man muß bedenken, daß die Lehrer dieser schlecht vorbereiteten Abiturienten ja an der Universität ausgebildet wurden.

Der Berliner Schulmathematiker *W. Dreetz* pflegte seine Studienreferendare nach den axiomatischen Grundlagen der Geometrie zu fragen. Die meisten der jungen Lehrer wußten kaum etwas von Euklid, nichts von den modernen Untersuchungen über die Axiomatik der Geometrie. Sie wußten auch nicht, in welchen Büchern sie sich über diese Fragen informieren konnten; von *Hilberts* „Grundlagen der Geometrie" hatten sie noch nie gehört.

Man sage nicht, daß der an der Funktionsanalysis oder der modernen Algebra geschulte Mathematiker sich doch leicht selbst über diese „elementaren" Probleme informieren könne, wenn seine Tätigkeit in der Schule das erforderlich macht. Natürlich tun das viele Lehrer. Aber diejenigen, die mit knapper Not die Klippe des Staatsexamens umschifft haben (oder die in den Jahren der Berufsarbeit die Neigung zu wissenschaftlicher Arbeit verlieren) sind oft zufrieden, wenn sie sich bei den alten Lehrbüchern ihrer eigenen Schulzeit ausruhen können.

Der zukünftige Lehrer sollte über die Grundlagen der Geometrie und die der Analysis ausreichend informiert sein. Er sollte nicht nur die klassischen Werke von Euklid und Hilbert kennen. Er muß auch Bescheid wissen über die mancherlei Versuche, die Ideen Hilberts weiter zu führen. Er muß die Pläne des Bourbaki-Kreises kennen (die Versuche, sie der Schule nahe zu bringen), alte und neue Methoden in der Theorie der reellen Zahlen. Er sollte, um die Bildungsmöglichkeiten seines Faches ausschöpfen zu können, die Geschichte der mathematischen Grundlagenprobleme kennen, die Elemente der mathematischen Logik; er sollte wissen, was „Metamathematik" ist. Es müßte doch zu erreichen sein, daß ein gewisses Minimalprogramm [254]) an Vorlesungen und Übungen für zukünftige Mathematiklehrer an Universitäten und Technischen Hochschulen angeboten wird.

Die Universität hat noch andere Gründe, die neben der Forschung gelegentlich vernachlässigte Lehraufgabe ernst zu nehmen. Nach einer Bemerkung

---

[254]) Für die hier genannten Themen wird kein Anspruch auf Vollständigkeit erhoben.

von Zemanek[255]) steigt in den letzten Jahrzehnten die wissenschaftliche Literatur nach einem Exponentialgesetz an. Als Faustregel kann man sagen, daß sie sich alle 16 Jahre verdoppelt. Es ist deshalb unvermeidlich, daß der Forscher zum „Spezialisten" wird. Er muß viel lesen, um (in einem engen Fachgebiet) die Front der Forschung zu erreichen. Wenn man die Gefahr einer hoffnungslosen Isolierung vermeiden will, muß man Vorlesungen an= bieten, die einen Überblick schaffen und das drohende Nichtverstehen zwischen den Spezialisten verhindern. Das ist eine schwierige Aufgabe, die wissenschaftliche *und* didaktische Qualifikation der Lehrenden erfordert. Vorlesungen dieser Art sind für alle Studierenden notwendig; sie dienen aber auch besonders den *künftigen* Lehrern.

Es könnte sein, daß durch eine *systematische* Unterweisung der künftigen Lehrer über die für die Schulmathematik wichtigen Grundlagenfragen wieder der Kontakt der Schule mit der Forschung hergestellt wird. Man kann nicht erwarten, daß ein vielbeschäftigter Studienrat wie einst Weierstraß zur Nachtzeit Forschungen über Funktionentheorie treibt. Es könnte aber sein, daß er Interesse findet an einem ungelösten Problem der Geometrie, der elementaren Zahlentheorie oder daß er eine neue axiomatische Fundierung eines Bereiches der Schulmathematik versucht. Er muß wissen, daß es auch am Rande der Elementarmathematik noch viele offene Fragen gibt.

Gelegentlich wird auch die Forderung erhoben, die Universitäten sollten auch Vorlesungen und Übungen über *Didaktik* der Mathematik anbieten. Wir meinen: Eine systematische Unterweisung in der Didaktik ist nur mög= lich in Verbindung mit der Schulpraxis. Wenn man nicht die ganze schulische Ausbildung in die Universität hineinnehmen will, sollte man die Didaktik im wesentlichen den Referendarjahren zuweisen.

Nun hängen freilich didaktische und wissenschaftliche Fragen oft eng zu= sammen. Die Frage nach dem axiomatischen Aufbau der Geometrie gehört gewiß in den Bereich der Fachwissenschaft, ist aber auch von großer Be= deutung für den Praktiker, der nach einer möglichst einfachen Fundierung der Geometrie fragt. Es ist deshalb dankenswert, wenn die Universitäten[256]) didaktische Seminare und Tagungen veranstalten, die einen Gedanken= austausch zwischen Professoren und Schulmathematikern ermöglichen.

Der Wunsch nach fachdidaktischen (und allgemein=didaktischen) Vorlesun= gen an der Universität ist meist gekoppelt mit der Forderung, man möge die pädagogische Ausbildung der künftigen Studienräte ausbauen. Die Studien=

---

[255]) in *Sprache im technischen Zeitalter*, I, 1961, S. 1–15.

[256]) Ein schönes Beispiel hat *H. Behnke* in Münster gegeben.

räte (so wird argumentiert) seien allzu häufig nur Fachwissenschaftler, die über Fragen der Pädagogik und Psychologie schlecht informiert sind. Die Volksschullehrer seien zwar keine Fachgelehrten, aber sie haben doch eine bessere Vorbereitung für ihre Bildungsaufgaben.

Hinter dieser Auffassung steht eine hohe Meinung von den Aufgaben des Lehrers in dieser Zeit, eine Meinung, die unsern Respekt verdient. Nach dem Zusammenbruch des dritten Reiches hofften viele verantwortungsbewußte Menschen auf die junge Generation. Wenn man erreichen wollte, daß sich das Schreckliche nicht wiederhole, mußte man der Erziehung besondere Bedeutung beimessen. Und deshalb gilt die Aufgabe der Wissensübermittlung als weniger gewichtig als die der Menschenführung. Daher – so wird geschlossen – ist eine intensive Beschäftigung mit der Pädagogik und ihren Hilfswissenschaften für den Lehrer bedeutsamer als sein Fachwissen.

Ich stehe nicht an zu bekennen, daß ich einmal „aus Überzeugung" Lehrer geworden bin, aus der Einsicht in die Bedeutung der Menschenführung. Trotzdem muß ich *der allzu simplen These widersprechen, daß viel Pädagogik immer besser sei als wenig, daß man durch die Beschäftigung mit der Erziehungswissenschaft ein guter Lehrer wird, daß der Volksschullehrer ein besserer Pädagoge sei als der Studienrat.*

Beginnen wir mit dieser letzten (auch von manchen Universitätspädagogen vertretenen) Behauptung! Ich kenne viele gute und schlechte Lehrer in Schulen aller Typen und würde auf Grund solcher Erfahrungen nicht zu sagen wagen, daß hier oder dort die besseren Schulmeister seien. Versuchen wir, die Vorteile und Nachteile der einzelnen Ausbildungsverfahren abzuwägen!

Der Studienrat hat eine solide Ausbildung in einigen der klassischen Wissenschaften und beschäftigt sich mit den schwierigen Problemen der Pädagogik und Psychologie erst in seinen späteren Studienjahren und im „Bezirksseminar". Wir halten das für einen wichtigen Vorteil: Der Studienreferendar kennt die Sprache der Wissenschaft und dürfte fähig sein, die pädagogische Literatur kritisch zu würdigen. Seine Ausbildner sind im allgemeinen erfahrene Schulmänner, nicht aber Vertreter der Wissenschaft. Der stud. paed. der Pädagogischen Hochschulen hat (meist) den Vorteil, Vorlesungen über Psychologie beim Fachmann zu hören.

Als einen Nachteil bei der Ausbildung der Studienreferendare möchten wir die Tatsache registrieren, daß viele Studenten der naturwissenschaftlichen und der philosophischen Fakultät Lehrer werden, obwohl sie ursprünglich andere Berufswünsche hatten. Die Entscheidung für die Schule ist manchmal eine Verlegenheitslösung.

Aber auch beim Volksschullehrer können sehr unsachliche Motive bei der Berufswahl eine Rolle spielen (Kürze und Billigkeit des Studiums z. B.).

Wenn man auf diese Weise pro und contra abzuwägen versucht, wird man kaum zu der Entscheidung kommen, die Ausbildung der Volksschullehrer sei (im Blick auf die Schulpraxis) besser angelegt als die der Studienräte. Aber haben wir nicht einen wichtigen Gesichtspunkt vergessen? Muß man nicht die Tatsache würdigen, daß an den Pädagogischen Hochschulen die Erziehungswissenschaft besonders gepflegt wird?

Wir halten das (mindestens in der gegenwärtigen Situation) nicht für einen Gewinn. *H. Frank* sagt [257]) über die Lage der Pädagogik:

> Die Erziehungswissenschaft erfährt von zwei Seiten eine mehr oder minder offene Geringschätzung: von Seiten der Erzieher und von Seiten der Wissenschaftler. Letztere bestreiten in der Regel den wissenschaftlichen Charakter der *gegenwärtigen* Pädagogik, erstere (soweit es sich nicht um Lehrer an Sonderschulen handelt) meist sogar die Möglichkeit einer *Erziehungswissenschaft* überhaupt.

Diese Thesen bestätigen die kritischen Äußerungen von *Lochner* (S. 6) und unsere am Beispiel der „kategorialen Bildung" (S. 4 ff.) demonstrierten Bedenken. Sie unterstreichen die Sorgen der Praktiker und Psychologen über eine falsch verstandene Pädagogik „vom Kinde her", die zu einer Unterforderung in der Grundschule führt. (Vgl. Kap. XI.)

Ist es überhaupt zu verantworten, daß Studenten unmittelbar nach dem Abitur Vorlesungen hören über eine heute noch ungesicherte und schwer zu fundierende Disziplin? Kann man die Pädagogik (so wie sie sich heute gibt) zur Grundwissenschaft einer akademischen Lehrerbildung machen?

Ein Ja auf diese Fragen ist höchstens dann berechtigt, wenn man die nicht zu übersehenden Bemühungen würdigt, die Pädagogik als eine Erfahrungswissenschaft neu zu fundieren. Wenn sich eine Abkehr von pädagogischen Ideologien durchsetzt und ernsthaft Tatsachenforschung getrieben wird, könnte das einmal eine Hilfe für die Schule sein.

Eine solche Wandlung des pädagogischen Denkens müßte freilich viel verändern. Der Pädagoge müßte einsehen, wo die Grenzen wissenschaftlicher Verfahren liegen, er müßte sich mit den Methoden der modernen Statistik (und womöglich der Informationswissenschaft) vertraut machen. Er dürfte sich die Entwicklung der Didaktik zur Wissenschaft nicht zu leicht machen. Er müßte versuchen, die Fachwissenschaftler zur Mitarbeit an den Bildungsproblemen zu gewinnen, da er selbst ja nicht zuständig sein kann für das Bildungsgut solcher Fächer, die er nicht studiert hat.

---

[257]) in „Kybernetische Grundlagen der Pädagogik", S. 1.

Unsere Bemerkungen über die Pädagogik waren veranlaßt durch die Einsicht, daß die Menschenführung eine wichtige Aufgabe des Lehrers sei. Sie kann gewiß durch korrekte Auswertung von Erfahrungen gefördert werden. Aber damit ist das Wichtigste zu diesem Thema noch nicht gesagt. Hören wir dazu *Albrecht Goes* [258]):

> So ist es um das Lehramt bestellt: Alle Klugheit genügt nicht, hier gilt nur kostbarere Münze. Bezahlt werden muß in Wahrheit mit dem Preis des ganzen Daseins. Du lehrst nicht, was Du nicht bist.

---

[258]) „Aber im Winde das Wort", Frankfurt 1963, S. 77.

Literaturverzeichnis

Abhandlungen über den mathematischen Unterricht in Deutschland. Bd. I–III, herausgegeben von F. Klein. Leipzig und Berlin 1909–10.

W. Ahrens: Mathematikeranekdoten. Berlin 1920.

F. Bachmann: Aufbau der Geometrie aus dem Spiegelungsbegriff. Berlin-Göttingen-Heidelberg 1959.

B. Bavink: Probleme und Ergebnisse der Naturwissenschaften. Zürich 1954.

H. Becker: Kulturpolitik und Schule. Stuttgart 1956.

O. Becker: Das mathematische Denken in der Antike. Göttingen 1957.

O. Becker: Größe und Grenze der mathematischen Denkweise. München 1960.

L. Bieberbach: Theorie der geometrischen Konstruktionen. Basel 1952.

A. Bielecki: Sur l'indépendence des axiomes d'incidende, d'ordre et de congruence de Hilbert. Ann. Univ. M. Curie-Sklodowska Lublin-Polonia, IX, 10, 1955, S. 157–175.

Bildungauftrag und Bildungspläne der Gymnasien. Berlin–Göttingen–Heidelberg 1958.

W. Birkemeier: Über den Bildungswert der Mathematik. Leipzig–Berlin 1923.

W. Blaschke: Reden und Reisen eines Geometers. Berlin 1957.

H. Blüher: Werke und Tage, Geschichte eines Denkers. München 1953.

B. Bolzano: Paradoxien des Unendlichen. Leipzig 1920.

G. Boole: The Mathematical Analysis of Logic. Cambridge 1847.

G. Boole: An Investigation of the Laws of Thought 1854. Neudruck New York 1951.

E. Buchwald: Bildung durch Physik. Göttingen 1956.

N. Bourbaki: Éléments de Mathématique. Paris 1955–64.

G. Cantor: Gesammelte Abhandlungen, Ed. E. Zermelo. Berlin 1932.

F. v. Cube: Allgemeinbildung oder produktive Einseitigkeit? Stuttgart 1960.

F. v. Cube: Erziehung zur Rationalität. Stuttgart 1965.

F. Denk: Die Bedeutung des Mathematikunterrichts für die heuristische Erziehung. Der Mathematikunterricht 10, 1, 1964, S. 36–57.

F. Drenkhahn (Herausg.): Der mathematische Unterricht für die sechs- bis fünfzehnjährige Jugend in der Bundesrepublik Deutschland. Göttingen 1958.

A. Eisenbach: Elementare Beispiele zur Axiomatik. Der Mathematikunterricht 7, 1, 1961, S. 38–56.

L. Fejes Tóth: Lagerungen in der Ebene, auf der Kugel und im Raum. Berlin-Göttingen-Heidelberg 1953.

L. Félix: Mathematische Strukturen als Leitfaden für den Unterricht. Göttingen 1963.

P. Finsler: Gibt es unentscheidbare Sätze? Comm. Math. Helv. vol. 16, 1943/45, S. 310–320.

H. Frank: Kybernetische Grundlagen der Pädagogik. Baden-Baden 1962.

H. Frank (Herausg.): Kybernetik – Brücke zwischen den Wissenschaften. Frankfurt 1964.

H. Freudenthal: Logique mathématique appliquée. Paris-Louvin 1958.

M. Gardner: Mathematische Rätsel und Probleme. Braunschweig 1964.

G. Giese: Quellen zur deutschen Schulgeschichte seit 1800. Göttingen-Berlin-Frankfurt 1961.

G. E. Guhrauer: Joachim Jungius und sein Zeitalter. Stuttgart und Tübingen 1850.

H. Hadwiger: Der Inhaltsbegriff, seine Begründung und Wandlung in älterer und neuerer Zeit. Mitt. Nat. Ges. Bern, Neue Folge, 11. Band, 1954, S. 13–41.

H. Hadwiger: Vorlesungen über Inhalt, Oberfläche und Isoperimetrie. Berlin-Göttingen-Heidelberg 1957.

O. Hagenmaier: Der goldene Schnitt. Heidelberg 1963.

G. S. Hall und *F. H. Stevens:* A text-book of Euclids Elements. London 1895.

G. af Hallström: Om den plana geometrins axiomsystem Nordisk. Mat. Tidskrift 9, 1961, S. 145–166.

G. Harbeck: Einführung in die formale Logik. Braunschweig 1963.

W. Hartkopf: Die Erziehung zum heuristisch-methodischen Denken im Mathematikunterricht. Der Mathematikunterricht 10, 1, 1964, S. 58–79.

O. W. Haseloff: Kybernetik als soziale Tatsache. Bergedorfer Protokolle 3. Hamburg-Berlin 1963.

G. Hauser: Geometrie der Griechen von Thales bis Euklid. Luzern 1955.

S. Heller: Die Entdeckung der stetigen Teilung durch die Pythagoreer. Abhandlungen der D. Ak. d. Wiss., Klasse f. Math., Phys. und Technik, Jg. 1958, Nr. 6.

J. Helmes: Die Elementarmathematik nach den Bedürfnissen des Unterrichts streng wissenschaftlich dargestellt. Hannover 1874.

H. Hermes: Einführung in die Verbandstheorie. Berlin-Göttingen-Heidelberg 1955.

H. Hermes: Logische Begründung der Wahrscheinlichkeitstheorie. Math.=phys. Semesterber. V, 3/4, S. 214 ff.

D. Hilbert: Grundlagen der Geometrie. 8. Aufl. Stuttgart 1958.

E. Hunger: Mathematik und Bildung. Braunschweig 1949.

J. G. Kemeny, J. L. Snell, G. L. Thomson: Introduction to finit Mathematics. Prentice=Hall 1957.

B. Kerékjártó: Les fondements de la géometrie I. Budapest 1955.

G. Kerschensteiner: Theorie der Bildung. Leipzig=Berlin 1926.

W. Killy: Bildungsfragen 1963 in „Der Aquädukt", C. H. Beck 1793–1963, München 1963.

W. Klafki: Das pädagogische Problem des Elementaren und die Theorie der kategorialen Bildung. Weinheim=Berlin 1959.

S. C. Kleene: Introduction to Metamathematics. Amsterdam=Groningen 1952.

F. Klein: Elementarmathematik von höherem Standpunkte aus. Leipzig 1909.

G. S. Klügel: Conatuum praecipuorum theoriam parallelarum demonstrandi recensio. Dissertation, Göttingen 1763.

J. Kopecny: Das berühmte fünfte Postulat des Euklid, bewiesen durch seine eigenen Forderungen und Lehrsätze des ersten Buches seiner „Elemente" nebst nachfolgendem verwandtem Problem, vorgelegt allen Mathematikern der Erdrunde. Bratislava 1933.

G. Kropp: Philosophie im mathematischen Unterricht (Kap. in Bauauf: Philosophie im mathem. nat. Unterricht. Heidelberg 1955).

F. Künkel: Die Arbeit am Charakter. Schwerin 1930.

F. Künkel: Jugendcharakterkunde. Schwerin 1931.

H. Lenz: Grundlagen der Elementarmathematik. Berlin 1961.

G. C. Lichtenberg: Tag und Dämmerung. Aphorismen=Schriften=Briefe=Tagebücher. Leipzig 1941.

G. C. Lichtenberg: Gedankenbücher. Frankfurt a. M. und Hamburg 1963.

T. Litt: Naturwissenschaft und Menschenbildung. Heidelberg 1952.

P. Lorenzen: Sprache und Mathematik. Sprache im technischen Zeitalter 2/1962, S. 111–118.

G. Martin: Neuzeit und Gegenwart in der Entwicklung des mathematischen Denkens, Kant=Studien 45, 1953–54, S. 155–165.

H. Meschkowski: Nichteuklidische Geometrie. 3. Aufl. Braunschweig 1965.

H. Meschkowski: Das Christentum im Jahrhundert der Naturwissenschaften. München 1961.

H. Meschkowski: Denkweisen großer Mathematiker. Braunschweig 1961.

H. Meschkowski: Wandlungen des mathematischen Denkens. Eine Einführung in die Grundlagenprobleme der Mathematik, 3. durchgesehene Aufl. Braunschweig 1963.

H. Meschkowski: Einführung in die moderne Mathematik. BI-Hochschultaschenbuch 75. Mannheim 1964.

H. Meschkowski: Die Bildung des Menschen durch die moderne Mathematik. Math.-phys. Semesterberichte.

J. A. C. Michelsen: Euclides Elemente, für den gegenwärtigen Zustand der Mathematik bearbeitet, erweitert, fortgesetzt. Berlin 1791.

C. Münster und *G. Picht:* Naturwissenschaft und Bildung. Würzburg 1953.

Mathematik an Schule und Universität. Heinrich Behnke zum 65. Geburtstag gewidmet. Göttingen 1964.

New Thinking in school mathematics. OEEC, Paris 1961.

Nikolaus v. Cues: Schriften, Im Auftrage der Heidelberger Ak. d. Wiss. in deutscher Übersetzung herausgegeben von Ernst Hoffmann.

Heft 11: Die mathematischen Schriften, Übersetzt von Josepha Hofmann, mit einer Einführung und Anmerkungen versehen von J. E. Hofmann, Hamburg 1950.

Nikolaus v. Cues: Die Kunst der Vermutung. Auswahl aus den Schriften. Bremen 1957.

E. Northrop: Rätselvolle Mathematik. Frankfurt a. M.-Wien 1954.

F. Paulsen: Geschichte des gelehrten Unterrichts in Deutschland. I, II. Leipzig 1897.

G. Papy: Die ersten Elemente der modernen Mathematik. I, II. Frankfurt a. M. 1962–63.

G. Pickert: Die Bedeutung der Anschauung für den mathematischen Beweis. Der Mathematikunterricht 1957, Heft 4, S. 49–62.

J.-P. Pier: La valeur des mathématiques dans l'esprit de leurs promoteurs. Janus XLIX, 2–3, 1961, S. 195–202.

G. Polya: Schule des Denkens. Vom Lösen mathematischer Probleme. Bern 1949.

G. Polya: Mathematik und plausibles Schließen. I, II. Stuttgart 1962–63.

G. Polya: Vermuten und wissenschaftliche Methode. Der Mathematikunterricht, 10, 1, 1964, S. 80–96.

H. Rademacher und *O. Toeplitz:* Von Zahlen und Figuren. Berlin 1933.

H. Reichenbach: Der Aufstieg der wissenschaftlichen Philosophie. Berlin 1954.

K. Reidemeister: Das exakte Denken bei den Griechen. Hamburg 1949.

K. Reidemeister: Die Unsachlichkeit der Existenzphilosophie. Berlin-Göttingen-Heidelberg 1954.

A. Renyi: Wahrscheinlichkeitsrechnung. Mit einem Anhang über Informationstheorie. Berlin 1962.

B. Russell: Mystik und Logik. Wien 1952.

B. Russell: Meine philosophische Entwicklung. Der Monat, 126 und 127, 1959.

E. Schmidt: Über Gewißheit in der Mathematik. Rektoratsrede vom 15. 10. 1929. Berlin 1930.

H. Scholz: Bildungswerte der Mathematik, in „Erziehung zur Menschlichkeit", Festschrift für Eduard Spranger. Tübingen 1957.

W. Schramm: Programmierter Unterricht heute und morgen. Berlin-Bielefeld 1963.

E. Schrödinger: Was ist Leben? Berlin 1951.

E. Schrödinger: Geist und Materie. 2. Aufl. Braunschweig 1961.

F. K. Schumann: Mythos und Technik. Arbeitsgemeinschaft für Forschung des Landes Nordrhein-Westfalen, Heft 49.

A. Schweitzer: Kultur und Ethik. München 1960.

Sitzungsberichte der Berliner Mathematischen Gesellschaft, 1950–51.

R. Sprague: Unterhaltsame Mathematik. Braunschweig 1961.

W. Stegmüller: Metaphysik, Wissenschaft, Skepsis. Wien 1954.

W. Stegmüller: Unvollständigkeit und Unentscheidbarkeit. Wien 1959.

H. Steinhaus: Kaleidoskop der Mathematik. Berlin 1959.

H. G. Steiner: Explizite Verwendung der reellen Zahlen in der Axiomatisierung der Geometrie. Der Mathematikunterricht 4/63, S. 66–87.

H. G. Steiner: Das moderne mathematische Denken und die Schulmathematik. Der Mathematikunterricht 4/59, S. 579.

H. G. Steiner: Logische Probleme im Mathematikunterricht I, II. Der Mathematikunterricht 4/59 und 1/61.

H. G. Steiner: Die Behandlung des Funktionsbegriffs in der höheren Schule. L'Enseignement math., 1962, S. 62–92.

R. Stender: Didaktische Themen aus der neueren Mathematik. Heidelberg 1962.

R. Stettler: Über endliche Geometrien. Ann. Ac. Sc. Fenn., Ser. A, Nr. 72. Helsinki 1950.

K. Strunz: Pädagogische Psychologie des mathematischen Denkens. Heidelberg 1953.

K. Strunz: Begabungstypen und höhere Schule. Würzburg 1960.

Synopsis for modern secondary school mathematics. OEEC, Paris, ohne Jahreszahl.

Club Voltaire. Jahrbuch für kritische Aufklärung I. München 1963.

B. L. van der Waerden: Erwachende Wissenschaft. Basel und Stuttgart 1956.

K. Weierstraß: Mathematische Werke. Bd. 1. Berlin 1894.

J. H. Weinacht: Prinzipien zur Lösung mathematischer Probleme. Braunschweig 1959.

A. N. Whitehead: Wissenschaft und moderne Welt. Zürich 1949.

S. Witte: Die Vorbereitung des Grenzwertbegriffes auf der Unter- und Mittelstufe. Der Mathematikunterricht 5/1959, Heft 1, S. 41–53.

A. I. Wittenberg: Bildung und Mathematik. Stuttgart 1963.

A. I. Wittenberg: Vom Denken in Begriffen. Basel und Stuttgart 1957.

Wissenschaft und Bildung. Vorträge der Berliner Hochschultage im Januar 1963. Weinheim 1963.

C. R. Wylie: 101 Puzzles in Thought and Logic. New York 1957.

M. Zacharias: Elementargeometrie der Ebene und des Raumes. Berlin 1930.

Namen- und Sachwortverzeichnis

Made in the USA
Las Vegas, NV
12 November 2024

11561050R00125